… und manchmal platzt der Kragen

Bodo Ramelow – eine Biografie

von Johannes Maria Fischer

edition überland

Inhalt

Eine Generation dauert es, bis Deutschland auch gesellschaftlich wiedervereinigt ist. Das war eine der Prognosen 1990, aufgestellt von Politik- und Gesellschaftswissenschaftlern. Manch einer griff sich damals an den Kopf: Was, so lange?

Heute wissen wir: Es wird noch sehr viel länger dauern. Einiges hat sich angeglichen, insbesondere in der materiellen Welt, anderes – Selbstverständnis, Denkart, Kultur im weitesten Sinne – liegt widersprüchlich neben- und oft genug auch durcheinander. Das lässt sich beklagen, kann aber genauso gut als Trumpf der Vielfalt begriffen werden.

Diese Widersprüchlichkeit spiegelt sich in den Worten und Taten von Menschen, und manchmal spiegelt sie sich in den Worten und Taten eines einzelnen Menschen, insbesondere dann, wenn dieser Mensch einer ist, der sich nicht so einfach in eine Schublade stecken lässt. Die vorliegende Biografie zeichnet mehr als ein halbes Jahrhundert deutsche Geschichte nach, insbesondere die dreißig Jahre seit der Wiedervereinigung, in der Person von Bodo Ramelow.

Die erste Wahrnehmung: Bodo Ramelow ist der erste und einzige Linke unter den Ministerpräsident*innen in Deutschland. Zuvor war er maßgeblich an der Vereinigung der ostdeutschen PDS und der westdeutschen WASG beteiligt. Zudem war er der Architekt des Bundestagswahlkampfes der PDS 2004/2005, als die Nachfolger der SED den Weg zurück in die Bundespolitik fanden, in der sie heute noch immer eine gewichtige Stimme haben.

Wer tiefer gräbt, trifft aber ziemlich schnell auf Ecken und Kanten einer deutschen Biografie, die sich nicht in wenigen Sätzen erzählen lässt. Grund genug, sich diesen Menschen näher anzusehen und ihn als vielfach gebrochenen Spiegel herzunehmen, in dem erscheint, was Deutschland so vielfältig, aber mitunter auch schwer verstehbar macht.

So ist Ramelow ein Einzelhandelskaufmann, der in der westdeutschen Provinz aufwächst und sich schon in frühen Jahren als Gewerkschafter profiliert. Nach der Wende geht er in den Osten, aber erst 1999 wechselt er, nach wie vor parteilos, in die Politik. Er ist Sozialpolitiker, der sich zugleich als Wirtschaftsförderer versteht und auch so agiert. Dies in einer Partei, die noch immer die kommunistische Plattform in sich trägt.

Ein Mann, der wegen seiner Kontakte zu Kommunisten jahrzehntelang vom Verfassungsschutz beobachtet wurde, aber zugleich eine intensive Aufarbeitung des »Unrechtsstaats« DDR propagiert. Ein bekennender Christ, der in seiner Partei von teilweise flammenden Atheisten umgeben ist. Ein Kosmopolit, der sich immer dann am wohlsten fühlt, wenn er wie ein Romantiker durch vernebelte Wälder der deutschen Provinz wandert, umgeben von Menschen, denen das urbane Leben so fremd ist wie dem Fuchs die Autobahn. Ein Legastheniker, der zum Ausgleich ein überdurchschnittlich gutes Gedächtnis in die Wiege gelegt bekam. Ein Familienmensch, der die Harmonie des geselligen Beisammenseins schätzt, sich aber gleichzeitig in zähen und kontroversen Verhandlungen behauptet. Ein Politiker, der mit staatsmännischer Geste im Scheinwerferlicht zukunftsträchtige Reden hält, der sich aber auch durch die erdrückende Dunkelheit privater Tragödien schleppen musste. Nicht zuletzt ein Medienmensch, der mit detailliertem Wissen glänzt und es versteht, seine Zuhörer in seine Erzählungen zu locken und immer für eine Schlagzeile gut ist. Der sich aber auch immer mal wieder Sympathien verscherzt.

Auf Twitter stellt sich Ramelow als »Mensch« vor. Als solcher wirkt er in der Regel freundlich und kontrolliert, milde und klar, ein netter Nachbar, ein sympathischer Zeitgenosse. Doch Ramelow kann auch anders. Manchmal platzt ihm der Kragen, und zwar immer dann, wenn er Ungerechtigkeiten wittert oder zu spüren glaubt, dass man ihn reinlegen will. In diesen Momenten vergisst er, dass er im Scheinwerferlicht steht, und zuweilen scheint es ihm auch egal zu sein. Augenblicke, die sinnbildlich für ein Leben stehen, das seine Spannung aus der Widersprüchlichkeit und Vielschichtigkeit zieht, das voller überraschender Momente steckt und doch von einem roten Faden durchzogen wird. Einem? Nein. Es sind mehrere, die sich ineinander verstricken, um dann irgendwann wieder auseinanderzulaufen. Übrig bleibt ein Bild aus vielen Farben und Formen, und erst wenn der Betrachter ein paar Schritte zurücktritt, lassen sich die Konturen erkennen.

»... und manchmal platzt der Kragen« ist kein Lebenslauf, der sich aus der chronologischen Aneinanderreihung beruflicher und persönlicher Daten und Anekdoten speist. Vielmehr entsteht aus den vielen kleinen und großen Bruchstücken eines Lebens ein Ganzes, das die gesellschaftlichen und politischen Ereignisse mit der persönlichen Situation des Biografierten verbindet. Wobei es verfehlt wäre, von einem Leben im Singular zu sprechen. Es sind Lebensteile oder Lebensabschnitte, die sich keineswegs übergangslos aneinanderheften, so wie es in einer traditionellen Biografie dargestellt werden könnte. Manchmal passen sie nicht zusammen, oft überlappen sie sich oder laufen eine ganze Weile parallel, gehen auseinander und finden sich an späterer Stelle wieder zusammen.

Persönlich kennengelernt habe ich Ramelow 2016, als ich mich als Chefredakteur der Thüringer Allgemeinen habe anwerben lassen. Er saß bei einem privaten Fest in einer Altstadtkneipe in geselliger Runde, trank und lachte. Die nächsten Male, die er mir begegnete, waren meist offizielle journalistische Termine. Dort war er Berufspolitiker. Zwei Jahre später fasste ich den Plan, ein Porträt über ihn zu schreiben, nachdem mir aufgefallen war, dass dieser Mensch für ein Porträt viel »hergab«. Ein Interview, in dem es sehr wenig um Tagespolitik, dafür umso mehr um allgemeine gesellschaftliche Fragen ging, sollte der Einstieg in die Porträtrecherche werden. Schnell wurde mir allerdings klar, dass es selbst mit einem längeren Artikel nicht getan sein würde. Wenn ich die vielen Schattierungen, die ich erahnte und erkannte, nachzeichnen und in Worte fassen wollte, müsste es ein langes Porträt werden. Doch erst 2018/2019, als ich Thüringen in Gedanken schon wieder verlassen hatte, reifte in mir die Buchidee. »Zu spät«, dachte ich, als ich die Koffer packte, um weiterzuziehen.

Dass ich das Buch nun doch geschrieben habe, verdanke ich vielen Menschen, die mich ermuntert haben, an dem Plan festzuhalten. Fazia Haouchet und meinen Kindern danke ich für den Realismus und die Gelassenheit, die sie an den Tag legten, wenn mich die Motivation verließ. Kirsten Witte-Hofmann für den Mut, dieses Buch in ihre Verlagsreihe aufzunehmen, und die Energie, die Fantasie und das Engagement, es gut werden zu lassen. Barbara Thériault war eine Art Komplizin, die mir ausredete, dass es »zu spät« sei, und mich auf der Reise durch die Höhen und Tiefen des Projekts mental begleitete. Vielfache Unterstützung bekam ich direkt und indirekt von den Journalist*innen,

Buchautor*innen und Menschen, die Ramelow auf irgendeine Art und Weise begleiteten. Stellvertretend sei hier Stefan Wogawa genannt. Hut ab vor dem brandenburgischen Ministerpräsidenten Dietmar Woidke, der neben Bodo Ramelow als einziger Ministerpräsident in Deutschland bereit war, einen sehr persönlichen Fragebogen auszufüllen. Karmen Kozar danke ich für das fantastische Ramelow-Gemälde, das sie exklusiv für dieses Buch malte. Eine formvollendete Verbeugung gebührt Susanne Hennig-Wellsow für die Geste des Jahres 2020, mit der sie eine klare Linie zwischen Anständigkeit und Unanständigkeit zog. Ich danke zahlreichen Menschen aus der privaten und politischen Umgebung von Bodo Ramelow für ihre Offenheit, mit der sie meine Recherchen unterstützten und dafür ihre Zeit opferten. Bodo Ramelow selbst kann ich nicht danken, das wäre unjournalistisch, weil er ja das »Objekt« dieses Buches ist. Bemerkenswert ist dennoch, dass er mich tief in seine Karten blicken ließ und damit auch ein ziemliches Risiko einging. Denn wer weiß schon, was ein Journalist mit den Informationen macht, die er sammelt? Die folgenden Seiten werden es zeigen.

An der Oberfläche

#Lebenslauf
#Zeitgeschehen

Twitter ist ein soziales Netzwerk, in dem viele Politiker unterwegs sind. Unter anderem war *Twitter* eine wichtige Kommunikationsplattform des US-Präsidenten Donald Trump. Nach seiner Präsidentschaft wurde er allerdings gesperrt, weil er nach Auffassung des Twitterdienstes zu Gewalt aufrief. Twitter funktioniert nach der Regel: In wenigen Worten eine klare Botschaft senden. Auch in Deutschland nutzen viele Politiker *Twitter*, um kurze Meldungen abzusetzen. Einer der fleißigsten unter ihnen ist Bodo Ramelow. Deshalb sei an dieser Stelle seine Kurzvita im Twitterformat[1] vorgestellt, eingebettet in das allgemeine historische Geschehen.

1 Zur Erläuterung: Twitter arbeitet mit # (Hashtags). Damit werden wichtige Stichwörter gekennzeichnet.

#1956 #GeburtsjahrBodoRamelow

#1956 #AufstandUngarn #Wirtschaftswunder #Gastarbeiter

#1959 #Castro

#1960 #Beatles

#1963 #KennedyBerlin #KennedyAttentat #BerlinerMauer

#1965 #Vietnamkriegeskaliert

#1967 #TodVater #Nieder-WiesenUmzug

#1968 #PragerFrühling #MartinLutherKing-Attentat

#1969 #Mondlandung #Woodstock #WillyBrandtBundeskanzler

#1970–1973 #NordeckUmzug #Einzelhandelskaufmann

#1970 #RAFGründung #Entspannungspolitik #KniefallBrand #WarschauerVertrag

#1971 #HoneckerAufstieg #Greenpeace-Gründung #Transitabkommen

#1972 #OlympiaAttentatMünchen #Watergate #Taschenrechner

#1973 #Ölpreiskrise #autofreieSonntage #Pinochet #AnerkennungDDR

#1974 #GuillaumeAffäre #HelmutSchmidt-Bundeskanzler #DeutschlandFußballWeltmeister

#1975 #WandertagWalterScheel #SubstitutKaufmarktHaWeGe

#1975 #VietnamKriegEnde #Volljährigkeit18 #TodFranco

#1976 #ZweiterBildungswegBerufsaufbauschule

#1976 #TodMao #BiermannEinreiseverbot #ApplePC

#1977 #Fachhochschulreife

#1977 #ErmordungBubackSchleyer #TodElvisPresley

#1978 #AustrittKirche #FilialleiterJöckel-Marburg

#1978 #WojtylaPapst #JähnAll

#1979 #IHK-PrüfungAusbilder

#1979 #BallonfluchtDDR #Sowjetunion-KriegAfghanistan

#1980 #GrüneGründung #Bombenattentat-Oktoberfest

#1980 #GolfkriegIranIrak #TodJohnLennon

#1981 #Gewerkschaftssekretär-Mittelhessen

#1981 #ReagenPräsidentUSA #Solidarność #FriedensdemoBonn #Atomproteste-Brokdorf #Aids

#1982 #HeiratLeonieSchwarz

#1982 #HelmutKohlBundeskanzler #FriedensdemoBonn #MichaelJackson-Superstar

#1983 #GeburtPhilipRamelow

#1983 #Hitler-TagebücherFälschung #MilliardenkreditDDR #UdoLindenberg-Ost-Berlin #HandyMotorola

#1984 #BerufsverbotHerbertBastian

#1984 #KatiWittDDR-Superstar #Anschnallpflicht #HungerstreikBotschaftsflüchtlinge-Prag #AppleMacintosh

#1985 #GorbatschowAufstieg #Boris-BeckerWimbledon

#1986 #GeburtVictorRamelow

#1986 #ChallengerExplosion #Tschernobyl-Explosion #Glasnost #Perestroika #MordPalme

#1987 #ScheidungLeonieRamelow

#1987 #VertauschungNeujahrsansprache-Kohl #HoneckerStaatsbesuch #Durchbruch-Abrüstungsgespräche

#1988 #TodMutterAnni

#1988 #SteffiGrafWimbledon #Sowjet-unionRückzugAfghanistan

#1989 #ÖffnungGrenzeUngarnÖsterreich #PolenWahlen #SamteneRevolution-Tschechoslowakei #Botschaftsflüchtlinge-PragWarschau #Montagsdemonstratio-nenDDR #Mauerfall #RücktrittHonecker #MassakerPlatzHimmlischerFrieden

#1990 #UmzugThüringen #Landes-vorsitzenderGewerkschaftHBV

#1990 #deutscheEinheit #WiederwahlKohl #GorbatschowPräsident #Deutschland-FußballWeltmeister

#1991 #AuflösungWarschauerPakt #AuflösungSowjetunion #Golfkrieg #BeginnBalkankriege

#1992 #PogromRostock #AttentatMölln

#1993 #HungerstreikBischofferode #VertreterKalibergbauer

#1993 #MaastrichterVertrag

#1994 #EndeApartheidSüdafrika #GenozidRuanda #BaulöweHochstapler-JürgenSchneider

#1995 #DenkmalstreitWehrmachts-deserteureErfurt

#1995 #MassakerSrebrenica #Attentat-Rabin #ChaostageHannover

#1996 #BrandanschlagAsylbewohnerheim-Lübeck #KinderschänderskandalBelgien

#1997 #ErfurterErklärung

#1997 #TodPrinzessinDiana #Klonschaf-Dolly #HarryPotter

#1998 #GerhardSchröderBundeskanzler #Rechtschreibreform #EndeRAF #Osama-BinLaden #AlQaida

#1999 #MitgliedPDS #Landtags-abgeordneterThüringen #StellvertretenderFraktionschef

#1999 #Kosovokrieg #GrüneProKriegs-einsatz

#2000 #TodBesterFreundHelmuth-Schomber

#2000 #SchwarzgeldaffäreKohl #MerkelVorsitzendeCDU #PokémonHype #NSUMordeBeginn

#2001 #KrebsdiagnoseVictor #Fraktions-chefLandtag

#2001 #NineEleven #BundeswehrFrauen #ComingoutWowereit #GründungVerdi #BushPräsidentUSA

#2002 #AmoklaufErfurt #Kircheneintritt

#2002 #EuroEinführung #HartzIV #Jahrhundertflut

#2003 #Irakkrieg #Hitzewelle #ColumbiaAbsturz

#2004 #SpitzenkandidatLandtagswahl #Direktmandat #Wahlkampfleiter-BundestagswahlPDS

#2004 #TsunamiKatastrophe #Wiederwahl-Putin #WiederwahlBush

#2005 #VerhandlungsführerLinkspartei #Bundestagsabgeordneter #StellvertreterFraktionschefBundestag

#2005 #MerkelBundeskanzlerin #RatzingerPapst #Terroranschläge #ArbeitslosigkeitHöchststand

#2006 #HeiratGermanaAlbertiVomHofe

#2006 #SommermärchenFußball #MachtaufgabeFidelCastro #GrassMitgliedschaftSS

#2007 #RückkehrLandespolitik

#2007 #Kyrill #Hitzewelle #DopingaffäreRadsport #AnschlägeBundeswehrAfghanistan #KlimakatastropheWortdesJahres

#2007 #GründungDieLinke

#2008 #Finanzkrise #ObamaPräsidentUSA #ErdbebenSichuan

#2009 #EndeBundestagsmandat #LandtagThüringen #Fraktionschef

#2009 #AmoklaufWinnenden #TodMichaelJackson #WiederwahlMerkel

#2010 #LoveParadeKatastrophe #ShellKatastropheMexiko #Stuttgart21 #WutbürgerWortdesJahres #SchuldenkriseGriechenland

#2011 #FukushimaAtomkatastrophe #Atomausstieg #AnschlägeNorwegen #TodOsamaBinLaden #PlagiatsaffäreGuttenberg #NSU

#2012 #Kältewelle #RücktrittBundespräsidentWulff #GauckBundespräsident

#2013 #VerfassungsschutzUrteil

#2013 #RücktrittPapstBenedikt #PapstFranziskus #TodMandela #AttentatBostonMarathon #GründungAfD #WiederwahlMerkel

#2014 #RotRotGrünThüringen #Ministerpräsident

#2014 #Krimkrise #KriegSyrien #VormarschIS #EbolaAfrika

#2015 #Flüchlingskrise #TerrorParis #TodHelmutSchmidt #DieselSkandal

#2016 #BrexitReferendum #TrumpPräsidentUSA #AnschlagWeihnachtsmarktBerlin #ÜbergriffeBahnhofKöln #AufstiegAfD

#2017 #TodKohl #WiederwahlMerkel

#2018 #RückzugAnkündigungMerkel #VerurteilungZschäpeNSU #ChemnitzAusschreitungen #FridaysForFuture

#2019 #WahlThüringen

#2019 #JohnsonPremierministerGroßbritannien #WahlerfolgeAfD #AnschlagHalle #MordLübcke #Hitzewelle #FeuerkatastropheAustralien #Klimaproteste

#2020 #KemmerichMinisterpräsident #RamelowMinisterpräsident

#2020 #AnschlagHanau #Brexit #Coronapandemie #ErsterLockdown #BidenPräsidentUSA

#2020 #VerschiebungLandtagswahlen

#2021 #Kältewelle #DauerLockdown #Wahlen

Metamorphosen

Kein Handschlag, keine Blumen

#Hennig-Wellsow
#Symbolik

Ein Blumenstrauß ist mehr als ein Blumenstrauß. Der, den die Linken-Chefin Susanne Hennig-Wellsow im Februar 2020 dem Kurzzeit-Ministerpräsidenten Thomas Kemmerich vor die Füße schmeißt, wird in der kurzen Sekunde, in der er die Hand verlässt und auf dem Boden landet, ein dauerhaftes Symbol der Verachtung.

Der Landtag in Thüringen, am Rande der Innenstadt von Erfurt, gegenüber einer großen Eishalle. Es ist der 5. Februar 2020. Die Minuten der Ministerpräsidentenwerdung sind normalerweise stark ritualisiert. Aber dieses Mal ist vieles anders. Von Beginn an schleichen sich Irritationen in die Routine. Die Landtagspräsidentin Birgit Keller liest streng formal das Wahlergebnis vor. Doch der Beifall ist merkwürdig verhalten. Jubel kommt vornehmlich aus den Reihen der Partei Alternative für Deutschland (AfD). Keller fragt den FDP-Abgeordneten Kemmerich, ob er die Wahl annimmt. Der pustet kurz durch und bejaht. Die Landtagspräsidentin übergibt ihm mit kaltem Lächeln einen Blumenstrauß. Kemmerich wiederum vermeidet jedes Mienenspiel.

Bodo Ramelow sollte dort stehen, nicht Kemmerich. So hatten es sich zumindest die 44 Landtagsabgeordneten ausgerechnet, die ihn wählten. Aber 45 hatten für Kemmerich gestimmt: Vertreter aus FDP, CDU und – der AfD. Ramelow sitzt regungslos neben Hennig-Wellsow. Die Parteichefin legt tröstend ihre Hand um seinen Hals, dann auf seinen Arm. Kemmerich steht jetzt im Zentrum und erwartet die Huldigung: Traditionell gehen die Abgeordneten nach der Wahl auf den soeben erkorenen Ministerpräsidenten zu und gratulieren ihm. Manche mit Blumen, manche ohne.

Keine Ehre für den Kurzzeit-Ministerpräsidenten Thomas Kemmerich, im Februar 2020

Hennig-Wellsow hat ihren Blumenstrauß für Ramelow vorbereitet, der aber nicht gewählt wurde. Sie macht sich als eine der ersten Gratulanten auf den Weg. Kemmerich reibt sich die Hände. Sie bleibt kurz stehen und schmeißt ihm den Strauß vor die Füße. Sie deutet eine Verbeugung an, dreht ab und lässt Kemmerich stehen.

Kemmerichs Mimik bleibt starr, doch seine Hände folgen dem Pokerface-Befehl seines Verstandes nicht: Die Finger verschränken sich fest ineinander, verkrampfen fast. Dann tritt wieder Routine ein, als wäre nichts gewesen.

Zahlreiche andere Abgeordnete kommen und gratulieren artig. So, wie es die Sitte verlangt. Die geschmissenen Blumen bleiben minutenlang liegen, bis irgendwann jemand eine Entscheidung trifft. Während das Gratulationsritual weitergeht, tritt eine Frau kurz in die Szenerie, bückt sich, nimmt die Blumen vom Boden und huscht davon.

Das Beglückwünschungsritual ist noch nicht zu Ende, da werden von Journalisten schon die ersten bohrenden Fragen gestellt, geben Politiker erste bissige Kommentare ab, brechen außerhalb des Landtags erste Entrüstungswellen los. Der Tabubruch Kemmerichs, sich mit den Stimmen der AfD zum Ministerpräsidenten wählen zu lassen, verändert die politische Landschaft in Deutschland und setzt eine Kette von Geschehnissen in Gang, die geradezu lehrbuchartig zeigen, wie Politik funktioniert – oder eben auch nicht funktioniert. Im Verlauf der kommenden Stunden und Tage entwickeln sich die Empörungswogen der thüringischen Landeshauptstadt zu einem politischen Orkan, der auch die Bundeshauptstadt Berlin erreicht, mehrere Karrieren knickt und Aufstiegsambitionen zum Zerplatzen bringt. All das, weil in der Provinz ein bis dato weitgehend unbekannter FDP-Politiker eine überraschende Entscheidung getroffen hatte.

Wie war es dazu gekommen? Am 27. Oktober 2019 wählt Thüringen einen neuen Landtag. Der auf die Person Ramelow zugeschnittene Wahlkampf der Linken (»Bodo oder Barbarei«) hat Erfolg: Die Partei erreicht 31 Prozent – das höchste Ergebnis, das von den Linken bei einer Bundes- oder Landtagswahl je erreicht worden war. Weil aber die SPD deutlich mehr verliert (4,2 Prozent) als die Linke gewinnt (2,8 Prozent) und auch die Grünen nur schwach zulegen (0,5 Prozent), wird schon im Verlauf des Wahlabends klar, dass die Dreierkoalition aus Linke, SPD und Grünen nicht mehr die Mehrheit im Landtag haben würde. Zwar verliert auch die CDU, und das sogar sehr stark (11,8 Prozent), aber gleichzeitig legt die AfD massiv zu (12,8 Prozent).

Eine Fortführung der Regierung unter einem Ministerpräsidenten Bodo Ramelow hätte also einen vierten Partner benötigt – das lehnen sowohl CDU als auch FDP ab. Die AfD als Koalitionspartner schloss die Linke wie alle anderen Parteien auch schon vor der Wahl kategorisch aus.

Am 17. Januar 2020 legen Linkspartei, SPD und Grüne dennoch einen Koalitionsvertrag vor. Darin heißt es: »Nachdem eine Regierungsbildung auf Basis einer absoluten Mehrheit der Sitze im Landtag nicht zustande gekommen ist, haben wir uns als Die Linke, die Sozialdemokratische Partei Deutschlands und Bündnis 90/Die Grünen dazu entschlossen, auch und gerade in schwierigeren Zeiten weiterhin Verantwortung für den Freistaat zu übernehmen. Wir wollen unser Regierungsbündnis als Minderheitskoalition fortsetzen.«

Am 5. Februar stellt sich Ramelow zur Wahl. Um Ministerpräsident zu werden, benötigt er die absolute Mehrheit. Konkret bedeutet das: Er braucht vier Stimmen aus der Opposition. Im ersten Wahlgang bekommt er eine, im zweiten zwei. Also wird ein drittes Mal gewählt. Im dritten Wahlgang hätte eine einfache Mehrheit gereicht. Außer ihm treten für die AfD Christoph Kindervater und für die FDP Thomas Kemmerich an. Hätten sich die Stimmen von AfD und FDP auf diese beiden Kandidaten verteilt, wäre Ramelow mit einfacher Mehrheit Ministerpräsident geworden. Es kommt aber anders. Die AfD wählt nicht ihren eigenen Kandidaten, sondern Kemmerich, der sich auf diese Weise mit einer Stimme Vorsprung gegen Ramelow durchsetzt.

Zwischen der Bekanntgabe des Ergebnisses und der Bestätigung Kemmerichs, er nehme die Wahl an, vergehen nur wenige Sekunden. Zu wenige, um eine kluge Entscheidung zu treffen? Vollkommen überraschend kommt das Ergebnis allerdings nicht für Kemmerich. Zwei Tage vor der Abstimmung hatte er sich von seiner Partei grünes Licht für die Kandidatur geben lassen für den Fall, dass es einen dritten Wahlgang geben sollte, in dem sowohl die Linke als auch die AfD jeweils einen Bewerber aufstellen würden. Ihm war schon vor der Wahl klar, dass er mit den Stimmen der AfD gewählt werden könnte. In den ersten Interviews nach der Wahl lässt er keinen Zweifel daran, dass er den Posten, der ihm mit dem Fünf-Prozent-Wahlergebnis der FDP zugeflogen war, nicht freiwillig wieder abgibt. Und er räumt ein, dass damit zu rechnen war, mit den Stimmen der AfD gewählt zu werden.

Abgeordnete von FDP, CDU und AfD versuchen, Gelassenheit auszustrahlen, und sprechen an diesem Tag wiederholt von einem normalen demokratischen Akt, was rein formal auch stimmt. Die AfD wiederum gibt damit an, Kemmerich instrumentalisiert zu haben. Ihr Abstimmungsverhalten – den eigenen Kandidaten durchsausen zu lassen, Kemmerich zu wählen – preist sie als »taktische Finte« an. Spätestens hier ist klar: Normal im Sinne von herkömmlich oder üblich läuft an diesem Tag fast gar nichts.

So wenig »normal« wie der Blumenwurf von Hennig-Wellsow. Auch das ein deutliches Zeichen: Dieses Mal ist etwas anders. Hennig-Wellsow legt die Figur der abgeklärten Politikerin ab. Sie kündigt vor laufenden Kameras die herrschenden Konventionen auf und verweigert für diesen einen Moment die routinierte Auseinandersetzung. Ihr Blumenwurf drückt kompromisslose und unumkehrbare Verachtung aus. Das geht weit über das Maß hinaus, was allgemein in Deutschland von Oppositionspolitikern erwartet wird. Die Blumen bekommen die Bedeutung eines Fehdehandschuhs. Unterstrichen wird dieser emotionale und die Konventionsgrenzen durchbrechende Akt durch die Art und Weise, wie Hennig-Wellsow ihn darbietet – nämlich formvollendet. Kein lautes Geschimpfe, kein wutverzerrtes Gesicht, keine erhobene Faust. Im Gegenteil: Sie schreitet zum wartenden Kemmerich und deutet eine Verbeugung an. Der Rahmen, in dem ihr Protest stattfindet, entspricht den Regeln - bis auf den Blumenwurf. Lässig aus der Hand, irgendwie grotesk. In gewisser Weise hält Hennig-Wellsow Kemmerich den Spiegel vor. Der bewegt sich zwar »normal« im Rahmen der Verfassung. Dennoch bricht er inhaltlich mit einem Tabu.

Das einfache Bild, das sich vielen einprägen wird, zeigt zwei Menschen, von Angesicht zu Angesicht, und einen Blumenstrauß auf dem Boden. Tatsächlich geht es nicht um diese beiden Personen, sondern um eine komplexe Situation mit historischem Hintergrund. Aus der Perspektive von Hennig-Wellsow agiert Kemmerich im Moment der Wahl als Steigbügelhalter für die AfD, die der Linken-Politikerin zufolge faschistische Methoden anwendet und von einem Faschisten geführt wird. Sie habe im Moment der Wahl »tiefe Verachtung« für Kemmerich empfunden, erläutert die Linken-Chefin ihre Gefühlslage eine Woche später in der ZDF-Sendung *Markus Lanz*. Kemmerichs Motivation interpretiert sie so: »Ich glaube, es war reine Machtgeilheit.«

Ramelow zieht vergleichbare Schlüsse: Er erkennt eine Parallele zu den ersten Wahlerfolgen Adolf Hitlers. »Genau 90 Jahre nachdem es in Thüringen schon mal passiert ist«, erklärt er in einem Interview mit der *Eßlinger Zeitung*. Auf *Twitter* schreibt er: »Den größten Erfolg erzielten wir in Thüringen. Dort sind wir heute wirklich die ausschlaggebende Partei. Die Parteien in Thüringen, die bisher die Regierung bildeten, vermögen ohne unsere Mitwirkung keine Majorität aufzubringen. A. Hitler, 02. 02. 1930.« Im Tweet stehen zwei Fotos. Foto eins zeigt den Handschlag zwischen Hitler und Reichspräsident Paul von Hindenburg, der Hitler

1933 zur Macht verholfen hatte, indem er ihn zum Reichskanzler ernannte. Foto zwei zeigt Kemmerich beim Händedruck mit Björn Höcke, dem Fraktionsvorsitzenden der AfD.

Thomas Kemmerich bleibt nicht lange Ministerpräsident. Der öffentliche Druck auch aus der eigenen Partei ist so groß, dass er nur einen Tag nach der Wahl wieder zurücktritt. Trotz des Rücktritts bleibt er geschäftsführend im Amt, weil die Verfassung des Landes Thüringen das so vorsieht. Es folgen komplizierte Wochen des Taktierens, in denen Ramelow die Präsidentenrolle, mit der er den Wahlkampf bestritten hatte, ablegt und wieder in die des Parteistrategen schlüpft. Rücktritte, Rechtfertigungstiraden, Hinterzimmerverhandlungen, verbale Attacken und Versöhnungsangebote bestimmen die Tage. Am Ende setzt sich Ramelow bei einer neuerlichen Abstimmung am 4. März 2020 durch. Im dritten Wahlgang bekommt er mit 42 Stimmen die einfache Mehrheit.

Dieses Mal herrscht eine gewisse Gelöstheit in den Reihen der Linken. Als die 42 Stimmen für Ramelow im dritten Wahlgang bekannt gegeben werden, legt Hennig-Wellsow wieder ihre Hand auf Ramelows Schulter. Dieses Mal ist es eine Geste des Gratulierens, nicht des Trostes. Es folgt das Ritual der Huldigung. Händeschütteln, Blumengeschenke. Als Björn Höcke vor dem neuen alten Ministerpräsidenten steht und gratulieren möchte, lässt Ramelow dessen Hand in der Luft verhungern. Es ist die konkrete Fortsetzung des Posts, den er Wochen zuvor nach dem Handschlag zwischen Kemmerich und Höcke auf *Twitter* veröffentlichte.

In diesem Moment lässt Ramelow eine Eigenschaft durchscheinen, die bei allen Widersprüchen, die seine bis dato 63 Lebensjahre durchziehen, eine kontinuierliche Linie bilden: Die Fähigkeit, Narrative auch über eine längere Strecke und in Fortsetzungen aufzubauen und weiterzuentwickeln. Die abweisende Symbolhandlung korrespondiert mit derjenigen Hennig-Wellsows am 5. Februar und ist gewissermaßen die Pointe einer Anti-Gratulationsgeschichte. In seiner Antrittsrede interpretiert Ramelow seine Geste politisch: Man könne das als »ungehobelte Manieren« betrachten. Aber wer vor vier Wochen in jede Kamera gesagt habe, »man habe Kemmerich eine Falle gestellt, man habe Herrn Kemmerich auf eine Leimroute geschickt – wer so über die Wahl eines Verfassungsorgans spricht, der hat etwas zu klären. Wenn Herr Höcke das in seiner Fraktion klärt, und wenn ich deutlich vernehmen kann, dass die Demokratie im Vordergrund steht, dann bin ich bereit, auch Ihnen, Herr Höcke, die Hand zu geben. Aber erst dann, wenn Sie die Demokratie verteidigen und nicht die Demokratie mit Füßen treten und niemand mehr hier im hohen Haus weiß, wie sie eigentlich abstimmen, warum sie überhaupt abstimmen, oder ob sie wieder Fallen bauen.«

In den Wahlkämpfen der thüringischen Landesverbände von CDU und FDP werden AfD und Linke oft in einem Atemzug genannt – als extremistische oder radikale Parteien, die außerhalb der bürgerlichen Mitte stünden. Mit dieser Gedankenfigur stellte sich auch Kemmerich zur Wahl: »Wir wollen Teil der nächsten Landesregierung sein, einer Koalition aus der Mitte heraus, ohne AfD oder Linke.« Er agitiert gegen den »Alarmismus von links und rechts« und erklärt in einem Gespräch mit dem *Tagesspiegel*: »Weder mit der Panikmache der AfD noch mit der Rigorosität der Grünen oder Linken« gebe es Lösungen.

Bei der AfD ist der negative Bezugspunkt das Hitlerregime, bei den Linken die DDR. Mangelnde DDR-Distanzierung lautet der wiederkehrende Stereotyp. Ramelow nimmt diesen Ball regelmäßig auf. Auch in seiner Antrittsrede im März 2020 löst er die geforderte Distanzierung ein. Er spricht zum wiederholten Mal von den Bürgern in Ostdeutschland, die die deutsche Einheit erkämpft und sich mit einem System auseinandergesetzt hätten, »das totalitär den Menschen die Freiheit genommen hat zu atmen oder den eigenen Weg zu gehen oder das eigene Leben zu leben oder die eigene Religion zu akzeptieren.«

Die DDR spielt im Leben von Ramelow immer wieder eine Rolle, auch privat. Wie es ihm gelingt, das Thema in seinem Sinne zu besetzen, zeigt eine Veranstaltung zwei Jahre zuvor. Damals ging die Welt noch ihren geordneten Gang. Ramelow hatte sich als Ministerpräsident in die Rolle des Landesvaters hineingelebt, die Wahlen waren noch einigermaßen weit weg. Seine Beliebtheitswerte in den Umfragen waren sehr gut und stiegen weiter an. Die Sonne schien. Ein schöner Herbsttag mitten in Prag.

Auf dem Balkon

#deutscheEinheit
#Prag

In diesem Moment ist Bodo Ramelow ganz Staatsmann. Er tritt ans Rednerpult, wirkt konzentriert. Greift in die Jackentasche seines dunkelblauen Anzugs und nimmt einen Zettel heraus. Auf dem Stück Papier stehen die Stichwörter der Rede, die er an diesem Tag, am 4. Oktober 2018, halten wird. Das Papier gibt ihm Sicherheit, aber er braucht es nicht wirklich, denn er spricht frei. Dennoch: Heute wirkt er einen Tick angestrengter als sonst. Später, wenn er in das Gästegewühl eintaucht, ändert sich das und es scheint, als sei er wieder näher bei sich selbst.

Es ist keiner dieser Termine im Thüringer Alltag, wo Arbeiter und Angestellte, Unternehmer und Hundezüchter, Wanderer und Feuerwehrleute oder Bürgermeister und lokale Honoratioren zuhören. Wo Sprecher und Zuhörer »unter sich« sind und jeder jeden kennt. Dieser Rahmen ist größer. Staatsmännisch. Feierlichkeit weht durch die exklusive Festgesellschaft. Dunkle Anzüge wandeln umher, auch Smokings sind dabei, lange und auch einige kürzere Kleider. Von der Kleiderordnung aus betrachtet könnte es das Publikum einer Premiere im Nationaltheater sein, das nicht weit entfernt am Ufer der Moldau liegt. Aber es ist die deutsche Botschaft in Prag, gelegen auf einem Hügel nördlich des Laurenziberg-Parks. Gefeiert wird der Tag der Deutschen Einheit, und das Land Thüringen wurde eingeladen, den Festtag zu »präsentieren«. Deshalb reiste der Ministerpräsident mit viel Protokoll und Assistenz an seiner Seite an. Der eigentliche Tag der Deutschen Einheit ist der 3. Oktober. An diesem Tag war Ramelow aber unterwegs, und so wie ihm ging es einigen anderen Gästen aus Deutschland auch. Es wird also nachgefeiert.

Im Rund des Saals richten sich alle Blicke auf die Person am Mikrofon. Einige Gäste haben Erwartungen und werden im Verlauf des Abends über die Darbietung sprechen. Andere hören vielleicht überhaupt nicht zu oder schweifen mit den Gedanken ab. Später werden sie über kleine Versprecher lachen, und womöglich werden sie bewerten, ob thematisch etwas fehlte oder überraschte. Das gehört zum Smalltalk – neben den anderen Dingen, die noch wichtiger sind, wie etwa das Essen auf dem Buffettisch, das Kleid einer bekannten Persönlichkeit oder die Frage, ob eine Fliege gebunden sein muss oder es ein Hakenverschluss nicht auch schon tut.

Aufhänger der Rede Ramelows ist, wie sollte es anders sein, die deutsche Einheit. Natürlich freut Ramelow sich, da zu sein. Eine Wendung, die für öffentliche Reden typisch ist. Aber im Korsett dieser staatsmännischen Rede sieht man ihm noch nicht wirklich an, dass er sich freut. Ob gewollt oder ungewollt nimmt er jene steife Haltung ein, die Staatsmännern und -frauen eigen ist, wenn ein strenges Protokoll den Ablauf diktiert. Der Klang seiner Stimme und seine Mimik wirkt erst dann gelöster und gefühlvoller, wenn er über Thüringer Themen spricht, die greifbar sind: Reizvolle Wanderwege, mutige Sportler, erfolgreiche Unternehmer. Und sogar die Klage über ein deutsch-tschechisches Verkehrsprojekt, das nicht richtig in die Gänge kommen will, klingt farbiger als die staatstragenden Formeln zuvor. Dazu wird es aber erst im zweiten Teil der Rede kommen, die einen Abend einleitet, der die höfische Steife abstreifen und sich für Ramelow zu einem Heimspiel wandeln wird.

Ramelows Rede ist eine typische Festtagsrede und dennoch sagt sie viel aus über den Menschen, der sie hält. Einerseits beherbergt sie im ersten Teil ausreichend viele starre Formeln, die sie als feierliche Rede kenntlich macht, andererseits bemüht sich Ramelow im zweiten Teil um Anschaulichkeit. Er erzählt kleine Geschichten und Anekdoten, verweist auf konkrete Ereignisse, ruft Assoziationen hervor. Es geht um Ministerpräsidenten-Themen: Thüringen rauf und runter und von A bis Z.

Doch zunächst bedient Ramelow alle Erwartungen, die an seine Rede gestellt werden. Die wichtigsten Stichwörter hallen durch den Saal: »Tag der Einheit ... mit großer Freude an diesem Ort ... Eiserner Vorhang ... Türen geöffnet für Europa ... Weg in die Freiheit ... Genscher auf dem Balkon«[2]. Für Momente befindet sich die Festgesellschaft in der Zeit des Umbruchs im Jahr 1989.

Rückblick. Es ist der 30. September. Seit vier Jahren weht der Geist von Perestroika und Glasnost durch die Gesellschaften der Sowjetunion und Warschauer-Pakt-Staaten. In diesem Klima versuchen mehrere Tausend DDR-Bürger – darunter viele Kinder – ihre Ausreise in den anderen Teil Deutschlands über den Umweg Prag zu erzwingen. Ihr Ziel ist die Botschaft der Bundesrepublik. Doch der Weg auf westdeutsches Terrain wird von einem drei bis vier Meter hohen Zaun versperrt, den sie überwinden müssen, um auf das Gelände der Botschaft zu gelangen. Erst sind es Dutzende, die es schaffen, aber bald schon mehrere Tausend. Je mehr Flüchtlinge kommen, umso schwieriger wird die Lage. Zeitzeugen berichten von einer hoffnungsvollen und zugleich depressiven Atmosphäre.

2 Zitate, die nicht weiter ausgewiesen sind, stammen aus eigenen Transkriptionen, die nach Gesprächen mit Bodo Ramelow und anderen Personen entstanden sind.

Erlöst werden sie an jenem 30. September. Ein Artikel der *Bundeszentrale für Politische Bildung* beschreibt die Situation: »Regenfälle haben den Garten der Vertretung in eine Schlammwüste verwandelt. Im Dreck stehen Bundeswehr-Stockbetten und Zelte. Viele der Frauen und Kinder sind im Hauptgebäude untergebracht. Einige schlafen auf den Stufen im großen Treppenhaus des Palais Lobkowicz. Die Stimmung ist depressiv, fast wie nach einer Katastrophe. Als es dunkel wird, entsteht plötzlich Unruhe. Das Gerücht geht um, jemand Wichtiges sei gekommen.«

Es ist der damalige deutsche Außenminister Hans-Dietrich Genscher. Er tritt auf den Balkon der Botschaft, zu seinen Füßen die Botschaftsflüchtlinge. »Wir sind zu Ihnen gekommen, um Ihnen mitzuteilen, dass heute Ihre Ausreise ...« Mehr ist auf den Tondokumenten, die im Internet zugänglich sind, nicht mehr zu hören, weil der Rest des Satzes in einem lauten Jubel untergeht. Der Halbsatz wird zu einem der historischen und vielzitierten Sätze der Wendezeit, vergleichbar mit Günter Schabowskis Aussage zur Maueröffnung: »Das trifft nach meiner Kenntnis – ist das sofort, unverzüglich.«

Zuvor hatten die Siegermächte des Zweiten Weltkriegs, die USA, Russland, Großbritannien und Frankreich, der Ausreise zugestimmt. Auch die DDR, unter der gesichtswahrenden Bedingung, dass die Ausreisewilligen zurück in die DDR und dann erst in die Bundesrepublik weiterreisen durften. Schon am nächsten Tag fahren die ersten Züge über das ostdeutsche Dresden ins westdeutsche Hof. Mit im Zug sitzt Christian Bürger, der 29 Jahre später zu den geladenen Gästen des Thüringer Empfangs gehört.

Menschen wie Christian Bürger halfen seinerzeit, das Chaos in der Botschaft zu organisieren. Der Chemnitzer war in diesen Herbsttagen des Jahres 1989 eine Art Sprecher der Geflüchteten, Mittelsmann zum Botschaftspersonal und Mutmacher.

Am Bratwurstgrill

#Staatsmann
#Landesvater

Bezüge zur unmittelbar erfahrbaren Welt gehören zu den wichtigsten Bestandteilen in den Reden Ramelows. Da wäre zum Beispiel Christian Bürger. Doch bevor er ihn in seine Rede einbaute, wollte er ihn treffen. Das tat er auch, noch vor dem Festakt in der Prager Botschaft – Bilder dazu sind auf *Facebook* und in seinem öffentlichen Online-Tagebuch zu sehen.

»Christian Bürger« hallt es aus den Lautsprechern, Bodo Ramelow macht eine Kunstpause, streckt den Arm aus und zeigt auf den Mann, der mitten im Auditorium steht. Die Köpfe der Zuhörer drehen sich in die gezeigte Richtung. Zwischen Redner und Zuhörerschaft macht es in diesem Moment klick. Das ist das Scharnier zwischen Pflicht und Kür, die Gelegenheit, die Vergangenheit in der Prager Botschaft hinter sich zu lassen und zum eigentlichen Kern der Rede vorzudringen. Mimik und Gestik werden lockerer. Es wirkt fast schon verspielt, als Ramelow mit den fünf B's kommt, die er nach Prag mitgebracht habe. Ramelow mag dieses sprachliche Stilmittel. Er baut es gerne in seine Reden ein.

Das erste B stehe für Burgen und Schlösser, das zweite und dritte für die kulinarischen Genüsse Bier und Bratwurst, das vierte für die Bibel und die Bedeutung der Reformation für Thüringen und das fünfte für Bauhaus und das Jahr 2019, in dem Thüringen den 100. Bauhaus-Geburtstag begeht.

Während er zu Beginn der Rede noch von der Freude spricht, an diesem Ort das Fest zur deutschen Einheit zu feiern, aber dabei doch reichlich ernst dreinschaut, löst sich die Mimik, als die Worte Bier und Bratwurst fallen. Ein Lächeln überzieht Ramelows Gesicht. Der Funke springt über. Fröhliches Lachen im Saal – der Redner hat sein Publikum gewonnen. Zum Ende der Rede kann Ramelow die Stimmung im Saal noch weiter aufhellen, indem er die Bratwurst mit dem Genscher-Zitat mixt: »Ich bin gekommen, um Ihnen mitzuteilen, der Grill glüht!«

Die Erlösung, den offiziellen Teil mit diesem etwas laxen Spruch hinter sich gelassen zu haben, lassen sich die Gäste hörbar anmerken. Die Erwartung auf das Buffet und die Auflösung des formalen Eröffnungsrituals tun das Ihrige. Es gibt noch ein Musikstück mit einer Sängerin aus Weimar, dann wechselt die Stimmung endgültig von steif auf heiter. Die rund 800 Gäste strömen auseinander, die kulinarischen B's vor Augen.

Auch Ramelow setzt sich in Bewegung. Immer in seinem Schatten: zwei angemessen, aber unauffällig gekleidete Frauen. Eine davon ist Susanne Meyer. Sie begleiten ihn, wenn er den Festsaal verlässt, die Treppe hinabsteigt und in das Freigelände tritt. Ein 60-Sekunden-Weg, der ihn aus der Rolle des Staatsmannes enthebt und zum Landesvater werden lässt. Die tragenden Rollen, die die beiden Frauen spielen, werden aber erst beim dritten und vierten Hinsehen deutlich.

Im Garten wird an einer abenteuerlichen Konstruktion eine 135 Meter lange Thüringer Bratwurst gegrillt. Es ist sein erstes Ziel. Im Hintergrund der blau angestrahlte Botschaftsbau.

Als Ramelow seine Rede begann, war das Palais Lobkowicz, das die Botschaft beherbergt, noch in Rot getaucht. Susanne Meyer, die an Ramelows Seite für das Protokoll des Abends verantwortlich ist, fiel es förmlich in allerletzter Minute auf. Eilig arrangierte sie den Farbwechsel. Früh genug, denn die Festreden waren noch nicht zu Ende und die eigentliche Feier hatte noch nicht begonnen.

Blau ist der Grundton des Thüringer Wappens. Gut möglich, dass Ramelows Krawattenmuster – blau und rosa gestreift – gleichfalls einen Gruß nach Thüringen enthält. Seine Anstecknadel am Revers tut es auf alle Fälle. Sie zeigt das Wappentier, einen rot-weißen Löwen mit goldenen Pfoten und goldener Krone. Der Staatsakt in Prag gleitet über zu einem Thüringer Heimspiel. DDR und Wendezeit sind jetzt weit weg. Die Vorstellung, dass die Linke noch das SED-Gen in sich trägt, wie es etwa Bundespräsident Joachim Gauck 2014 medienwirksam nahelegte, löst sich 2018 im Rauch des Bratwurstgrills auf.

Rückblick. Ende 2014 liefen die Koalitionsverhandlungen von Rot-Rot-Grün (Linke, SPD, Grüne) in Thüringen, die etwas später tatsächlich zur so genannten R2G-Regierung führten. Es ist der 1. November, kurz vor dem 25. Jahrestag des Mauerfalls. Gauck sitzt mit dem Journalisten Ulrich Deppendorf vor dem Altar der Berliner Gethsemanekirche. Im Hintergrund hängt ein großes Plakat. In roter Schrift auf weißem Grund steht dort: »Wachet Und Betet«. Das Interview wird im ARD-Magazin *Bericht aus Berlin* gesendet. Deppendorf fragt Gauck: »Möglicherweise wird bald ein Linker Ministerpräsident eines Bundeslandes, Herr Ramelow. Die Linke hat in Teilen die Nachfolge angetreten der alten SED. Ist das für Sie dann Normalität oder schwer zu verstehen?« »Naja«, antwortet Gauck, »Menschen, die die DDR erlebt haben und in meinem Alter sind, die müssen sich schon ganz schön anstrengen, um dies zu akzeptieren.« Gauck fährt fort in der dritten Person Plural: »Wir respektieren die Wahl der Menschen und fragen uns gleichzeitig: Ist die Partei, die da den Ministerpräsidenten stellen wird, tatsächlich schon so weit weg von den Vorstellungen, die die SED einst hatte bei der Unterdrückung der Menschen hier, dass wir ihr voll vertrauen können?« An dieser Stelle wechselt Gauck wieder in die erste Person Singular: »Und es gibt Teile in dieser Partei, wo ich – wie viele andere auch – Probleme habe, dieses Vertrauen zu entwickeln.«

Kaum ist das Interview gesendet, beginnt in der Öffentlichkeit eine Debatte, ob es zur Funktion des Bundespräsidenten passt, sich parteipolitisch zu äußern. Ramelow kommentiert die Äußerungen zurückhaltend und nimmt damit seine Wandlung vom angreifenden Oppositionellen zum besonnenen Landesvater vorweg. Auf den Inhalt geht er nicht ein, wohl aber auf die Symbolik – und nutzt sie in seinem Sinne: Als Christ sei er »seltsam irritiert, dass ein studierter Pastor und Seelsorger solche Aussage über einen anderen Christen vor einem Altar mit brennenden Kerzen macht. Das ist meine Sicht auf den Mitbruder Gauck, nicht auf den Bundespräsidenten.«

Zurück ins Jahr 2018, zurück an den Bratwurstgrill. Es ist ein mächtiges Gitter, auf dem die Schwere der Vergangenheit zu genießbaren Würstchen zergrillt wird. Damit die 135 Meter Riesenwurst auf das Rost passt, wird sie zur Spirale geformt. Ramelow bekommt ein Messer in die Hand gedrückt, das er lange genug über das Fleisch hält, um Reportern die Gelegenheit zu geben, ein Foto zu schießen. Er trägt eine Schürze mit der Aufschrift: »Don't ketchup a bratwurst«. Eine Anspielung für Insider aus Thüringen: Dass der »echte Thüringer« seine Bratwurst am liebsten mit Senf und nicht mit Ketchup isst, gehört in dem kleinen Bundesland in der Mitte Deutschlands zu den folkloristischen

Glaubenssätzen, die der Ministerpräsident in diesem Moment vermarktet.

Der Grill ist nur eine Station auf einem Rundgang durch die Nachwendegeschichte Thüringens, der ihn von Stand zu Stand führt, ganz so, als sei er auf einer Thüringer Messe.

»Ich bin gekommen, um Ihnen mitzuteilen, der Grill glüht«, Prag, Oktober 2018

Er begrüßt erfolgreiche Bob-Sportler, die bei olympischen Spielen auf dem Siegertreppchen standen, er plaudert mit Menschen aus einem Biathlonverein, er macht Halt bei verschiedenen Firmen, darunter der Carl Zeiß AG, die zu den größten Unternehmen in Thüringen gehört. Beschäftigte sich Ramelow noch wenige Minuten zuvor mit der Frage »Ketchup oder Senf?«, preist er jetzt die Innovationsfreude und Internationalität des Herstellers von medizinischen Geräten an.

Wo auch immer er ankommt, sofort bildet sich ein Kreis. Er hört zu, irgendwann hakt er ein, fragt, erzählt eine Anekdote, fragt wieder, hört zu. Ramelow führt an diesem gesellschaftlichen Abend Dutzende Gespräche und er schafft es immer wieder, die Menschen ins Gespräch zu ziehen. Häufig gelingt das, indem der Kommunikator Ramelow Stichwörter seiner Gesprächspartner aufnimmt und daraus einen Faden – oder besser gesagt – eine Erzählung spinnt, ein Geschehnis aus der Erinnerung kramt und in das laufende Gespräch einstreut. Ramelow ist an diesem Abend unterhaltsamer Erzähler und aufmerksamer Zuhörer, der nichts liegen lässt. Er sammelt Informationen, Namen, Anekdoten – Versatzstücke des Alltagslebens. Vielleicht ergibt sich ja schon im nächsten Gespräch die Gelegenheit, das Gehörte in eine andere Geschichte einzuflechten. Und manchmal entstehen aus diesen Gesprächen neue Termine, die zu einem neuen Ereignis werden, wo neue Gespräche geführt werden, in denen Ramelow Versatzstücke des Gehörten aufgreift, um sie bei der nächsten Gelegenheit weiter zu verwerten.

Die politische Bühne ist aber deutlich größer und vor allem verschlungener, als der gepflegte Garten hinter der Botschaft in Prag ahnen lässt. Noch am selben Abend und tags darauf tauchen Fotos in den sozialen Netzwerken und in verschiedenen Portalen auf. Ein Foto zeigt ihn, wie er sich über den Supergrill beugt. Unproblematisch. Ein anderes Bild, das der »Freistaat Thüringen« auf Facebook teilt, sorgt jedoch für Ärger. Zu sehen ist Ramelow, wie er mit Christian Bürger auf jenem Balkon steht, auf dem Genscher einst seine Rede gehalten hatte. Es ist gut fotografiert: Ramelow im Vordergrund, ernste Miene, zuhörend. Bürger, mit den Händen gestikulierend, sprechend. Zwischen beiden die Metalltafel an der Brüstung des Balkons, die an den historischen Moment erinnert: Das Zitat Genschers. Im Hintergrund Gemäuer der Villa und grüne Bäume.

Ein starkes Foto. Ein schönes Foto. Aber auch eins mit Folgen. Jedenfalls für Bürger. Weil die politische Bühne so viele Fallstricke bereithält.

Ein Foto mit Folgen, Prag, Oktober 2018

Mise en abyme

#Stasi
#Botschaftsflüchtlinge

Wenn ein Ministerpräsident ein Foto postet, dann lässt sich daraus immer eine politische Botschaft ableiten, selbst wenn dies nicht die Absicht gewesen sein sollte. Christian Bürger und Bodo Ramelow. Der eine ein Dissident, der als politischer Gefangener in der DDR hinter Gitter gesperrt wurde. Der andere: Spitzenpolitiker einer Partei, die aus der SED hervorgegangen ist – jener Partei, die die politischen Geschicke der DDR diktierte.

Rückblick. Chemnitz, einige Woche nach dem Festakt in Prag. Bürger ist gerade von einer Reise aus den kurdischen Gebieten des Irak zurückgekehrt, wo der Verein *Lern- und Gedenkort Kaßberg-Gefängnis* humanitäre Hilfe leistet.

Im Kaßberg-Gefängnis war Bürger eingesperrt. Mit zwei Freunden hatte er versucht, aus der DDR zu fliehen. Doch einer der beiden war gar kein echter Freund, sondern ein IM, ein inoffizieller Mitarbeiter, der Informationen an die Stasi lieferte. Er verriet den Plan. Bürger und der Dritte im Bunde landeten im Gefängnis. Dass er verraten worden war, wusste Bürger sofort. Von wem, erfuhr er erst nach der Wende aus den Stasi-Akten.

Bürger hat heute noch immer sehr viel mit DDR-Dissidenten zu tun, gehört zu denen, die sich der Aufarbeitung der DDR-Geschichte verschrieben haben. Einige seiner »eigenen Leute« kritisieren ihn heftig, als sie das Foto mit Ramelow auf dem Balkon der Prager Botschaft sehen. »Dass du dich mit einem solchen Linken eingelassen hast!«

Ihm ist bewusst, was ihm vorgeworfen wird. Ramelow von den Linken, von der PDS, von der SED ... Auch wenn dies eine arge Verkürzung der Geschichte ist und es in Deutschland inzwischen mehr als nur eine Koalition mit den Linken gibt, und selbst Politiker der CDU laut über eine Zusammenarbeit mit den Linken nachdenken, liegt die Aura der Nichtdazugehörigkeit noch immer über Teilen der Partei. Das ist der Makel, der den Linken – insbesondere aus der Sicht ihrer Gegner – vermutlich noch lange anhaften wird: ein Spross jener SED zu sein, die die zentrale Verantwortung für das Geschehen in der DDR trug. Ramelows politische Gegner nutzen dies. Von Joachim Gauck war bereits die Rede. Es gibt etliche andere Beispiele. Ramelows Widersacher aus dem Jahr 2014 zum Beispiel. Mike Mohring von der Thüringer CDU, damals noch Oppositionsführer, kommentierte Gauck: Es sei das Recht des Präsidenten, Debatten anzustoßen, »auch darüber, ob die Schikanierer von gestern morgen schon wieder in Ämter kommen.« So denken einige in den Kreisen, in denen Bürger sich bewegt. Bürger versteht das, und wenn er auch die Geschichte der Linken und die des Ministerpräsidenten differenzierter betrachtet, zeigt er ein gewisses Verständnis. Schließlich sei es »vielen von denen weit schlimmer ergangen als mir.«

Und das ist Bürgers Geschichte: Neben der Mauer aus Stein und Stacheldraht gab es noch einen anderen »Schutzwall«, den die DDR errichtet hatte. Er bestand aus Spitzeln und Denunzianten. Neben den 90 000 hauptamtlichen Mitarbeitern der Stasi waren es Abertausende weitere inoffizielle Mitarbeiter. 1989 sollen es, soweit ermittelt, fast 190 000 gewesen sein. Das bedeutet: Auf weniger als 90 Einwohner – Säuglinge und alte Menschen inbegriffen – kam ein Spitzel. Einer davon hatte Bürgers Fluchtpläne verraten.

Ein halbes Jahr verbrachte Bürger in Untersuchungshaft auf dem Chemnitzer Kaßberg, wo die Stasi ihr größtes Gefängnis unterhielt. Dann wurde er nach Cottbus verlegt. Hier saß er weitere zwei Jahre und zwei Monate. Im Rahmen einer großen Amnestie 1987 kam er frei. Doch die Freiheit entpuppte sich für ihn als »Gefängnis im Großen«. Er musste seinen Ausweis abgeben und bekam dafür einen so genannten PM 12 – einen Passersatz, der mit Meldepflichten verbunden war und dem Verbot, auszureisen – auch nicht in osteuropäische Länder. Bürger fühlte sich gebrandmarkt. »Sie hätten es mir auch auf die Stirn schreiben können.« Zwei Mal die Woche hatte er sich bei Behörden zu melden. Er musste auch Ersatzschlüssel für seine Wohnung hinterlegen. Davon machten die Behörden Gebrauch: Mehrfach seien sie in seinen privaten Räumen gewesen, erzählt Bürger. Schließlich bekam er eine Arbeit zugewiesen, die für ihn verpflichtend war: In den Chemnitzer Barkas-Werken, die zu jener Zeit Motoren für den Trabant bauten. Bürger lief mit einer Schubkarre durch das Werk und sammelte Metallspäne auf. Niemand habe sich getraut, mit ihm zu sprechen. »Ich war komplett isoliert.«

Bürger suchte nach einem Ausweg und fand ihn in Oberwiesenthal im Erzgebirge, wo er bei Nacht und Nebel durch den Wald über die Grenze nach Tschechien stapfte. In Jáchymov (deutsch: Sankt Joachimsthal) stieg er in den Zug nach Prag. Es war der 21. Juni. Er ging auf das Tor der Botschaft zu, dort saß ein Pförtner. Er stellte sich vor: »Ich bin Christian Bürger aus der DDR und ich gehe von hier nicht mehr weg!« Er wurde reingelassen und zu Hans-Joachim Weber gebracht, der zu dieser Zeit als Diplomat in der Botschaft arbeitete. Bürger war einer der Ersten, viele Flüchtlinge befanden sich zu diesem Zeitpunkt noch nicht in der Botschaft. Etwa vierzig, schätzt Bürger.

Als sie auf etwa 150 angestiegen waren, gründeten die Flüchtlinge eine Lagerleitung und wählten Bürger zu ihrem Sprecher. Fortan ging er jeden Abend zu Weber ins Büro, in der Tasche eine Liste, auf der die Dinge standen, die man so brauchte. Wenig später bekam Bürger eine Schreibmaschine, Papier und einen Schreibtisch in einem Container mit Fenster. Dort registrierte er die Neuankömmlinge. Das Leben der Flüchtlinge organisierte sich und Bürger war so etwas wie ein Mitarbeiter der Botschaft geworden.

Das Lager sei stetig gewachsen. In der letzten Septemberwoche, wenige Tage vor dem Besuch Genschers, habe er noch ein Interview am Zaun gegeben, wo er die jüngste »Personenstandszahl« bekannt gegeben habe: »1300 und ein paar Zerquetschte«. Doch dann gab es plötzlich einen großen Schub. »Da stiegen die Leute scharenweise über den Zaun, Tag und Nacht. Wir dachten, die DDR läuft gerade leer.«

Mit dem routinierten Alltagsablauf war es vorbei. Das Leben der Neuankömmlinge eine Tortour. »Den halben Tag standen sie an für die Registratur, die andere Hälfte in der Warteschlange an der Toilette«, erinnert sich Bürger. Als dann die Worte von Genscher vom Balkon hallen, machte sich die Anspannung tausendfach Luft. »Wir sind zu Ihnen gekommen, um Ihnen mitzuteilen, dass heute Ihre Ausreise …« Jubel. Der Moment für die Geschichtsbücher.

Vereinbart wurde mit der DDR, dass die Flüchtlinge nicht den direkten Weg in die Bundesrepublik nehmen,

»Wir sind zu Ihnen gekommen, um Ihnen mitzuteilen, dass heute Ihre Ausreise …«, Hans-Dietrich Genscher in Prag, September 1989

sondern mit dem Zug über das Territorium der DDR fahren, um von dort aus »ausgewiesen« zu werden. Die *Aktuelle Kamera*, zentrale Nachrichtensendung in der DDR, sprach von einem »humanitären Akt«, um die »nicht von der Regierung der DDR herbeigeführte unhaltbare Situation zu beenden«. In einem langen Satz bemüht sich der Nachrichtentext, die DDR als Akteur der Aktion herauszustreichen. Die DDR-Regierung habe »veranlasst, dass sich die in den Botschaften rechtswidrig (das Wort »rechtswidrig« wird vom Sprecher besonders betont) aufhaltenden Personen mit Zügen der Deutschen Reichsbahn (Betonung »Deutsche

Reichsbahn«) durch das Territorium der DDR in die BRD ausgewiesen werden … Der Vorgang vollzieht sich auf Vorschlag der DDR.« Am 2. Oktober meldet das *Neue Deutschland*, zu jener Zeit noch Zentralorgan der SED, Vollzug: »Die DDR sah sich dazu aus humanitären Gründen veranlaßt, angesichts der in den DDR-Vertretungen entstandenen unhaltbaren Situation, die beim eventuellen Ausbruch von Seuchen auch Menschen der betreffenden Länder bedroht hätte.« Die Rede ist von den BRD-Vertretungen in Prag und Warschau. Letztere war in diesen Wochen ebenfalls zum Ziel flüchtender DDR-Bürger geworden.

Die vielen Tausend Menschen in den Zügen wissen nicht, was kommt. Die Bahnhöfe, so erinnert sich Bürger, waren geisterhaft leer, nicht einmal Polizisten oder Bahnangestellte waren zu sehen. Das nährte die Furcht, dass doch noch etwas Unheilvolles passieren könnte. Doch die Züge fuhren durch. Bürgers neues Leben begann in Bayern. Heute lebt er in Chemnitz.

Das *Neue Deutschland* kommentierte die Ausreise in der Rhetorik des Kalten Krieges. Nichts deutet darauf hin, dass es nur wenige Wochen später allen DDR-Bürgern erlaubt sein wird, die Grenze in den Westen zu passieren. Der Artikel vom 2. Oktober suggeriert im Texteinstieg, es mit einem objektiven Bericht zu tun zu haben (»Wie der Sprecher des Ministeriums für Auswärtige Angelegenheiten mitteilte …«), aber nach der Mitteilung über die Ausreise und der offiziellen Begründung verwandelt er sich zu einem scharfen Kommentar. »Zügellos wird von Politikern und Medien der BRD eine stabsmäßig vorbereitete Heim-ins-Reich-Psychose geführt, um Menschen in die Irre zu führen und auf einen Weg in ein ungewisses Schicksal zu treiben. Das vorgegaukelte Bild vom Leben im Westen soll vergessen machen, was diese Menschen von der sozialistischen Gesellschaft bekommen haben und was sie nun aufgeben. Sie schaden sich selbst und verraten ihre Heimat.«

Das Bemühen, zu zeigen, nicht aus einer Schwäche heraus gehandelt zu haben, ist überdeutlich: »Nun werden einige Bürger der DDR an uns mit Recht die Frage stellen, warum wir diese Leute über die DDR in die BRD ausreisen lassen, obwohl sie grob die Gesetze der DDR verletzten. Die Regierung der DDR ließ sich davon leiten, daß jene Menschen bei Rückkehr in die DDR, selbst wenn das möglich gewesen wäre, keinen Platz mehr im normalen gesellschaftlichen Prozess gefunden hätten. Jene Leute hätten auch Schwierigkeiten bekommen, neue Wohnungen zu erhalten, da diese natürlich für andere Bürger vorgesehen sind. Vorzugsbehandlung konnten sie in der DDR nicht erwarten. Hinzu kommt, daß sich nach bisherigen Feststellungen unter diesen Leuten auch Asoziale befinden, die kein Verhältnis zur Arbeit und auch nicht zu normalen Wohnbedingungen haben.«

Ramelow ist im Wendejahr 1989 noch Jahre entfernt von seiner Mitgliedschaft in der PDS, die später in »Die Linke« umbenannt wird. Er ist Gewerkschaftssekretär der Gewerkschaft Handel, Banken und Versicherungen (HBV) in Mittelhessen. An den Tag des Mauerfalls kann er sich wie viele andere sehr gut erinnern. »Ich habe geweint.« Während Bürgers Biografie zu diesem Zeitpunkt den Weg vom Osten in den Westen nimmt, verläuft Ramelows Werdegang genau umgekehrt. Er geht als einer der zahlreichen Berater vom Westen in den Osten. Sein Auftrag: Er soll helfen, neue Gewerkschaftsstrukturen aufzubauen. Sein Einsatzort: Erfurt. Dass er ein viertel Jahrhundert später an diesem Ort der erste Ministerpräsident eines Landes werden wird, den die Linkspartei stellt, kann zu diesem Zeitpunkt noch niemand ahnen. Auch er selbst nicht.

Zurück ins Jahr 2018. Aus Bürgers Sicht kommt es Ramelow zugute, dass er aus dem Westen stammt. Nicht immer ist das ein Vorteil für einen Politiker in Ostdeutschland – in diesem Zusammenhang aber offensichtlich schon. Bürger, der sich selbst als konservativ-liberal einschätzt, findet außerdem, dass Ramelow bereits gezeigt habe, dass er nicht nur Worthülsen nutze, etwa, wenn es um die Aufarbeitung der DDR- und SED-Geschichte gehe.

Als Bürger vor der Einheitsfeier in Prag mit Ramelow auf dem Balkon steht, auf dem einst Genscher die berühmten Worte gesprochen hatte, und wo das Foto entsteht, das in den sozialen Netzwerken vielfach geteilt und diskutiert wird, nutzt er die Gelegenheit für ein längeres Gespräch. Bürger spricht den Ministerpräsidenten auf sein Verhältnis mit der SED-Vergangenheit an. Und Ramelow macht, was er gerne in solchen Momenten tut: Er erzählt eine Geschichte. Sie spielt in Erfurt.

Es ist der 5. Dezember 2014. Ramelow wurde soeben als neuer Ministerpräsident vereidigt. In seiner Antrittsrede legt er augenblicklich den Wahlkampfmodus beiseite und nimmt die Rolle des versöhnlichen und überparteilichen Ministerpräsidenten ein. Er lobt die Oppositionspolitikerin und Vorgängerin Christine Lieberknecht und bietet der Opposition seine Zusammenarbeit an. Floskeln, könnte man sagen, typische Versatzstücke einer einwandfreien Antrittsrede. Doch nach etwa fünf Minuten gelingt es Ramelow, seine Zuhörer zu überraschen. Die Sprechsituation ähnelt rein formal derjenigen in der Botschaft, als er auf Bürger zeigte. »Auf der Tribüne« – Ramelow blickt vom Rednerpult im Plenarsaal nach oben – »hat ein von mir sehr wichtiger väterlicher Freund Platz genommen.« Er schließt die Augen, macht eine kleine Pause, schöpft Atem und fährt dann fort: »Und den sprech' ich an. Lieber Andreas Möller, die Partei, der ich beigetreten bin, hat in ihrer Quellpartei eine Partei, in deren Namen du im Gefängnis gesessen hast.« Blick nach unten. »Es lässt mich nicht« - kleine Pause - »ohne Emotionen, denn ich weiß, dass deine Freundschaft zu mir ein langer Weg war und du mich oft für meine Parteimitgliedschaft attackiert hast. Und gesagt hast: Darüber müssen wir reden, weil deine Partei hat viel Unrecht über Menschen gebracht. Andreas Möller hat im Stasi-Knast in Potsdam gesessen, er hat mich mitgenommen an den Ort, an dem er im Blut gelegen hat. Und er hat dann in Waldheim mehrere Jahre gesessen. Und ich kann nur sagen, lieber Andreas Möller, dir und allen deinen Kameraden kann ich nur die Bitte um Entschuldigung übermitteln. Und ich kann sagen, die Landesregierung und unsere drei Parteien haben sich deswegen so intensiv mit dem Thema Aufarbeitung und DDR-Unrecht beschäftigt und einiges in den Koalitionsvertrag hineingeschrieben, was wir angehen wollen.« Insgesamt widmet Ramelow ein Drittel seiner Rede diesem Thema.

Bürger nimmt die Geschichte als Indiz für die Glaubwürdigkeit des Ministerpräsidenten. Wie aber ist Ramelow überhaupt in die Staatskanzlei gekommen? Vorgezeichnet war der Weg in dieses Amt keineswegs.

Auf dem Markt und auf der Bühne

Wie Ramelow auf den Balkon kam

#Gewerkschaft
#Bischofferode

Bodo Ramelows politische Karriere ist nicht vorgezeichnet – weder väterlicher- noch mütterlicherseits. Der Vater kommt beschädigt aus dem Krieg zurück und trinkt zu viel. Beruflich hat der Händler wenig Erfolg. Als er starb, ist Ramelow noch ein Kind – elf Jahre alt. Die Mutter schlägt sich und ihre vier Kinder fortan unter anderem als Hauswirtschafterin durch. In ärmlichen Verhältnissen: »Jeder Pfennig wurde mehrfach umgedreht«[3], erinnert sich Ramelow in einem Gespräch mit dem Publizisten Hans-Dieter Schütt.

Die Mutter kommt aus einer berühmten protestantischen Familie. Einer der Ur-Ahnen, Johann Fresenius, Stadtpfarrer in Frankfurt am Main, hatte Johann Wolfgang von Goethe getauft. Viele der Nachfahren von Johann Fresenius wurden Pastoren. Ramelow hätte auch einer werden können, erklärt er in einem Interview mit *The European*. Daraus wird nichts. Dennoch: Eine gewisse Religiosität ist in der Familie, wozu auch der regelmäßige Besuch des Gottesdienstes gehört.

Bodo Ramelows Familie backt kleine Brötchen. Der berufliche Werdegang des jüngsten Kindes scheint festzuste-

3 Hans-Dieter Schütt, Gläubig und Genosse, Karl Dietz Verlag Berlin, 2006.

hen: Ein Bäcker mit seiner eigenen kleinen Bäckerei, vielleicht auch ein Winzer. Doch der Weg ins Handwerk bleibt ihm verwehrt, mal ist es eine Mehlstauballergie, mal der Rücken, der nicht mitmacht. Der dritte Anlauf endet in den Händler-Fußstapfen des Vaters: Ramelow wird Lebensmittelkaufmann hinter der Theke der Wild- und Geflügelabteilung eines großen Kaufhauses.

Seine Schulnoten sind teilweise berauschend, teilweise grottenschlecht. Die Ursache für diese widersprüchlichen Leistungen stellt sich verhältnismäßig spät heraus. Er ist Legastheniker. Auch in dieser Hinsicht ist sein Weg in die politische Elite nicht gerade vorgezeichnet. Die Rechtschreibstörung verhindert auch den Weg in ein Theologiestudium und damit ins Pfarramt, so wie ihn viele andere Vorfahren gegangen waren.

Beruflich geht es mit ihm in den 1970er Jahren nach oben bis zum Filialleiter einer Vertriebsgesellschaft. Er erwirbt über den zweiten Bildungsweg die Hochschulreife und entwickelt in diesen Jahren seine beruflichen und zugleich organisatorischen Fähigkeiten. 1973 trifft er als Siebzehnjähriger eine richtungsweisende Entscheidung. Er engagiert sich in der Gewerkschaft und rekrutiert auffällig viele neue Mitglieder. Sein ehrenamtlicher Erfolg hat Folgen: Er ist gerade 25 Jahre alt, als er den Job des Gewerkschaftssekretärs angeboten bekommt – und annimmt. Damit ist er zwar noch lange nicht in der Politik und es deutet auch nichts darauf hin, dass dies das Ziel des jungen Gewerkschafters ist. Aber er steht plötzlich in der Öffentlichkeit, arbeitet an Verhandlungsstrategien mit, wird zu einem Händler der anderen Art: Verhandlungspartner ist nicht mehr der Kunde, sondern die Arbeitgeberseite. Es geht jetzt nicht mehr um die Qualität des Fleisches, sondern um Tarife und Arbeitsbedingungen. Ramelows Wirkungsradius verlässt das individuelle Geschäft. Er vertritt jetzt die Mitarbeiter in Betrieben. Insofern könnte der Schritt in die hauptamtliche Gewerkschaftsarbeit im Nachhinein auch als ein Schritt in die Politik gesehen werden.

Privat wählt Ramelow eine bürgerliche Existenz. Er heiratet und hat mit seiner Frau zwei Kinder. Er wird noch zwei weitere Male heiraten, sogar kirchlich. Diese bürgerlich-bodenständige Existenz tritt in späteren Jahren und Jahrzehnten in vielfacher Form in Erscheinung und will nicht so richtig zu dem Enfant terrible passen, als das er sich später vor allem in seiner Berliner Zeit einen Namen macht.

Durch die Gewerkschaftsarbeit hat er Kontakt in viele Richtungen, unter anderem auch zu Kommunisten der DKP. Auch wenn sich Ramelow in dieser Zeit und in den Folgejahren parteipolitisch nicht bindet und er auch nicht mit systemumstürzlerischen Reden auf sich aufmerksam macht, so unterstützt er in den 1980er Jahren dennoch den Postboten Herbert Bastian, der als DKP-Mitglied ein Berufsverbot erteilt bekommt. Damit handelt sich Ramelow eine langjährige Observation durch den Verfassungsschutz ein. Das wiederum will nicht so recht zu dem Mann passen, der offen sein Christentum lebt, sonntags in die Kirche geht und hin und wieder sogar Predigten hält. Es passt auch nicht zu dem Wirtschafts- und Unternehmensförderer, als der er in seiner Zeit als Ministerpräsident agiert.

Die Kontakte zu DKP-Mitgliedern wird Ramelow noch viele Jahre wie ein Rucksack voller Steine mit sich herumschleppen müssen. Während seiner Gewerkschaftszeit herrscht Kalter Krieg. Die DKP pflegt – auch finanziell – ein enges Verhältnis zur SED, der führenden Einheitspartei in der DDR. Wer private oder gewerkschaftliche Kontakte mit Menschen hat, die selbst wiederum politische und finanzielle Verbindungen in die DDR pflegen, erscheinen in dieser Zeit vielen suspekt. Wobei Ramelow selbst sich diesen

Schuh nie anzieht. DKP-Mitglieder sind nicht nur in der HBV, sondern auch in der Marburger Kommunalpolitik der 1970er Jahre stark vertreten. Ramelows Sicht: Begegnungen hätten sich in diesem Umfeld selbst dann nicht ausschließen lassen, wenn man es gewollt hätte.

Ramelow hat auch persönliche Kontakte in die DDR. Sein Vater war vor der Ehe mit seiner Mutter schon zweimal verheiratet. Irgendwann stellte sich heraus, dass Halbbrüder von ihm in Sachsen-Anhalt lebten. Die Suche nach ihnen führt Ramelow zu Beginn der 1980er Jahre in die DDR. Es gibt also schon früh lose Beziehungen in den Ostteil Deutschlands. Als er nach der Wende 1990 für die HBV eine Aufbaustelle in Erfurt annimmt, handelt es sich um einen zeitlich begrenzten Auftrag. Dass Thüringen seine Wahlheimat wird, lässt sich nicht absehen. Womöglich wäre Ramelow gar nicht auf das Angebot eingegangen, hätte er nicht privat in einer Veränderungssituation gesteckt. Seine Ehe war gescheitert und er ist bereit für eine räumliche und berufliche Neuorientierung.

Ramelow ereilt dabei das Schicksal vieler, die den Weg vom Westen nach Osten oder umgekehrt machen: DKP-nahe Gewerkschafter im Westen trauern der DDR nach und sehen in ihrem Gewerkschaftskollegen so etwas wie einen Verräter, der aus dem Untergang des Warschauer-Pakt-Staates einen beruflichen Nutzen zieht. Tatsächlich machen sich neben den Aufbauhelfern mit guten Absichten zahlreiche Glücksritter und Betrüger auf den Weg in den Osten. Sie nutzen die anfangs chaotische Lage aus, um sich zu bereichern. Das wiederum nährt im Osten das Misstrauen gegenüber Menschen, die in der Bundesrepublik aufgewachsen waren und nun in die neuen Länder kommen, um beispielsweise die Verwaltung, die Justiz, die Handelskammern oder die Gewerkschaften mit aufzubauen. Während im Westen das Vorurteil vom dummen Ossi an

Konturen gewinnt, reift im Osten der Stereotyp vom betrügerischen Wessi. Wer mit guten Absichten oder einfach nur aus Neugierde die Himmelsrichtung wechselt, muss viele Jahre gegen solche Vorurteile ankämpfen. Vor allem immer dann, wenn etwas nicht passt. So ist jemand wie Ramelow prädestiniert, den doppelten Unmut auf sich zu ziehen: Aus der Sicht von Westlinken ein Verräter, aus der Perspektive unzufriedener Ostdeutscher ein Glücksritter.

Ramelow kommt jedoch ziemlich schnell in der ostdeutschen Wirklichkeit an – und das hat etwas mit Bischofferode zu tun, wo Arbeiter versuchen, die Schließung ihres Kali-Bergwerks zu verhindern, nachdem es von der westdeutschen *Kali und Salz* in Kassel übernommen worden war. Ramelow spielt in dem Arbeitskampf eine aktive Rolle und handelt schlussendlich die Art und Weise der Kapitulation der Arbeiter aus. Sie setzen sich zwar nicht durch, erhalten aber gute Abfindungen. »Es war für uns eine Niederlage, weil wir den Betrieb erhalten wollten«, bewertet Ramelow den Arbeitskampf. »Aber es war die teuerste Niederlage, die die Treuhand je erlebt hat«, sagt er in einer Dokumentation des *Mitteldeutschen Rundfunks*.

Wie so oft in Ramelows Biografie setzen sich auch bei diesem Ereignis Puzzleteile zusammen, die eigentlich gar nicht zusammengehören. Zunächst einmal ist Ramelow überhaupt nicht wirklich zuständig als HBV-Gewerkschafter. Doch die verantwortliche Gewerkschaft IG Bergbau und Energie verhandelt aus der Perspektive der westdeutschen Bergbaukumpel und setzt sich für die Schließung im Osten ein, um Arbeitsplätze im Westen zu retten. Damit stehen die ostdeutschen Bergarbeiter alleine da. Ramelow übernimmt diese Aufgabe, die von der IG Bergbau und Energie liegen geblieben ist, und vertritt die Interessen der streikenden Arbeiter. Er hängt sich mit voller Kraft in diesen eigentümlichen Arbeitskampf und geht psychisch und physisch an seine Grenzen. Gleichzeitig widerfährt ihm ein Wiederentdeckungserlebnis – es ist der Beginn eines längeren Prozesses, an dessen Ende er »die Kirche seiner Kindheit« wiederfindet. In Bischofferode lernt er auch Gregor Gysi kennen. Gysi war als Vorsitzender der SED-PDS einer der wichtigsten Moderatoren während des Übergangs der DDR in das Rechts- und Wirtschaftssystem der Bundesrepublik. Aus der SED-PDS wird später die PDS, die wiederum eine der Vorgängerparteien der Partei Die Linke ist. Großzügig interpretiert, ist es ein erster Schritt von Ramelow in die Berufspolitik. Allerdings in einer Partei, die nicht auf allerbestem Fuß mit der Kirche steht.

Nachdem das Kapitel Bischofferode geschlossen ist, mischt Ramelow auch in anderen politischen Kämpfen mit – noch immer als Gewerkschafter und nicht als Politiker. Bischofferode bildet aber die eigentliche Klammer zwischen dem Gewerkschafts- und dem Politikerleben. Der Ort steht für den Beginn einer Folge von Aktivitäten, die ihn zu einer Art Anwalt des Ostens machen, als der er heute noch gilt. Viele Jahre später, 2014 – Ramelow ist inzwischen in der Politik angekommen –, wird der bis dato geheime Kali-Fusionsvertrag von Bischofferode geleakt. Er schreibt das Ende des Kali-Bergbaus in Ostdeutschland fest und kostet den Staat viele Milliarden Euro. Mit einer symbolischen Handlung leitet Ramelow seine Arbeit als Oppositionschef im Thüringer Landtag ein: In einer Sondersitzung, in der es um den brisanten Vertrag geht, läuft er zur Regierungsbank und wirft der damaligen CDU-Ministerpräsidentin Christine Lieberknecht die Akte auf den Tisch. Wenige Monate später löst Ramelow Lieberknecht im Ministerpräsidenten-Amt ab.

Probeläufe

#Ausbildungsjahre
#Kündigung

Nach dem Tod von Erwin Ramelow, Bodo Ramelows Vater, zieht die Familie 1967 nach Nieder-Wiesen in Rheinhessen, das ist jener Ort, aus dem die berühmten Fresenius-Vorfahren stammen. Das Kapitel währt aber nicht lange. Die alleinerziehende Mutter, Anni Ramelow, eine geborene Fresenius, siedelt mit ihrem Sohn Bodo nach Nordeck um, ein hessisches Dorf in der Nähe von Gießen. Anni Ramelow nimmt einen Job als Hauswirtschaftsleiterin in einem Internat auf Burg Nordeck an. Damit beginnt auch für den Sohn ein neues Kapitel.

Mit dem Umzug hat sich Bodo Ramelows Zukunft als Bäcker erledigt. Der Plan war, den eigenem Betrieb aus dem Familienbesitz in Nieder-Wiesen zu übernehmen. Dass es ihm verwehrt blieb, macht Ramelow, zumindest im Nachhinein, nicht unglücklich. »Es war kein lohnender Betrieb mehr. Es hatte keine Investitionen mehr gegeben. Mittelpunkt des Geschäfts war ein alter Dampfbackofen, ein Kriegsmodell noch. Und diesen Betrieb sollte ich übernehmen«, schildert er im Gespräch mit Schütt. Ramelow kann sich nicht vorstellen, dass das gut gegangen wäre. Ihn hätte voraussichtlich das Schicksal seines Vaters ereilt. »Der hatte Konkurs anmelden und aufgeben müssen, weil er mit seinem Lebensmittelladen gegen die Supermärkte nicht ankam.«[4]

Ramelow ist vierzehn Jahre alt, als er mit einer Ausbildung als Einzelhandelskaufmann für Wild und Geflügel bei Karstadt Gießen anfängt. Gleichzeitig besucht er die Kaufmännische Schule Marburg. Auf der Arbeit wird er von einem HBV-Gewerkschafter angesprochen. Das Angebot, beizutreten, lehnt er zunächst ab – mit der Begründung, aus einer selbstständigen Familie zu kommen. In die Absage an die Gewerkschaft lässt sich, wenn man es so drehen möchte, ein kleinbürgerlicher Unternehmerstolz hineininterpretieren. Aber dieser Stolz ist brüchig. Der Verweis auf den gescheiterten Vater klingt eher nach zerknirschtem Unternehmerstolz. Ramelow erzählt hier die alte Geschichte von David gegen Goliath – allerdings mit dem bitteren Ende für David. Die Wortwahl »hatte aufgeben müssen, weil er nicht ankam« drückt Sympathien für den unterlegenen Vater aus. Es zeigt ihn als Opfer des marktwirtschaftlichen Konzentrationsprozesses. Materiell bleibt dem Opfer nichts, nur die Würde, ein ehrenhafter Kaufmann zu sein. Über seinen Vater sagt Ramelow: »Er war Kaufmann, mit Leib und Seele.«[5]

1965 gab es Studien zufolge in Deutschland noch rund 160 000 Lebensmittelgeschäfte. 50 Jahre später sind es etwas mehr als 20 000. Fleisch und Brot wird zunehmend in Supermärkten angeboten. Insofern passt der Weg von Bodo Ramelow zur gesamtwirtschaftlichen Entwicklung. Er wird nicht Bäcker in einem kleinen Dorfbetrieb, sondern beginnt eine Lehre als Einzelhandelskaufmann in einem Handelskonzern. Und bleibt beruflich dann doch in der Tradition des Vaters, der aus einer Kaufmannsfamilie stammt.

In seiner Ausbildung bei Karstadt bringt Ramelow das väterliche (Kaufmann) und das mütterliche Erbe (Landle-

4 Schütt, 2006.
5 Ebd.

ben und Landwirtschaft) auf einen Nenner: Er landet in der Abteilung Wild und Geflügel. Bekam er zuvor schon Einblicke in das Bäcker- und Winzergewerbe, lernt er nun, wie Tiere zerlegt werden. Davon erzählt er heute noch gerne, und das mit dem Stolz eines bodenständigen Mannes. Etwa in einer Talksendung mit Markus Lanz, in der er davon berichtet, wie er sich als Auszubildender etwas Geld dazu verdiente. Er haute das Schwarzwild aus der Decke, was so viel heißt, dass er ihnen das Fell abzog. Für fünf Mark die Stunde. Das Größte, was er – zusammen mit einem Metzgergesellen aus der Nachbarabteilung – zerlegt hätte, sei ein polnischer Elch gewesen. Auf die Frage, ob er kein Mitleid mit den Tieren empfinde, antwortet er, wie man es von einem Jungen vom Lande erwartet: »Ehrlich gesagt, ich bin auf dem Dorf geboren, ich bin auf dem Dorf sozialisiert, wir haben Hasen gezüchtet, wir haben Enten, wir haben Hühner gehabt. Und es gehörte zum normalen Speisezettel. Wir sollen nicht so unehrlich sein. Das Schnitzel wird nicht im 3-D-Drucker hergestellt.« Mit dem Schnitzel im 3-D-Drucker bedient Ramelow gleich zwei Klischees: Das des Dörflers gegenüber dem Städter, der das Schnitzel angeblich nur aus dem Supermarkt kennt. Aber zugleich auch das Vorurteil des Stadtbewohners gegenüber dem Hinterwäldler: Letzterer muss genau so reden, wie Ramelow das tut, um als Landei identifiziert werden zu können.

Das praktische Wissen, dass er sich in jungen Jahren erwirbt, nutzt ihm später bei öffentlichen Auftritten. Es macht ihn, gerade in einer ländlichen Region wie Thüringen, volksnah. Für einen Landespolitiker, erst recht für einen Ministerpräsidenten, der in Deutschland zuweilen auch den Titel »Landesvater« bekommt, gehört diese Nähe zur Kernkompetenz, die ihm offenbar von großen Teilen der Bevölkerung abgenommen wird. In den Umfragen vor und nach den Landtagswahlen 2019 jedenfalls schneidet Ramelow deutlich besser ab als seine politischen Konkurrenten.

Bei Karstadt begegnet Bodo Ramelow auch einem Mann, mit dem er fast ein halbes Jahrhundert später wieder zu tun haben wird: Volker Bouffier, seit 2010 CDU-Ministerpräsident in Hessen. Der hatte gerade mit seinem Jurastudium begonnen und arbeitete als Hilfskraft in der Hausinspektion von Karstadt. Nach Ramelows Wahl 2014 zeigen zahlreiche Fotos von Ministerpräsidententreffen die beiden Länderchefs, wie sie lachend nebeneinanderstehen.

Nach seiner Ausbildung erwirbt Ramelow im zweiten Bildungsweg die mittlere Reife und die Hochschulreife und wird noch in der Ausbildung Substitut (Vertreter des Filialleiters). Von Karstadt wechselt er zur Supermarktkette HaWeGe (heute Tegut) nach Marburg, wo er ebenfalls als Substitut arbeitet. Eine weitere Station führt ihn zur Jöckel Vertriebs GmbH Marburg, einem Vertragspartner von Rewe. Hier wird er Filialleiter. Einer Karriere im Handel steht nicht mehr viel im Weg.

In den Jahren zwischen 1970 und 1980 entwickelt sich aber nicht nur der Händler, Ausbilder, Netzwerker und Organisator Bodo Ramelow, sondern auch der Gewerkschafter. Karstadt ist der Anfang. Nachdem er zunächst anfängliche Angebote abgelehnt hatte, überlegt er es sich irgendwann doch anders. Eines seiner Motive: fehlendes Wissen. Er habe gemerkt, »dass man wissen musste, was man da tut, wenn man der Personalabteilung Paroli bieten wollte«. Und zwar, »um sich nicht lächerlich zu machen oder nicht ins Leere zu laufen. Diese Erkenntnis, die hat mich geprägt. Einfach, dass ich mir gesagt habe: Okay, dann besorge ich mir eben das Wissen. Das war der Weg in die Gewerkschaft.«

Es war aber noch etwas mehr als das. Denn irgendwann in seiner Karstadt-Zeit fing er an, für die Gewerkschaft zu arbeiten, ohne einen Auftrag bekommen zu haben. Ramelow erinnert sich, dass er eines Tages beim Gewerkschaftssekretär aufgetaucht sei und ihm hundert Neuaufnahmen – inklusive seiner eigenen – gebracht hätte. »Der ist fast tot umgefallen«, erinnert sich Ramelow. »Weil ihm so was in seinem ganzen Leben noch nicht passiert ist.«

Wenige Jahre später bekommt er das Angebot, hauptamtlich als Gewerkschaftssekretär in Mittelhessen zu arbeiten – und nimmt an. Er ist jetzt gerade mal 25 Jahre alt. Ein Jahr später heiratet er die Gewerkschaftstochter Leonie Schwarz. Zu diesem Zeitpunkt ist Ramelow in Nordhessen schon recht gut vernetzt. Er ist jung, er ist begabt, er bewegt sich scheinbar in den richtigen Kreisen. Vieles deutet auf eine verheißungsvolle Gewerkschafterkarriere. Auch die äußeren Umstände passen. Es sind die 1970er Jahre. Das »Wirtschaftswunder« der Nachkriegszeit findet mit der Wirtschaftskrise 1973 ein Ende; die Krisenstimmung zieht sich durch das gesamte Jahrzehnt. 1975 schrumpft die Wirtschaft – ein Zustand, den die marktwirtschaftlich organisierte Bundesrepublik nicht kennt. Gleichzeitig steigen die Preise. Firmen gehen pleite, in vielen Betrieben wird die Kurzarbeit eingeführt: Vorübergehend weniger Arbeit für weniger Lohn. Für die HBV aber ist es ein starkes Jahrzehnt: Der Dienstleistungssektor vergrößert sich und damit die Zahl derer, die der Gewerkschaft beitreten. Mitbestimmung wird zu einem großen Thema. 1976 stimmt der Bundestag mit einer sehr großen Mehrheit für ein Mitbestimmungsgesetz. Ein einmaliger Vorgang in der deutschen Geschichte, weil mehr als 95 Prozent der Bundestagsabgeordneten dafür sind.

Ramelow ist einer von vielen, die sich in die Gewerkschaftsarbeit einbringen und für mehr Mitbestimmung kämpfen. Allerdings hat die Gewerkschaft es nicht immer leicht mit ihm – und umgekehrt er nicht mit ihr. Es ist ein wenig wie mit seiner Verbindung zur Kirche: ein widersprüchliches Verhältnis mit einer ganzen Reihe von Dissonanzen. Besonders deutlich wird das an einem Ereignis, das sich kurz vor dem Übergang vom ehrenamtlichen zum hauptberuflichen Gewerkschafter ereignete. Er ist Filialleiter bei der Jöckel Vertriebs GmbH Marburg, wo er eine Betriebsratswahl anschiebt.

Sein Engagement hat Folgen. Sie führt nach eigenen Angaben zu seiner Entlassung. Ramelow ist zu dieser Zeit im Raum Marburg schon gut vernetzt und ausreichend bekannt, sodass es zu einer lokalen Solidarisierungswelle kommen konnte. Der Unternehmer erhält zahlreiche Briefe aus der linken Szene. Unter ihnen prominente Akademiker wie der Politikwissenschaftler Frank Deppe, einem Vertreter der Marburger Schule und Schüler von Wolfgang Abendroth, der selbst zu den Protagonisten linksgerichteter Akademikerproteste in den 1960er Jahren gehörte. Allein von der Gewerkschaft fühlt er sich im Stich gelassen. »Der hauptamtliche Gewerkschafter, der gewissermaßen mein wichtigster Partner hätte sein müssen, der ließ mich schlichtweg hängen. Ich habe alle Ängste mit mir alleine ausmachen müssen.«[6] Ramelow zieht vor Gericht und gewinnt – zum Unverständnis seiner Mutter und seines Chefs. »Junge, wo man den Stuhl vor die Tür gesetzt bekommen hat, da bleibt man nicht!«, war der Rat der Mutter. Und sein Boss »war völlig verwirrt. Er konnte sich gar nicht vorstellen, dass jemand, der vor die Tür gesetzt wurde, jetzt auch noch die Frechheit besitzt, sich wieder einzuklagen.«[7] Ramelow setzt sich durch, muss aber damit leben, in einen anderen Bereich »strafversetzt« zu werden.

6 Schütt, 2006.
7 Ebd.

Seinem Engagement - auch für die Gewerkschaft - tut das keinen Abbruch. Er bleibt Betriebsratsvorsitzender und Ausbilder. Ramelow erinnert sich allerdings, dass an seinem neuen Einsatzort zunächst niemand mit ihm redet. Wie ein »Aussätziger« sei er behandelt worden. Eine gewisse »Verzweiflung« habe ihn gepackt. Doch dann passiert etwas: »Abends greife ich in meine Kitteltasche und finde drei Aufnahmeanträge für die Gewerkschaft, darunter die Anträge von zwei Abteilungsleitern. Da wusste ich, die reden zwar nicht mit mir, aber die Solidarität ist trotzdem da.«

Auch wenn Ramelow »stur« bleibt, wie er selbst sagt, und sich erfolgreich einklagt, ist es dennoch das Ende seiner Laufbahn als leitender Angestellter im Einzelhandel. Der Gewerkschaftsbezirk sucht einen Mitarbeiter mit Sinn für Kampagnen. Ramelow wird gebeten, sich zu bewerben. Es ist sein Einstieg in eine andere Berufswelt. Am 1. Januar 1981 wird er hauptberuflich Gewerkschaftssekretär. Seinen Frieden mit der Gewerkschaft hat er indes damit noch nicht gemacht. Das ambivalente Verhältnis bleibt. Heute noch ist es deutlich herauszuhören, wenn er etwa kritisch über die Verschmelzung zur Großgewerkschaft Verdi im Jahr 2001 spricht. Ramelow wird also Gewerkschaftsprofi, aber er gehört nie ganz dazu. Ein Teil von ihm bleibt draußen. Eine Position, in die Ramelow auch später als Politiker häufig hineingerät.

Marburger Biotop

#DKP
#Lokalpolitik

Philip Ramelow schaut belustigt in die kleine Runde. »Ja, stimmt schon«, bestätigt er und erzählt die Anekdote noch einmal. Im Kindergarten seien die Schüler nach dem Beruf der Eltern gefragt worden. Sein Vater, so die kindliche Antwort, sei ein Geschichtenerzähler. Das meinte er ernst. Er war fest davon überzeugt. Das war Mitte der 1980er Jahre.

Jetzt, wie er in seinem Stuhl sitzt und in die Runde blickt, sieht es fast so aus, als käme der Sohn von Bodo Ramelow Jahrzehnte später zu einem ähnlichen Ergebnis. Nur irgendwie anders, denn inzwischen leben er und sein Vater in einem anderen Jahrhundert. Und überhaupt: Erinnerungen verändern sich wie das Leben selbst. Und mit den Erinnerungen verändern sich die Geschichten. Die Geschichte aus dem Biotop Marburg, in dem Ramelow politisch sozialisiert wurde, lässt sich rekonstruieren. Aber es kommt immer darauf an, wer sie zu welchem Zeitpunkt erzählt.

Leonie, Philip und Victor: Das ist die Familie Ramelow aus Marburg. Leonie und Bodo Ramelow lernten sich 1976 kennen, heirateten 1982 und blieben bis 1987 ein Paar. In dieser Zeit kamen auch die beiden Söhne Philip und Victor zur Welt. Mehr als dreißig Jahre später sitzen die drei mit mir in dem französischen Restaurant Blé Noir in Marburg. Es läuft kein Band, ich mache keine Fotos. Das hilft. Denn mir geht es an diesem Abend nicht darum, detaillierte Informationen und Zitate zu sammeln, sondern ich möchte etwas von der Atmosphäre spüren, in denen sich die Ramelows in den 1980er Jahren bewegten.

Alle machen einen entspannten Eindruck, obwohl es auch um private Dinge geht. Zeitweise gleicht die Zusammenkunft einem kleinen Familientreffen, auf dem Anekdoten ausgetauscht und hinterfragt werden (»Weißt du noch …?«; »Nein, so war es nicht, es war nämlich so …«). In diesen Momenten bin ich unsichtbar und komme mir vor, als würde ich von außen durch das Fenster in eine Wohnstube blicken. Irgendwann im Laufe des Abends sitze ich selbst mit in der Stube. Jetzt kommen wir auch auf schwere Themen zu sprechen.

»Paul-Josef Raue war ein scharfer Hund«, sagt Leonie Ramelow. Es geht um das E-Book *Bodo Ramelow*, das sich inhaltlich sehr stark auf die Marburger Zeit konzentriert. Es erschien im Wahlkampf 2014. *Bodo Ramelow – ein Linker aus dem Westen erobert Thüringen* wurde verfasst von Frank Schauka, der als Pressesprecher in einem Brandenburger Ministerium arbeitete, zwischenzeitlich in den Journalismus wechselte und derzeit wieder als Sprecher agiert. Das Buch erzählt weitgehend chronologisch den Werdegang des Politikers und legt einen besonderen Fokus auf die Gewerkschaftszeit Ramelows in den 1980er Jahren und seine Kontakte zu Mitgliedern der DKP. Auch wenn das Buch in seiner ersten veröffentlichten Fassung einige inhaltliche Fehler enthält, so ist es dennoch ein interessantes Zeitdokument, weil es die Ängste des Jahres 2014 gut widerspiegelt: nämlich, dass ein linker Ministerpräsident das Bundesland Thüringen ruinieren könnte. Das Editorial schrieb der damalige Chefredakteur der Tageszeitung *Thüringer Allgemeine*, Paul-Josef Raue, der zu jener Zeit auch Vorgesetzter des Autors war. Raue, der 2019 verstarb, kannte Ramelow aus früheren Zeiten, als er im selben Landkreis arbeitete und in den Worten von Leonie Ramelow jener »scharfe Hund bei der damals konservativen Oberhessischen Presse« war. Es ist also davon auszugehen, dass Autor Schauka reichlich Stoff von seinem Chef zugeschoben bekam, der im Editorial die Richtung vorgab: »Aus der kommunistischen Ecke kam Ramelow nicht mehr heraus, auch wenn er niemals Mitgliedsbeiträge bei der DKP gezahlt hat. Besonders anfällig für die Macht und ihre Verführungen sind Aufsteiger – wie Bodo Ramelow.« In Thüringer Journalistenkreisen spricht man hinter vorgehaltener Hand auch von Kampagnenjournalismus: Vielen war es 2014 eine Herzensangelegenheit, einen Linken im Ministerpräsidentenamt zu verhindern.

Unabhängig von der Frage, ob das Buch vor allem ein politisches Ziel verfolgte oder doch eher der Aufklärung dienen sollte – oder auch beides –, es liefert einige Hinweise auf das Marburg dieser Zeit. »Ramelows Provinz war Marburg, ein ganz eigenartiger roter Biotop in den Siebzigerjahren. Wer hier unter den Achtundsechzigern links war, war eher Kommunist denn Sozialdemokrat.«[8] Nun gab es im »roten« Marburg der 1970er und 1980er Jahre – in dem gleichzeitig auch viele rechtsgerichtete Burschenschaften ihr Domizil in der Stadt hatten – viele verschiedene Schattierungen von links, die teilweise nicht einmal Kontakt untereinander hatten. Ramelow, der über den zweiten Bildungsweg zwar die Fachhochschulreife erreicht, aber nicht studiert und wenig Bezug zum Hochschulmilieu hat, trifft seine Freunde und Weggefährten eher im Gewerkschaftsmilieu.

Viele Mitglieder, insbesondere der HBV, waren in der SPD, etliche auch in der DKP, die von der staatstragenden SED in der DDR finanziell und ideologisch unterstützt wurde. Dieser Umstand wurde sowohl innerhalb als auch

8 Frank Schauka, Bodo Ramelow, Klartext Verlag, Essen, 2014.

außerhalb der Gewerkschaft heftig diskutiert. Die Gewerkschaft werde unterwandert, lautete einer der Vorwürfe, der auf einem HBV-Gewerkschaftstag rigoros zurückgewiesen wurde. »Dieser Vorwurf wurde von bestimmten, gewöhnlich in Gewerkschaftsfragen nicht gerade gut unterrichteten Teilen der Medien konstant wiederholt«, heißt es vage in einem Gewerkschaftspapier aus dem Jahr 1980. In diesem Dokument wird auch der damalige Vorsitzende des Deutschen Gewerkschaftsbundes Heinz Oskar Vetter mit den Worten zitiert, der Unterwanderungsvorwurf komme aus »zwielichtigen Ecken«.

Leonie Ramelow kommt aus einer Gewerkschaftsfamilie und kennt die Niederungen des Alltags, in der sich der abstrakte Konflikt konkret niederschlägt. Was es bedeutet, Gewerkschafterin mit Leib und Seele zu sein, verdeutlicht sie an einem Beispiel: Sie war sieben, als ihr Vater sie mit auf ihre erste Erste-Mai-Kundgebung nahm, und sie brachte Philip das erste Mal mit, da war er vierzehn Tage alt. Er fuhr im Kombi mit, auf dem die Lautsprecher angebracht waren. »Du hättet mir ruhig Ohrenschützer anziehen können«, bemerkt Philip Ramelow. Und hebt seine Kritik gleich wieder auf: Die Kundgebungen am Ersten Mai hätte für ihn heute noch »dieselbe Bedeutung wie der Gottesdienst für Christen am 24. Dezember. Wir haben alle Gewerkschaft im Blut.«

So harmonisch das nach Arbeiter- und Angestelltenidylle klingt, so disharmonisch konnte der Alltag sein. Der Graben, der sich in der Frage nach dem Grad der Radikalität auftat, verlief quer über den Küchentisch. »Bei uns flogen die Fetzen! Unseren Vater, ein SPDler haben wir Spezialdemokrat genannt«, erzählt Leonie Ramelow. Philip Ramelow, der in dieser Zeit auf die Welt kam, aber natürlich die Familienerzählungen gut kennt, meint: »Das war ein großer Riss zwischen den jungen und den alten Sozis.« Dazu kam eine weitere Gruppierung, aus denen sich später die Grünen teilweise rekrutierten: die sogenannten Spontis, eine libertär gesinnte und undogmatische Linke, die auf dem Campus zu Hause war. »Mit denen hatten wir überhaupt keine Berührung, im Alltag kam das praktisch nicht vor.« In Leonie Ramelows Erinnerung findet sich ein bezeichnendes Fragment: Es geht um eine Grünen-Aktivistin, die »aufgemotzt mit Lederrock« in Erscheinung trat. Sie habe sie damals nur gefragt: »Wie siehst du denn aus?« Ein zu viel an Auffälligkeit, da waren sich vermutlich Vater und Tochter zu jener Zeit einig, gehörte irgendwie nicht ins burschikose linke Lager. Im Unterschied zu den »alten Sozis« hatten die jungen allerdings keine Berührungsängste, was die DKP betraf. So unterschreiben Leonie Ramelow und ihre Schwester einen Wahlaufruf für die DKP. Bodo Ramelow meint sich erinnern zu können, dass sein Schwiegervater seine Tochter, nämlich Leonies Schwester, deshalb sogar aus dem Haus geworfen habe. Allerdings verhielt sich Leonies Vater offenbar nicht konsequent. Das macht Bodo Ramelow an einem Kommunalpolitiker fest. Der Gewerkschafter Eberhard Dähne war Fraktionsvorsitzender im Marburger Stadtrat. Leonies Vater habe Dähne gemocht, weil er sachkundig gewesen sei und die richtigen Fragen gestellt habe. Gleichzeitig sei es unerträglich für ihn gewesen, dass seine Töchter einen Wahlaufruf für die DKP unterschrieben.

Und wo stand Bodo Ramelow? Geht es nach dem Duo Raue/Schauka, liegt der Fall klar: Ramelow ist »ein Bruder im Geiste ohne Parteibuch«. Als Zeuge wird der Experte Rudolf van Hüllen aufgerufen. Der kommt zu dem Urteil: »In Marburg war die Gewerkschaft HBV über Eberhard Dähne stark DKP-dominiert. In dieser Konstellation ist es meines Erachtens undenkbar, dass in der HBV jemand Karriere gemacht hat, der nicht die Vorstellungen der DKP teilt.«[9]

9 Schauka, 2014.

Doch Ramelow war niemals Mitglied der DKP. Aus einem guten Grund, meint Schauka: »Eine öffentliche Diskussion über Ramelows Haltung zur DKP findet nicht statt, sie hätte auch für Ramelows HBV-Karriere riskant sein können: Außerhalb von Marburg kann eine Debatte über eine vermeintliche DKP-Verbindung schon mal ein Hindernis sein.«[10] Eine klassische »Egal was du tust, du machst es falsch«-Situation, in die Ramelow hier von dem Autor hineinmanövriert wird. Würde er sich zu den Vorstellungen der DKP bekennen, läge der Fall klar. Tut er es nicht, auch: Dann, so die Unterstellung, verschleiert er seine DKP-Nähe. Diese Alternative – entweder er gehört bekennend dazu oder er verschleiert seine Dazugehörigkeit – ist eine typische Denkfigur bei der Stigmatisierung von Menschen und Gruppen.

Interessant ist der zitierte Experte van Hüllen. Als er von Schauka befragt wird, arbeitet er nicht mehr für das Referat Linksextremismus im Bundesamt für Verfassungsschutz. Dennoch kennt er sich mit Ramelow und den Linken bestens aus: Ramelow wird durch den Verfassungsschutz über viele Jahre überwacht. Erst das Bundesverfassungsgericht macht der Observierung 2013 ein Ende. Seine Mission verfolgt van Hüllen aber auch noch nach dem Ende seiner Karriere beim Verfassungsschutz. Eine der bekannteren Schriften, an denen er mitwirkt, ist das Buch »Linksextrem – Deutschlands unterschätzte Gefahr?« Die *Frankfurter Allgemeine Zeitung* attestiert dem Buch in einer Rezension eine gewisse »Schlagseite«, weil es »eher als Streitschrift gegen die PDS-Nachfolgepartei und weniger als eine kompakte Gesamtdarstellung des Linksextremismus« gewertet werden könne.

Die Frage, ob und wie sehr Ramelow der DKP verbunden war, kommt in der politischen Auseinandersetzung immer

10 Schauka, 2014.

wieder hoch. Mitglieder der Linken (und zuvor der PDS) als auch Ramelow persönlich sehen sich regelmäßig dem Vorwurf ausgesetzt, sich nicht ausreichend von DDR und SED zu distanzieren. Das war bereits in der Bundestagszeit von Ramelow zwischen 2005 und 2009 so, es spielt aber auch in den Thüringer Wahlkämpfen eine große Rolle. Zuletzt 2019, als sich CDU und FDP in Abgrenzung zu den »extremistischen Rändern« als die bürgerliche Mitte darstellen. Mit den Rändern sind Linke und AfD gemeint. Die Rechnung geht allerdings nicht auf, der Lagerwahlkampf funktioniert nicht. Er verstärkt lediglich eine Tendenz: Die Linke steigen zur stärksten und die AfD zur zweitstärksten Partei im Thüringer Landtag auf.

Es gibt noch eine andere Hypothese, die nicht außer Acht gelassen werden kann: Möglich ist, dass Ramelow deshalb nicht in der DKP landete, weil er es nicht wollte. Er landete zu dieser Zeit in überhaupt keiner Partei. Erst viele Jahre später, am Anfang seiner politischen Karriere, tritt er der PDS bei. Ramelow kommt den Aufforderungen nach Distanzierung von allem, was irgendwie mit der SED oder der DDR zu tun hatte, in feiner Regelmäßigkeit nach. Äußerungen dazu könnten ganze Bücher füllen.

Robert Sabo, wie Dähne zu jener Zeit sowohl für die DKP als auch in der Gewerkschaft HBV aktiv, sagt, dass im Marburg der 1970er und 1980er Jahre niemand an der DKP vorbeikam – und meint das sprichwörtlich. »Es gab zu viele davon.« Marburg ist eine Kleinstadt, bis 1974 sogar eine kleine Kleinstadt mit weniger als 50 000 Einwohnern und einem engen mittelalterlichen Kern, wo es gar nicht anders sein kann, als dass man sich permanent begegnet, wenn man am öffentlichen Leben teilnimmt. Durch eine Reihe von Eingemeindungen wächst die Stadt 1976 mit einem Schlag auf nominell über 70 000 Einwohner an. Aber der Zuwachs durch umliegende Gemeinden ändert nichts daran, dass Marburg in seinem Kern überschaubar bleibt. »Die waren einfach da«, sagt auch Bodo Ramelow.

Leonie Ramelow zielt in eine ähnliche Richtung. Die Beziehungen zu Menschen aus der DKP hätten weniger mit der Partei, sondern mit deren Persönlichkeit zu tun gehabt. Auf Sabo bezogen nachvollziehbar: Er war Trauzeuge auf der Hochzeit von Leonie und Bodo Ramelow. Doch auch das Beispiel Dähne steht dafür: Ein Freund des Vaters zwar, aber ideologisch eine Persona non grata. Er wurde »menschlich geachtet«, erklärt Leonie Ramelow. Bodo Ramelow lernt Dähne Mitte der 1970er Jahre kennen. Er hat bei Karstadt gerade seine Ausbildung als Substitut absolviert und geht anschließend zur Handels Waren Gesellschaft. Dähne ist Fraktionschef der DKP in Marburgs Stadtverordnetenversammlung und HBV-Vorsitzender des Ortsvereins Marburg-Biedenkopf. Ramelow hat sich bereits als Jung-Gewerkschafter einen Namen gemacht. Seine Gewerkschaft fordert ihn auf, gegen Dähne zu kandidieren. Die folgende Geschichte erzählt er in Dialogform:

Dann kam der Gewerkschaftssekretär und sagte: »Du musst gegen den Kommunisten kandidieren.«

Hab' ich gesagt: »Wieso soll ich gegen den Kommunisten kandidieren? Wieso ist der Kommunist?«

Gewerkschaftssekretär: »Ja, der ist Kommunist.«

Ramelow: »Ja, na und? Ist das eine Krankheit, oder was?«

Gewerkschaftssekretär: »Du musst gegen den kandidieren. Wir müssen den Kommunisten jetzt Grenzen setzen.«

Ramelow: »Ich bin froh, dass ich Arbeit habe und im Betrieb jetzt genug zu tun habe. Ich werde doch jetzt nicht den eigenen Kollegen attackieren!«

Auf der Mitgliederversammlung, die einen Delegierten zum Gewerkschaftstag wählen sollte, kommt es Ramelow zufolge zum Schwur. »Es war eine offene Abstimmung und wir haben alle für unseren Eberhard gestimmt. An dem

Abend hat mich der Gewerkschaftssekretär nicht nach Hause gefahren. Ich musste also laufen. Das war eine Höchststrafe. Oahhhh.«

Das, so Ramelow, sei seine erste Begegnung mit Kommunisten und mit Kommunismus im Biotop Marburg gewesen. »Und alle waren nette Leute.«

Die rhetorische Frage, ob Kommunismus eine Krankheit sei, und die Betonung, dass es sich bei den DKP-Gewerkschaftern um nette Leute handeln würde, deutet nicht notwendigerweise darauf hin, dass sich Ramelow mit der ideologischen Linie identifizierte. Seine Erzählung ist wohl eher so zu verstehen, dass sich Ramelow gegen den Antikommunismus wehrt, wie er während des Kalten Krieges in den 1980er Jahren in Deutschland herrschte. Er vergleicht ihn sogar mit der McCarthy-Ära in den späten 1940er und 1950er Jahren, also der gesellschaftspolitischen Stimmung zu Beginn des Kalten Krieges in den USA. Im Zusammenhang mit der Erzählung vom Schwiegervater, der seine Tochter vor die Tür schickt, weil sie die DKP unterstützt, erklärt er: »Das muss man in die Zeit einordnen. Es war wirklich die Zeit, wo der Antikommunismus, also fast so 'ne Art McCarthy-Ära, noch mal so richtig losging.«

Tatsächlich tritt Ramelow weder in jungen Jahren noch später als Ideologe auf: Es bedarf viel Fantasie, um die wenigen weltanschaulichen Textteile in Schriften und Reden in diesem Sinne zu interpretieren. Bei allen Widersprüchen und scheinbaren Unvereinbarkeiten im Ramelow-Mosaik scheint vielmehr dies eine Konstante zu sein: Das Interesse an greifbaren Problemen und die Lust, diese im Interesse einer bestimmten Klientel zu lösen. In den Anfangsjahren als Jugendwart sind das Kollegen, als hauptberuflicher Gewerkschafter sind es Arbeitnehmer, die in der HBV organisiert sind. Später werden es andere Gruppen sein wie die hungerstreikenden Arbeiter von Bischofferode oder – ganz allgemein – Thüringer Bürger. Manchmal auch einzelne Personen wie der Postbote Herbert Bastian, dem gekündigt wurde, weil er aktiv die DKP unterstützte.

Dennoch nimmt er von DKP-Politikern wie Dähne und Bastian etwas mit, was sich später in seinem eigenen Politikstil wiederfindet. Es ist nicht die ideologische Grundausrichtung, sondern das politische Handeln im kommunalen Alltag. In einem Beitrag für das Magazin *prager frühling*, das es bis Ende 2013 als Printausgabe gab, danach als Online-Zeitschrift, zitiert Ramelow im Jahr 2014 – damals noch Fraktionschef der Linken im Thüringer Landtag und nicht Ministerpräsident – Dieter Strützel, einen Kulturwissenschaftler, der seit 1989/1990 an der Gründung der PDS mitgewirkt hatte. Strützel, den Ramelow als »Vordenker« bezeichnet, sei es darum gegangen, »den Ring um die PDS zu sprengen«. Er habe es als Aufgabe erkannt, »den Menschen ein Angebot zu machen, die gerade die Wechselfälle des Lebens spürten, die durch die Abwicklung der DDR bedingt waren und mit der Transformation der gesellschaftlichen Systeme zu allen möglichen Brüchen führten.« Wo aber findet man diese Menschen, wo kommt man mit ihnen ins Gespräch? Den Menschen in der DDR sei es wichtig gewesen, »einen privaten Platz zu haben, an dem sie miteinander ins Gespräch kamen. Häufig waren diese Orte Kirchen, sehr oft waren es aber auch die Kleingartenanlagen.« Das ist exakt der Ort, wo sich auch die Marburger Kommunalpolitiker Dähne und Bastian aufgehalten hatten: Sie »kannten das Refugium der Kleingärten auch und waren gern gesehene Gäste in den Schrebergärten.« Der kommunalpolitische Erfolg der DKP Marburg habe in »einem hohen Maß« damit zu tun, »dass Persönlichkeiten wie die beiden genannten zwei Dinge beherrschten: Einerseits sich konkret und mit einem hohen Maß an Alltagstauglichkeit der Zukunftsgestaltung zu widmen und andererseits Protest und außerparlamentarische Bewegung als Teil des politischen Gestaltungsraumes zu verstehen.« Ramelow spricht von einer »Dualität der Methoden«, die er »ab 1990, nur in einer viel stärkeren Dimension als es aus Marburg vertraut war«, in Thüringen wiedergefunden habe.[11]

Bodo Ramelow (Mitte) kampfeslustig. Das Foto entstand 1987, als vor dem Bundesverwaltungsgericht der Prozess gegen Herbert Bastian stattfand

Die DKP in Marburg hatte nach Auffassung von Ramelow deshalb einen solch großen Erfolg in der Stadt, weil sie lokal verankert war. »Das hing mit den Menschen zusammen. Da gab es diesen Herbert Bastian, dieser Postbeamte, der war in Ockershausen ein Urgestein. Der war Ockershäuser, der ist da geboren, und der war so verankert in diesem Stadtquartier, dass der jede Wahl gewonnen hat. Das war der Herbert, das war nicht der Kommunist.«

11 prager frühling, Berlin, Ausgabe April 2014.

Als Ramelow Politiker in Thüringen wird, bewegt er sich tatsächlich in dieser »Dualität der Methoden«, von der er spricht. Man trifft ihn beim Protest gegen Rechtsextremismus ebenso wie auf der Veranstaltung des Wandervereins einer Kleinstadt. Vermutlich ist sein Detailwissen über kommunale oder regionale Vorgänge einer der wesentlichen Bausteine, die ihn Umfragen zufolge über Jahre zum beliebtesten Politiker in Thüringen macht. Er kann Vorträge über Windräder ebenso ausführlich halten wie über das Schienennetz der Bahn sprechen. Und das aus dem Stand.

Er muss sich das Wissen auch nicht mühsam aneignen. Leonie, Philip und Victor Ramelow, mit denen ich im Marburger *Blé Noir* sitze, tauschen den ganzen Abend Erinnerungen aus. Eine, aus der viele weitere purzeln, ist die Fahrt mit der Harzquerbahn – einer Bahn quer durch den Harz, die damit wirbt, »eines der letzten großen Dampfabenteuer weltweit« zu sein. Bodo Ramelow wird in der Gasthausatmosphäre zu einem Mann, der sich leidenschaftlich für Schmalspurbahnen, Gartenarbeit und Bierzelte interessiert. Hätte der Begriff des »Kleinbürgertums« nicht jenen negativen Beiklang, würde Ramelow möglicherweise der These zustimmen, das neben anderen Persönlichkeiten auch eine solche in ihm wohnt.

Was ihn aber von einem selbstzufriedenen Kleinbürger dann doch unterscheidet, ist seine Art, die Dinge in Zusammenhänge zu stellen und zu hinterfragen. Geschehnisse und Geschichten im Kleinen spiegeln bei Ramelow oft das große Ganze. Und umgekehrt bemüht er sich immer wieder, das Weltgeschehen in den lokalen Raum herunterzubrechen. Das lässt sich beispielhaft an seiner Einstellung zu umweltpolitischen Themen aufzeigen.

Von A(tomkraft) bis W(ald)

#RotRotGrün
#Wandern

Vor der Coronapandemie in den Jahren 2020/2021 waren es die Buschbrände in Australien: Sie beherrschten die Schlagzeilen in den Medienrubrik »Vermischtes« und »Umwelt« bis in den März hinein. Sie hatten ein gigantisches Ausmaß und wurden von Wissenschaftlern vielfach mit dem globalen Klimawandel in Verbindung gebracht. Mehr als 12 Millionen Hektar Land verbrannten. Zur Anschauung: Das ist mehr als die bewaldete Fläche in Deutschland (über 11 Millionen Hektar). Nach offiziellen Angaben kamen Dutzende Menschen und eine Milliarde Tiere dabei um, Tausende Häuser wurden zerstört.

Im Januar 2020 ist Ramelow Gast bei Markus Lanz, der ihn gerne und immer mal wieder in die ZDF-Schau einlädt. Er sitzt neben dem Schriftsteller Frank Schätzing, der sich darüber aufregt, dass die Brände vorhersehbar gewesen seien, die Politik aber nicht ausreichend darauf reagiert hätte. Nach Schätzing spricht Ramelow. Für einen kurzen Augenblick könnte einem die Idee kommen, es handele sich um eine Figur, die aus einem der Romane Schätzings herausgesprungen wäre und ein Phänomen im Kleinen entdeckt, das einen großen, globalen Hintergrund hat. »Ich will das einfach mal im Kleinen (erläutern), was wir gerade im Großen gesehen haben«, hebt Ramelow an und erzählt von einem Buchenwald in Nordthüringen. Ostern 2019 sei er dort mit Förstern unterwegs gewesen, und von unten betrachtet habe er noch gesagt: »Das ist doch ein wunderschöner Laubbaum!« Daraufhin die Förster: »Lassen Sie uns erst mal auf den Turm gehen« – gemeint war ein Aus-

»Der Wald verreckt, seht ihr das nicht?«, Hirschberg, Juli 2019

sichtsturm. »Von oben sah man so einen grauschwarzen Flimmer über dem ganzen Buchenwald«, berichtet Ramelow. »Da hab' ich gedacht: Was ist das?! Und da waren das die ganzen toten Äste, die schon aus der Krone rausguckten.« Ramelow, jetzt fast schon in der Rolle eines Försters, erläutert den Stress der Buchen, erklärt detailliert die Tiefe des Wurzelwerks, das nicht mehr an feuchte Stellen herankommt, weil der Boden ausgedörrt ist. Die dramatische Erzählung gipfelt in der Aussage: »Alle über hundertjährigen Buchen in unserem Bundesland sind dem Tode geweiht.«

Der Wald gehört zu den Umweltthemen, die Ramelow auch schon mal hochemotional angeht. Wie sehr, zeigt eine

Videosequenz aus Hirschberg im Süden Thüringens im Sommer 2019. Dort diskutiert ein sichtlich erregter Ministerpräsident mit Anwohnern über eine sogenannte Waldstilllegung, was so viel bedeutet, dass der Wald nicht mehr bewirtschaftet werden darf. Einige Demonstranten sind dagegen, argumentieren, dass auf diese Weise der Wald noch schneller stirbt. Es wird ziemlich laut, weil ein Plakat suggeriert, dass Umweltministerin Anja Siegesmund für das globale Waldsterben verantwortlich sei. Ramelow nimmt die Ministerin in Schutz. Der Streit gipfelt in den Worten eines verärgerten Ministerpräsidenten, der immer lauter wird: »Das hat mit der Landesregierung überhaupt nichts zu tun. Das hat was damit zu tun, dass im Wald kein Wasser ist. Der Wald verreckt, seht ihr das nicht?«

Später geht der Streit mit steigender Aggressivität auf Facebook weiter; dabei rückt die Frage, unter welchen Bedingungen sich ein Wald den neuen – trockeneren – Bedingungen anpassen ließe, in den Hintergrund. Zum Hauptthema wird der aufgeregte Ton, der, so der Vorwurf der Kritiker, nicht zu einem Ministerpräsidenten passe. Seine sporadisch auftretende Gereiztheit wurde Ramelow in früheren Jahren – vor allem in seiner Berliner Zeit und in den Oppositionsjahren im Thüringer Landtag – häufiger vorgeworfen. In seiner Zeit als Ministerpräsident agiert er dagegen in der Regel politisch korrekt – aber eben nicht immer und nicht zu hundert Prozent. Manchmal platzt ihm der Kragen. In der Hirschberger Videosequenz entfernt er sich von dem Musterbild eines Ministerpräsidenten; auch hier wirkt er eher wie eine umweltbewegte Romanfigur aus einem Ökokrimi Schätzings.

Der Wald steht sinnbildlich für mehrere Interessengebiete, die sich nicht selten in die Quere kommen: Ökologie, Ökonomie und Politik. Als Jugendlicher ist Ramelow Hauptjugendwart im Oberhessischen Wanderverein und betreut in dieser Funktion etwa 140 Jugendliche. Damals klopft von weiter Ferne auch schon die Politik an: Als der damalige Bundespräsident Walter Scheel Mitte der 1970er Jahre nach Alsfeld zum Deutschen Wandertag kommt, sitzt Ramelow an einem Telefon im Rathaus und trägt dazu bei, dass die Organisation funktioniert.

Das Wandern verbindet ihn später mit einer anderen wichtigen Persönlichkeit der Thüringer Politik: Christine Lieberknecht ist Präsidentin des Thüringer Wanderverbandes. Politisch sind die CDU-Politikerin und Vorgängerin im Ministerpräsidentenamt (2009 bis 2014) Konkurrenten, doch beide haben mit der Wander-Leidenschaft einerseits und der evangelischen Kirche andererseits Berührungspunkte, die weit über das Politische hinausreichen. Diese Beziehung wird auch eine Rolle bei Ramelows Schachzug in der Regierungskrise 2020 spielen, als er Lieberknecht interimsweise für das Amt der Ministerpräsidentin vorschlägt.

Zurück in die 1980er Jahre: Spätestens in dieser Zeit wird Ramelow von der Friedensbewegung erfasst, die auch eine Umwelt- und Anti-Atomkraft-Bewegung ist: Er ist einer von 500 000 Menschen, die 1983 im Bonner Hofgarten gegen Atomwaffen protestieren. Dort sieht er das erste Mal – zu diesem Zeitpunkt noch weit entfernt auf dem Podium – den Theologen Heino Falcke. Später werden die beiden Männer zu verschiedenen Anlässen häufiger zusammentreffen: bei dem Hungerstreik von Arbeitern in Bischofferode, dem Engagement für ein Denkmal für den unbekannten Wehrmachtsdeserteur und bei der Proklamation der Erfurter Erklärung.

Es sind nicht nur die Atomwaffen, die Ramelow Sorgen machen, auch die zivile Nutzung lehnt er ab. Er erinnert sich an einen Ausflug mit HBV-Kollegen in die DDR Ende der 1970er Jahre. »Wir als Freundeskreis aus der HBV waren alle gegen Atomkraft. Einer der DDR-Leute, die uns betreuten, erzählte uns, Atomkraft sei nur gefährlich in der Hand von Kapitalisten. ›Oder glaubt ihr, dass unsere Genossen ein Ferienlager für Kinder neben einem Atomkraftwerk bauen würden, wenn's gefährlich wäre?‹ Was für eine Logik! Boa!«

Trotz der politischen Rivalität miteinander vertraut: Bodo Ramelow und Christine Lieberknecht, im Wahlkampf 2014

1980 gründen sich die Grünen, die sich seit 1993 »Bündnis 90/Die Grünen« nennen. Da ist Ramelow noch lange nicht in der Politik. Als er 1997, also siebzehn Jahre nach der Gründung der Grünen, die Erfurter Erklärung unterzeichnet, ist er immer noch kein Berufspolitiker. Er gehört zu diesem Zeitpunkt nicht einmal einer Partei an. In der Erfurter Erklärung prangern unter anderem Theologen, Gewerkschafter und Künstler einen »Zustand von gnadenloser Ungerechtigkeit, Sozialverschleiß und fehlenden Perspektiven« in der Ära Kohl an. Es schließen sich vorwiegend soziale Forderungen an, es ist aber auch von einer ökologischen Steuerreform die Rede. Zum Schluss appellieren die Unterzeichner an SPD, Grüne und PDS (Die Linke entsteht erst zehn Jahre später aus der Verschmelzung der westdeutschen WASG und der PDS), sie dürften »der Verantwortung nicht ausweichen, sobald die Mehrheit für den Wechsel möglich wird.« Mahnend schicken die Unterzeichner hinterher: »Gleichzeitig die Kraft für neue Konzeptionen, Theorie und Vision aufzubringen, erfordert Toleranz in den eigenen Reihen.« Damit wird eine rot-rot-grüne Koalition vorgedacht. In diese Zeit fällt auch eine von der PDS tolerierte Minderheitsregierung in Sachsen-Anhalt. Für eine kurze Zeitspanne gibt es ein solches Tolerierungsmodell 2001/2002 auch in Berlin. Zu einer rot-rot-grünen Koalition kommt es allerdings erst 2014 – in Thüringen, unter der Führung von Ramelow. In gewisser Weise schließt sich damit der Kreis zur Erfurter Erklärung, denn der Sitz der Thüringer Regierung ist Erfurt.

Es ist eine Verbindung im zweiten Anlauf: Bereits 2009 wäre eine rot-rot-grüne Koalition möglich gewesen, sogar mit einer komfortableren Mehrheit als 2014. Doch die SPD entscheidet sich für eine Koalition mit der CDU. Ähnlich wie Kemmerich und Ramelow 2020 brauchte Lieberknecht drei Wahlgänge, um die erforderliche Mehrheit zu bekommen. Was Ramelow zu jener Zeit zu dem bissigen Kommentar verleitete: »Da stolpert zusammen, was nicht zusammengehört.«

Die Linke verbringt die Folgejahre in der Opposition und nutzt sie offenkundig. Unter anderem im Jahr 2011, als ein Atommüll-Transport von einer stillgelegten Wiederaufbereitungsanlage in Karlsruhe in das Zwischenlager Lubmin quer durch Thüringen rollt. »Hauptaufgabe des Tages ist aber die Vorbereitung der Aktionen gegen den Castor-Transport, der nun wieder durch Thüringen rollen soll. Es muss immer wieder deutlich werden, dass Atomkraft einen

Haufen Müll produziert, für den wir keine Lösung haben. Die Entsorgungsfrage ist nicht geklärt und deshalb ist es einfach eine riesige Ungerechtigkeit gegenüber allen zukünftigen Generationen, die Laufzeit der Atomkraftwerke weiter zu verlängern, anstatt sie endlich abzuschalten. Wenn ich nicht weiß wohin mit meinem Müll, sollte ich keinen weiteren produzieren«, schreibt Ramelow in sein öffentliches Tagebuch.

Das war Mitte Februar. Etwa ein Monat später ereignet sich die Atomkatastrophe in Fukushima, in deren Folge Bundeskanzlerin Angela Merkel im Sommer 2011 den Beschluss des Kabinetts verkündet, schnellstmöglich aus der Atomenergie auszusteigen. Die Grünen erleben in der Folge ein nie dagewesenes Hoch. In Baden-Württemberg gelangt mit Winfried Kretschmann das erste Mal in Deutschland ein Grüner ins Ministerpräsidentenamt– in einer Koalition aus Grünen und SPD. Im Osten Deutschlands entwickeln sich die Grünen allerdings deutlich schwächer. Dennoch reicht es 2014 erneut knapp für den Einzug in den Landtag. Die Tür ist offen für den zweiten Versuch, eine Regierungskoalition aus Linke, SPD und Grünen zu schmieden.

Bodo Ramelow kommt es dabei zugute, dass er die Friedens- und Anti-Atomkraft-Bewegung erlebte und die Dreier-Koalition in der Erfurter Erklärung vorgedacht hatte. Berührungsängste gibt es keine. Warum auch? Ein Rückblick in das Marburg der 1970er und 1980er Jahre zeigt ihn bereits als Grenzgänger. In dieser stark politisierten Zeit war die linke Szene in viele Lager geteilt. Unter anderem gab es die gut organisierten Gewerkschafter, in der sich teilweise auch die dogmatischen DKP-Mitglieder wiederfinden. Und es gab die Spontis, oft Studierende und Hochschullehrer, die sich als Erben der 68er-Bewegung sahen und sich selbst als undogmatisch betrachteten. »Die Linke, das sind wohl eher die Erben von uns«, meint Leonie Ramelow und bezieht sich damit auf die Gewerkschaftslinie. »Die Grünen sind eher die Erben der Spontis. Es gab keine Berührung zwischen den Gruppen«, stellt sie fest. Auch Bodo Ramelow bestätigt, dass die beiden Gruppen in Marburg nicht viel miteinander zu tun hatten und auch eine unterschiedliche Agenda hatten. Allerdings wähnte er sich weder in der einen noch in der anderen Gruppe. »Das war immer diese Trennlinie. Und ich gehörte aus der Sicht der Undogmatischen zu den Dogmatikern, aber bei den Dogmatikern gehörte ich zu den Undogmatischen.«

Dieses Dazwischen ist genau der Platz, der ihn auch im Osten erwartet. Kurz nach der Wende verschlägt es ihn nach Thüringen und dort in einen Arbeitskampf, der weltweit für Aufsehen sorgt.

Hungerstreik

#Bergbau
#Treuhand

An seiner ersten Dienstfahrt auf der holprigen Piste Richtung Erfurt überfällt den damals 34-jährigen Ramelow eine Art Aufbruchseuphorie. Hinter Eisenach kommt man an den Drei Gleichen vorbei. Das sind drei Burgen auf drei Hügeln, dicht beieinander, gut sichtbar von der Autobahn. »Es ist seltsam. Ich fuhr an den Drei Gleichen vorbei und dachte, das ist es. Warum, weiß ich nicht. Wenn Sie mich fragen, was meine Heimat ist, sage ich, ich bin aus tiefer innerer Überzeugung Thüringer.«

Ramelow kommt mit einem Auftrag in dem Osten, der ziemlich vage formuliert ist. Die Gewerkschaftszentrale der HBV in Düsseldorf hatte ihn gefragt, ob er bereit sei, im Osten ein Beratungsbüro aufzubauen. Die Anfrage kam vom Centrum Warenhaus in Erfurt, aus dem wenig später erst Hertie und dann Karstadt wurde. Heute ist das stattliche Haus bekannt als das Einkaufszentrum am Anger 1. Zentral gelegen, gilt es nach wie vor als das wichtigste Einkaufszentrum in der 200 000-Einwohner-Stadt. Die Schließungswelle von Karstadt ging zumindest im Jahr 2020 an Erfurt vorbei. Das also ist seine erste Adresse in seinem neuen Leben in Ostdeutschland. »Es sollte einer aus dem Westen sein«, erinnert sich Ramelow in einer Sendung mit Markus Lanz. In der Talkrunde bekennt Ramelow, dass er nicht genau wusste, wie er den Auftrag erledigen sollte. Er habe seinen HBV-Chef gefragt: »Was soll ich da erzählen?«, und die Antwort erhalten: »Das weiß ich auch nicht, aber dir wird was einfallen.«

Eine typische Situation für diese Zeit. In den ersten zehn Jahren der deutschen Einheit siedelten, Berlin mitgerechnet, weit über eine Million Menschen aus dem Westen in den Osten über. Darunter viele Berater oder, wie es damals auch hieß, Aufbauhelfer, seriöse wie unseriöse. Eine Blaupause, aus einem staatssozialistischen ein marktwirtschaftliches Wirtschaftssystem mit demokratischen Regeln zu transformieren, gab es nicht. Überall war Neuland: Für die, die kamen, für die, die gingen, und vor allem für die, die blieben. Das Wort vom »wilden Osten« machte die Runde. Auch für Ramelow ist nicht klar, was ihn erwartet und auch nicht, wie lange er bleiben würde. Den Terminen im Centrum Warenhaus folgen weitere. Und von Beginn an ist er als Gewerkschafter in ostdeutsche Abwicklungs- und Verkaufsgeschichten involviert, wie er in der *MDR*-Dokumentation »Der Kämpfer für Bischofferode« erklärt: »Ich habe die Umwandlung der Traditionsbäckerei Elmi oder der Brauerei Braugold, den Weg der Handelshäuser HO Industriewaren über HO WTB-Waren des täglichen Bedarfs bis hin zu Rewe von der ersten Stunde an begleitet.« Zunächst als Berater, dann aber – noch im selben Jahr – als HBV-Landesvorsitzender in Thüringen. In dieser Position bleibt er neun Jahre lang.

Dass Ramelow in den Osten geht, um beim Aufbau der neuen Gewerkschaften zu helfen, nehmen ihm einige seiner alten Freunde aus der Marburger Zeit übel. Vor allem jene, die in der DDR einen Hoffnungsstaat gesehen hatten, der nun, so ihre Sicht, vom kapitalistischen Westen zur Kapitulation gezwungen worden war. Ramelow sieht es anders – er begrüßt die deutsche Einheit von Anfang an. Das hat einen Preis: »Viele meiner Freundschaften sind schlagartig kaputtgegangen. Weil ich rüber bin. Sie haben gesagt, das ist doch empörend, dass du davon profitierst, wie da drüben alles kaputtgeht.« Die Irritation ist beiderseitig. »Ich war entsetzt, wie sehr sie im Kopf stehen geblieben waren.«

Die Entfremdung von Teilen seines Marburger Freundeskreises macht ihn zum Fremden in doppelter Hinsicht. Denn wie viele andere, die vom Westen in den Osten oder vom Osten in den Westen wandern, wird er mit anderen Wahrnehmungen und Konventionen konfrontiert, die sich mit den gelernten Maßstäben nicht mehr bewerten lassen. »Das war eine fremde Welt für mich«, beschreibt Ramelow seinen Eindruck in einem Interview mit der *Neuen Zürcher Zeitung*. »Ich erlebte ein Volk, das seinen Staatsapparat gerade zum Teufel gejagt hatte. Danach glaubten alle, sie würden nun zum Westen gehören. Ja, sie selbst seien der Westen. Wenig später kamen neben seriösen Investoren auch zahlreiche westdeutsche Hasardeure, übernahmen die Betriebe und machten viele davon kaputt. Diese wilde Zeit spielt im Langzeitgedächtnis der Leute bis heute eine Rolle. Da fand die Deklassierung Ostdeutschlands statt: Ihr denkt nur die Hälfte, ihr arbeitet nur die Hälfte, ihr kriegt nur die Hälfte.« Umgekehrt fallen Ostdeutsche im Westen als Außenseiter auf, und auch hier sieht Ramelow eine erschreckende Ignoranz: »Sie redeten anders, hatten komische Klamotten und unangenehm riechende Autos. Über die Leistung, die diese Menschen vollbrachten, wird bis heute kaum berichtet. Ohne die Zuwanderung aus dem Osten hätte die Wirtschaft im Westen ein Riesenproblem gehabt.«

Ohne Frage: Bei allen Heimatgefühlen befindet sich Bodo Ramelow zu Beginn seiner Ost-Reise in der Ferne. Seine Umgebung tastet er mit dem Blick des Fremden ab, so wie es vielleicht ein Forscher auf einer ethnografischen Expedition tun würde. Doch er wird zunehmend zum Akteur, ein

Teil der ostdeutschen 1990er Jahre. Dabei macht er außergewöhnliche Erfahrungen wie etwa beim brutalen Arbeitskampf in Bischofferode 1993, wo er »eine große Ungerechtigkeit gegenüber den Ostdeutschen empfunden« hatte. Es ist nicht irgendein Arbeitskampf: Es ist die »Ursünde der Einheit«[12], weil Bischofferode dazu beiträgt, »dass der Begriff Treuhand für viele zum Inbegriff für Willkür und Wirtschaftskriminalität im Osten«[13] wird. »Die Ost-Identität der Neunziger, das Gefühl, verloren zu haben, speiste sich auch aus diesem Fall.«[14] Am deutlichsten drückte vermutlich der damalige CDU-Ministerpräsident Bernhard Vogel das Gefühl aus, das Bischofferode transportierte. »Wir haben in die kalte Fratze des Kapitalismus geblickt.«[15]

Der Treuhandkrimi beginnt wenige Monate nach der Verabschiedung des Treuhandgesetzes im Juni 1990, das die DDR-Regierung in enger Abstimmung mit der Bundesregierung entworfen hatte. Aufgabe der Treuhand: Volkseigene Betriebe der DDR sollten entweder privatisiert oder stillgelegt werden, Letzteres, wenn sie nicht als sanierungsfähig angesehen wurden. Dazu gehört auch die Mitteldeutsche Kali AG (MDK), die international zum Kauf angeboten wird. Eine ihrer wichtigsten Gruben unterhält das ehemalige DDR-Kombinat in Bischofferode. »Für uns war Bischofferode eine ganz wichtige Säule« für den Verkauf von MDK-Produkten ins Ausland, schätzt Regine Tiedtke in einer *MDR*-Dokumentation ein. Tiedtke war Außenhändlerin für das Werk in Bischofferode.

12 Martin Machowecz, Hinterm Berg, in: Die Zeit, 27. März 2014.
13 Bodo Ramelow: der Kämpfer für Bischofferode, MDR, 24. Februar 2020.
14 Martin Machowecz, Hinterm Berg, in: Die Zeit, 27. März 2014.
15 Das Zitat wird in zahlreichen Artikeln und Dokumenten angeführt, u. a. hier: Der Kampf der Kalikumpel von Bischofferode gegen die Treuhand, Capital, 26. August 2019.

Unter den Kaufinteressenten befindet sich die Kali und Salz AG (K+S) aus Kassel. Das Unternehmen gehört zu jener Zeit mehrheitlich zum BASF-Konzern und ist ein westdeutscher Konkurrent, einer, der sogar in unmittelbarer Nachbarschaft liegt. Im Dezember wird in dem ostdeutschen Unternehmen ein neuer Vorstand mit Fachleuten aus dem Westen platziert, um »den Einfluss der ›alten Seilschaften‹ zurück(zu)drängen und die Neuausrichtung des ehemaligen DDR Kalibergbaus (zu) gestalten«, so die Sichtweise, die die K+S-Gruppe in einer Denkschrift zur Historie des Unternehmens verbreitet. Vorsitzender des Aufsichtsrats wird der ehemalige hessische Wirtschaftsminister Ulrich Steger. Er bringt auch gleich den zu jener Zeit im Westen vorherrschenden Unternehmerton in den Betrieb. Kaum ernannt, fährt er in den Osten und verkündet: »Also ich bin ja jetzt der neue Aufsichtsratsvorsitzende.« In dem *MDR*-Film über das »Treuhand-Trauma« berichtet er, wie er als solcher »erst mal« den alten Vorstand habe entlassen müssen. »Die konnten sie nur alle rausschmeißen und professionelles Management reinbringen, und dafür sorgen, dass wenigstens der Laden vernünftig weitergeführt würde.« Der neue Vorstand besteht aus geballter Westmacht. Mit dabei sind gleich mehrere K+S-Manger, unter anderem der soeben pensionierte Alwin Potthoff, der in dem Ost-Unternehmen die Verantwortung für den Bereich Gruben und Lagerstätten übernimmt. Damit hat die K+S den Fuß in der Tür.

Die Meinungen über den Zustand des Unternehmens gehen weit auseinander, wie aus der Doku »Das Treuhand-Trauma« hervorgeht. »Das war ein arbeitsfähiges Bergwerk und wäre es auch weiterhin gewesen, keine Frage. Wir waren konkurrenzfähig, aber wir durften es nicht sein«, erklärt Günter Henkel, der zu dieser Zeit Grubenbetriebsführer war. »Es war nur Schrott«, meint dagegen Steger.

Insgesamt liegt der Kali-Markt zu diesem Zeitpunkt am Boden. Die politisch zusammenbrechende Sowjetunion verkauft Kalisalz zu Schleuderpreisen. Gleichzeitig läuft in der Europäischen Gemeinschaft ein riesiges Programm zur Stilllegungen von Agrarflächen, um Überkapazitäten abzubauen. Kali ist ein wichtiger Grundstoff für die Düngung in der Agrarindustrie.

Auch die mitbietende K+S hat große Probleme und kaum Interesse, dass ihr im Osten ein weiterer Konkurrent heranwächst. »Die Schwierigkeiten mit Produkten für die Landwirtschaft halten unvermindert an«, berichtet der BASF-Vorstand im Lagebericht zum Geschäftsjahr 1990. Unzureichende Preise und der schwache Dollarkurs hätten zu erheblichen Verlusten bei der Kali und Salz AG geführt. »Wir haben umfassende Maßnahmen zur Wiedererlangung der Ertragskraft eingeleitet«, schreiben die BASF-Vorstände. Insgesamt geht es dem Chemieriesen deutlich weniger gut als in den Vorjahren. »Nach Jahren stetigen Wachstums hat sich die Chemiekonjunktur weltweit abgeschwächt. Auch wir waren davon betroffen«, schätzt der Vorstand in seinem Bericht ein.

Kaum überraschend bekommt die K+S den Zuschlag. Im Dezember 1992 fällt der Hammer. Die Treuhand beschließt die Fusion der beiden Kali-Unternehmen – und die Schließung des Werkes Bischofferode. Die Treuhand ist stolz auf den Deal. Man kann es aber auch anders sehen: »Die Fusion der Treuhand-Firma Mitteldeutsche Kali AG (MDK) mit der BASF-Tochter Kali und Salz AG (K+S) ist eher ein Beispiel für die gelungene Ausschaltung eines lästigen Konkurrenten im Osten«, schreibt damals das Nachrichtenmagazin *Der Spiegel*.

Vier Monate nach der Fusion besetzen mehrere hundert Bergleute das Kaliwerk in Bischofferode. In einem sozialen Umfeld, wo die Arbeitslosenrate steigt und steigt und so gut wie jeder Ostdeutsche, wenn nicht selbst betroffen, zumindest jemanden kennt, der seine Arbeit verloren hat, in diesem Sommer 1992 sehen die Bergleute im Werk »Thomas Münzer« in Bischofferode keinen Ausweg mehr. Zunächst sind es sieben, die in den Hungerstreik gehen. Schon bald schließen sich weitere Dutzende an, am Ende sind es rund 100 Beteiligte. »Es hat alles nichts gebracht unterm Strich. Nichts. Also war dieser Hungerstreik die einzige Waffe«, bewertet Grubenbetriebsführer Henkel auch noch Jahre danach die Aktion. Es war der Beginn einer der härtesten Arbeitskämpfe, die Deutschland im Zusammenhang mit der Privatisierungspolitik der Treuhand erlebte.

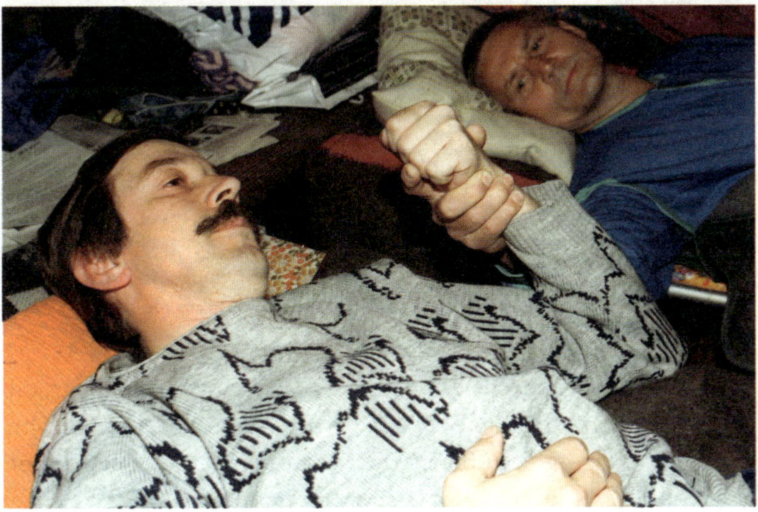

Hungerstreik in Bischofferode im Sommer 1993

Es kommt zu dramatischen Szenen, die Bilder der hungerstreikenden Arbeiter gehen um die Welt. Die von vielen Ostdeutschen als desolat empfundene Situation verändert die politische Perspektive vieler Ostdeutscher. Helmut Kohl als »Einheitskanzler« und die CDU verlieren an

Glanz. Umgekehrt gewinnt die PDS im Osten an Gewicht. Sie wird in den 1990er Jahren in allen fünf östlichen Bundesländern von Wahl zu Wahl stärker. Großen Anteil daran hat der redebegabte Gregor Gysi, der in Bischofferode zum Dauergast wird. Auch die Kirche bekommt Zulauf dort, wo

Gregor Gysi auf einer Belegschaftsversammlung der Kalikumpel. Die Arbeiter gingen aufs Ganze. Die Auseinandersetzung endete am 31. Dezember 1993

sie sich einmischt. Die Pfarrerin Christine Austel-Haas, die viel Zeit auf dem Schacht verbringt, beschreibt das Ohnmachtsgefühl: »Eben gerade war die Mauer gefallen. Eben sind sie alle aus ihren Löchern gekrochen, ja? Und dann fiel die Mauer. Ach du liebe Güte! Erst haben wir ja noch gedacht, wir kriegen unseren Weg. Wir können jetzt überlegen, was wir wollen. Und nun war plötzlich so viel Fremdbestimmung da.«[16] Auch der evangelische Propst Heino Falcke aus Erfurt ist vor Ort und hält gemeinsam mit einem

16 Das Treuhand-Trauma, Film von Dirk Schneider, MDR, 2018.

katholischen Geistlichen einen ökonomischen Gottesdienst für die Bergleute. Seine Erinnerungen decken sich mit allen anderen, die zu dieser Zeit an diesem Ort waren: »Wenn man in ihre Gesichter blickte – es war hochemotional.«

In dieses brodelnde Gemisch springt Bodo Ramelow und übernimmt die Verhandlungen für die Kali-Arbeiter aus dem Osten. »In Bischofferode habe ich am Ende des Arbeitskampfes leider nur noch die Niederlage verwaltet«, beschreibt er im Nachhinein seinen Job. Tatsächlich verlieren die Bergarbeiter den Kampf. Sie beenden nach 81 Tagen den Hungerstreik, der viele Beteiligte an ihre physischen und psychischen Grenzen brachte, am 20. September.

Ramelow übt seinen Verhandlungsjob zwischen allen Fronten aus. Während die einen in ihm einen Verbündeten erkennen, der für die Kalikumpel einen sehr guten Sozialplan ausgehandelt hat, nachdem es nichts mehr zu gewinnen gab, sehen andere in ihm einen Verräter, der den Hungerstreik nicht zum Äußersten treiben lassen wollte.

Wie aber kommt er als Vertreter der Gewerkschaft Handel, Banken und Versicherungen überhaupt ins Bergwerk? Die Kali-Industrie ist nicht Ramelows Feld. Doch die verantwortliche Gewerkschaft IG Bergbau und Energie schlägt sich frühzeitig auf die Seite der westdeutschen Bergarbeiter und unterstützt sogar eine Demonstration in Kassel, auf der Bergarbeiter für die Fusion und damit für die Schließung von Bischofferode auf die Straße gehen. Die Wochenzeitung *Die Zeit* kommentiert damals in scharfem Ton, dass sich Gewerkschaftschef Hans Berger von Anfang an auf die Seite der Westklientel geschlagen habe. »Die hungernden Kalikumpel im Osten wußten immer ganz genau, was sie von Berger zu erwarten hatten – nämlich nichts. Seine Erklärungen verrieten keinerlei Mitgefühl für die Existenznöte der 700 Kaliwerker. Ein Gewerkschaftsvorsitzender, der so wenig Solidarität zur Schau trägt, diskreditiert sich selbst und treibt seine Mitglieder möglicherweise in die Arme rechter oder linker Rattenfänger.«

Wer also sollte die ostdeutschen Kumpel vertreten? Ramelow sprang ein – als Privatmann, wie er betont. »Der Bodo war einfach irgendwann hier«, erinnert sich Gerhard Jüttemann, der zu dieser Zeit stellvertretender Betriebsratsvorsitzender war. »Und anders als die Politikerfuzzis, die im Bundestag für unsere Abwicklung gestimmt haben, hat er uns keine Vorschriften gemacht«, erinnert er sich in einem Gespräch mit der Tageszeitung *taz*.

Dieser Vorstoß zeigt auch, wie brüchig das Verhältnis zur Gewerkschaft ist, für die Ramelow arbeitet. Früher schon, als er gegen Eberhard Dähne kandidieren soll und sich weigert, und später, als er gegen die Verschmelzung mehrerer Gewerkschaften zur Großgewerkschaft Verdi Position bezieht. Die Demonstration in Kassel gegen die Kollegen im Osten »ging mir ziemlich nahe, weil ich mir das in meinem gewerkschaftlichen Verständnis niemals vorstellen konnte, dass eine Gewerkschaft dazu aufruft, gegen einen anderen Teil der eigenen Gewerkschaft zu demonstrieren«[17].

Er hätte sich raushalten können. Tatsächlich manövriert sich Ramelow in eine Position mit offenem, schwer zu kalkulierendem Ausgang. Im Fußball würde man sagen, er bewegt sich zwischen den Linien. Im Volksmund heißt es eher »zwischen den Stühlen« – zwischen Treuhand, dem Unternehmen, der Belegschaft, dem Betriebsrat, der IG Bergbau und nicht zuletzt auch zwischen den Fronten, die sich unter den Bergarbeitern selbst auftun, je länger die stressige Situation anhält. Denn die Meinungen in der Belegschaft driften auseinander. Auch unter den Ostkumpeln gibt es Fusionsbefürworter. Zudem steht die Frage im Raum: Wann ist der richtige Zeitpunkt, die Niederlage einzugestehen?

17 Bodo Ramelow: der Kämpfer für Bischofferode, MDR, 2020.

Bis zu welchem Punkt konnte man mit gutem Gewissen den Konflikt eskalieren lassen? »Ich wusste, dass ich zum Zeitpunkt, an dem ich eingestiegen bin, die Niederlage zu verwalten habe. Und ich hab' mich dann auch bewusst dazu entschieden, die Niederlage zu verwalten«, stellt Ramelow den Zwiespalt dar, in dem er steckte. »Ich wusste, dass die Kollegen alle als Verlierer aus dem Konflikt rausgehen würden, und wollte nicht, dass sie dazu noch das Rückgrat gebrochen bekommen.« Die Alternative wäre gewesen, »den Konflikt noch drei Nummern schärfer zu machen, ihn massiv eskalieren zu lassen, einschließlich einer einkalkulierten Polizeigewalt.« Als er merkt, dass einem Teil der Arbeiter, insbesondere den Älteren, die Kraft ausgeht, weiterzumachen, zieht er »die Notbremse«.

Das Bild mit der Notbremse passt. In der Silvesternacht will er mit den Arbeitern feiern. Die Verhandlungen sind abgeschlossen. 700 Bergleute bekommen Abfindungen oder Ersatzarbeitsplätze. Der letzte Tag im Jahr ist auch offiziell der letzte Arbeitstag im Werk. Ramelow lenkt seinen roten Passat Richtung Bischofferode. Er ist übermüdet und am Ende mit seinen Nerven. Das Auto gerät außer Kontrolle. In dieser Nacht fährt er es zu Schrott. Selbst bleibt er unverletzt. Ein Trost bleibt ihm: »Es war für uns eine Niederlage, weil wir den Betrieb erhalten wollten, aber es war die teuerste Niederlage, die die Treuhand je erlebt hat.«[18]

Nachspiel 1 (1993)

Der stellvertretende Betriebsrat Gerhard Jüttemann war sich von Beginn an sicher: »Machen wir uns nichts vor, die Sachen, die in der Treuhand liefen, waren nicht sauber«, sagt er im Gespräch mit dem *Neuen Deutschland*. Dennoch beenden die Kali-Kumpel den Hungerstreik im Septem-

18 Bodo Ramelow: der Kämpfer für Bischofferode, MDR, 2020.

ber. Zunächst ist es nur ein Aussetzen. Und es beginnt mit einer Brise Hoffnung: Die Europäische Gemeinschaft (EG), Vorgängerin der Europäischen Union (EU), schickt sich an, die Rechtmäßigkeit des Vertrags zu prüfen. Die Streikenden wollen, wie es am 20. September 1993 in der *Tagesschau* heißt, »die Brüsseler EG-Wettbewerbshüter, die den umstrittenen Kali-Fusionsvertrag prüfen, nicht unter Druck setzen«. Deswegen setzen sie den Streik aus.

Denn es gibt noch einen weiteren Bewerber, der, so die Hoffnung, doch noch eine Chance erhalten könnte, obwohl er eigentlich schon aus dem Feld geschlagen worden war. Anlass für die Überprüfung des Wettbewerbskommissariats der EG ist ein Artikel am 2. August 1993 im *Handelsblatt*. Jemand hatte dem Medium Teile des Vertrags zugespielt. Daraus geht hervor, dass der geheime Rahmenvertrag zwischen Treuhand und K+S ein Wettbewerbsverbot festlegt. K+S bekommt das Monopol zugesichert, als alleiniges Unternehmen in Deutschland Kalisalz abbauen und vertreiben zu dürfen. Die Prüfung dauert noch an, als Johannes Peine, der alternative Kaufinteressent, mitten in der Nacht einen Telefonanruf aus Berlin bekommt. Am Apparat: Die damalige Bundestagspräsidentin Rita Süssmuth. In der Dokumentation »Das Treuhand-Trauma« berichtet Peine von einer zwar versteckten, aber ausreichend deutlichen Warnung. Er sollte von seinem Kaufinteresse zurücktreten.

Peine tat das nicht. Der Dokumentation zufolge wurden ihm wenige Tage später seine Bankkredite fällig gestellt. Von heute auf morgen ist er pleite und scheidet als potenzieller Käufer aus. Das ist auch das Ende des Dramas insgesamt: Die Wettbewerbskommission stimmt dem Geschäft zu, K+S bekommt den Zuschlag, das Werk in Bischofferode macht dicht.

Süssmuth selbst klärt den Telefonanruf nicht auf. Etwas kryptisch, aber klar genug erklärt sie ihre Situation: »Man hält Dinge für unmöglich, weil's eigentlich nicht sein kann, wie man es sich mit gesundem Menschenverstand vorstellt. Dass er (Johannes Peine) an diesem riesigen Widerstand eines Großverbundes, der die Welt aufgeteilt hatte in Kali-Gebiete ...« An dieser Stelle bricht der Satz ab, Süssmuth breitet die Arme aus, als wolle sie noch etwas sagen, es aber lieber nicht tut. Dann fährt sie in der ersten Person Plural fort: »Wir erfahren das ja, wie schnell Einflussnahme erfolgt, die dann auf allen Ebenen zu einem Nein führt.« Abschließend nickt sie bestätigend im Sinne von: »So ist das.«[19]

Am 14. Dezember räumt EG-Kommissar Karel van Miert ein, dass es keine Chance mehr gebe, das Kali-Werk in Bischofferode vor der Schließung zu bewahren. Das läge auch daran, dass es keinen anderen Bewerber mehr gegeben hätte. Grubenbetriebsführer Günter Henkel interpretiert den Auftritt van Mierts so: Man habe das Gefühl gehabt, »hinter ihm steht jemand mit der gezückten Pistole und sagt: Sag bloß nichts Falsches!«[20]

Nachspiel 2 (2014)

Mehr als zwanzig Jahre später. Bodo Ramelow ist inzwischen in der Politik angekommen und fordert Ministerpräsidentin Christine Lieberknecht von der CDU heraus. Und das im wahrsten Sinne des Wortes. In einer Landtagsdebatte überreicht er ihr einen Ordner mit der Aufschrift »Kali-Vertrag«. Lieberknecht verweigert die Annahme der geheimen Dokumente, die nicht mehr geheim sind. Der Ordner wird zurück an Ramelows Platz gebracht.

Tatsächlich ist der Geheimvertrag seit einigen Tagen öffentlich: Er wurde geleakt, verschiedenen Medien und den Thüringer Landtagsfraktionen zugeschickt und ins Inter-

19 Das Treuhand-Trauma, Film von Dirk Schneider, MDR, 2018.
20 Ebd.

net gestellt. Ramelow bekommt die Kopien am 17. März auf den Tisch – zwei Tage vor der Landtagsdebatte. »Einen dicken Aktenordner, dessen Inhalt sehr stark danach aussieht, als wäre es der Kali-Fusionsvertrag. Dazu noch ein Haufen spannender Akten. Jetzt habe ich also den Salat. Aber nun

Christine Lieberknecht will den Kali-Vertrag nicht haben. Er wird wieder weggeräumt. Szene aus dem Landtag im März 2014

wird auch aufgetischt!«, schreibt Ramelow in sein öffentliches Tagebuch. Aus dem Protokoll der Thüringer Landtagsdebatte geht hervor, um was es aus Ramelows Sicht geht, nämlich um die Frage, »ob möglicherweise der Freistaat Thüringen über den Tisch gezogen worden ist, unabhängig von den bitteren Opfern, die die Kalikumpel von Bischofferode erleiden mussten und alle Kalikumpel, deren Betriebe und Werke geschlossen worden sind«.

In dem Vertrag gibt es zahlreiche Zugeständnisse an K+S – zulasten der Treuhand und zulasten des Bundes. Lange Zeit ist von vielen Millionen Euro die Rede, seit 2020 sogar von mehr als einer Milliarde Euro, die allein die Treuhandanstalt und ihre Nachfolgeeinrichtungen für den Deal zahlten. Womöglich war es, so mutmaßt die Linke, das »mieseste Treuhand-Geschäft überhaupt«.

Und nicht nur der Bund zahlt. In einer Pressekonferenz macht Ramelow deutlich, dass das Land Thüringen Jahr für Jahr für die Sanierung blutet, basierend auf einem Vertrag, der 1999 zwischen Land und Bund ausgehandelt worden war. Der Bund zahlte laut Ramelow Thüringen 500 Millionen Euro für die Sanierung. Im Gegenzug verpflichtete sich Thüringen, für alle Sanierungsarbeiten aufzukommen. Das Geld vom Bund ist nach ein paar Jahren aufgebraucht, die Sanierung aber geht weiter und weiter und kostet und kostet. Ramelow spricht von zwei Milliarden Euro. Überwiesen wird das Geld an die K+S, die für die Sanierung verantwortlich ist. »Eine Lizenz zum Gelddrucken«, denn was zu sanieren sei, bestimme die K+S. »Dauerhaft. Und zwar in intensivster Form«, so Ramelow in der Pressekonferenz.

Dieser für Thüringen ungünstige Vertrag zwischen Bund und Land bezieht sich laut Ramelow auf jenen Geheimvertrag, der 2014 durchgestochen wurde. In diesem Vertrag wiederum wird das Land Thüringen ausdrücklich genannt – und wäre damit mittelbar Vertragspartner, ohne es zu wissen. Damit, so Ramelows Argumentation, sei der Folgevertrag zwischen dem Land und dem Bund, der Thüringen so viel kostet, »unwirksam«. Und wenn er unwirksam sein sollte, würde das bedeuten, dass Thüringen »dringend« die Strategie gegenüber K+S ändern müsse. Sollte die Landesregierung aber den Geheimvertrag kennen und so tun, als kenne sie ihn nicht, »dann wäre das Parlament zwanzig Jahre lang belogen worden«. Eine unangenehme Zwickmühle für die CDU/SPD-Landesregierung, die vermutlich mit dazu beiträgt, dass Ramelow als Sieger aus den Landtagswahlen 2014 hervorgeht.

Der Beute-Ossi

#WestOstWanderung
#meinOsten

Nach der Öffnung der Mauer und der Wiedervereinigung ziehen in den ersten Jahren weit über eine Million Menschen aus dem Osten in den Westen, vorwiegend, um eine bessere oder überhaupt eine Arbeit zu finden, die sie ernährt. Diese Bewegung hält an: Fast dreißig Jahre lang gehen mehr Menschen vom Osten in den Westen als andersrum. Vor allen in den ersten Jahren stürzt im Leben der Menschen im Osten fast alles zusammen. Viele verlieren ihren Job. Es gibt keine Familie, keinen Freundeskreis, der verschont bleibt. Das Gefühl, nicht mehr gebraucht zu werden, macht sich breit.

Es gibt aber auch eine Bewegung vom Westen in den Osten. Bis 2017 zählt das Statistische Bundesamt fast zweieinhalb Millionen West-Ost-Wanderer. 1991, im ersten Vereinigungsjahr, kommen etwa 60 000 Menschen aus der alten Bundesrepublik in das Gebiet, das jetzt »die neuen Bundesländer« genannt wird, um Begriffe wie »Ostdeutschland« oder »ehemalige DDR« zu vermeiden.

Die Motive der West-Ost-Wanderer sind unterschiedlich: Die einen wollen bei der Transformation helfen, die zu jener Zeit mit dem Begriff »Aufbau Ost« umschrieben wird. Darunter Verwaltungsexperten, Unternehmer und Gewerkschafter wie Ramelow. Andere suchen ihr persönliches Glück, einigen gelingt das auch. Allerdings befinden sich unter den Glücksrittern nicht wenige, die andere ins Unglück reiten. Sie nutzen die ersten chaotischen Aufbaujahre aus, in denen die Verwaltungen, die Finanzämter und die Polizei noch nicht richtig funktionieren und die Angestellten verunsichert sind oder in alten Seilschaften verharren. Die Glücksritter operieren in einer Grauzone, oft aber auch in einer illegalen Dunkelzone. Es sind Berater und großartige Rechnungsschreiber mit vergifteten Ratschlägen, Jungunternehmer, die ihre Fähigkeiten maßlos überschätzen, oder einfach nur Betrüger.

Einer von den 60 000, die den Weg nach Ostdeutschland fanden, war ich – Johannes Maria Fischer. Natürlich zählte ich nicht zu den Betrügern, allerdings auch nicht zu den Aufbauhelfern. Ich begann eine Ausbildung – ausgerechnet in dem Land, das über Jahre für sozialen Niedergang und marktwirtschaftliche Unfähigkeit stand. Ein Land, dessen Bewohner wirtschaftliche Niedergangs- und Demütigungswellen über sich hatten ergehen lassen müssen. Mein Motiv: Neugierde. Ich wollte den anderen Teil Deutschlands kennenlernen, der für mich ebenso exotisch war wie Ostdeutschen der Westen.

In einem Beitrag für die *Eßlinger Zeitung* schilderte ich am 9. November 2019, also dreißig Jahre nach dem Mauerfall, wie es mir erging. Und das ist der Text mit dem Titel »Der Beute-Ossi«.

In den Tagen, als die Mauer fiel, lebte ich nur wenige Hundert Meter von der Berliner Mauer entfernt. Insofern war ich rein geografisch kein West-Ost-Wanderer, wohl aber geopolitisch: Ich lebte damals in West-Berlin. Im Osten West-Berlins. An der Grenze.

Was ich mich bis heute frage: Wieso kam mir das historische Ereignis vor wie ein Filmdreh im falschen Studio? Ich war mitten in der Endphase meines Studiums, beschäftigte mich mit einem Autoren, der sich in den 1920er bis 1930er Jahren mit ästhetischen Fragen in Literatur und Malerei auseinandersetzte. Dass ich das kulturelle Ende einer Ära studiere, während ich selbst in einer lebte, war mir bei der Auswahl des Themas natürlich nicht klar - dafür kam die Wende viel zu überraschend. Vielmehr waren es die expressionistischen und kubistischen Ausdrucksweisen in Literatur und Malerei, oder auch die feuilletonistische Stilfreude der Autoren dieser Zeit, die mich reizten. Aber hätte ich nicht die Vorliebe für Niedergänge und Aufbrüche, Anfangseuphorien und Endzeitstimmungen, und wüsste ich nicht, dass sich das eine kaum ohne das andere denken lässt, ich wäre vermutlich nicht auf dieses Thema gekommen. Und ich hätte mich auch nicht aufgemacht, den anderen Teil Deutschlands, der nun offenstand, zu erkunden.

So also fühlt sich Geschichte an?, fragte ich mich, als die Mauer fiel. Ramelow sagt, er habe geweint. Bei mir war es eher ein neugieriges Beobachten. Keine seelische Erschütterung, keine Magenkrämpfe, keine Schnappatmung. Auch zwölf Stunden nach der Maueröffnung nicht. Zur Sicherheit noch ein Blick in den Spiegel: Nein, keine roten Flecken, nur leichte Augenränder von zu wenig Schlaf. Wieso, fragte ich mich, erlebe ich eine Revolution wie einen Stummfilm? Irgendwas verändert sich, aber es durchdringt mich nicht.

Ich lebte damals als Bibliotheks- und Büchernerd, war mehr mit Blättern und Buchstaben als mit Menschen zusammen. Lebte ich in einer Blase?

Dabei hatte sich mit dem 9. November 1989 sehr viel verändert. Auf der Straße, in den Kneipen, an der Uni. Und selbst die Routine des Fernsehprogramms war außer Kraft gesetzt. Fast zehn Jahre hatte ich in kleinen Studentenwohnungen in Kreuzberg und Neukölln gewohnt. Zeitweise bewohnte ich sogar ein Loch ohne Toilette. Die war eine halbe Treppe tiefer. Ich teilte sie mit einem armen Schlucker nebenan. Es waren immer Wohnungen am Rande, ein paar hundert Meter von der Grenze entfernt. Ich hatte mich an sie gewöhnt. Tatsächlich stand sie ja auch noch an dem Tag, an dem sie »fiel«, und auch noch am nächsten und übernächsten Tag. Es war, um beim Film zu bleiben, wie eine Verwechslung: Es war die Kulisse eines alten Films, allerdings mit einem anderen Plot. Die Filmcrew drehte im falschen Studio. Ich sah es, aber mein Puls schlug nicht schneller. Ich war nur verwundert.

Natürlich könnte ich ein paar Anekdoten erzählen von der Volksfeststimmung an der Mauer, die sich schon in den Tagen zuvor aufbaute, von den ersten Begegnungen mit »Ossis«, von meiner rasch steigenden Neugier auf das exotische Land rund um Berlin, also die DDR, auf meine Lust, Ostdeutsche meines Alters in ostdeutschen Kneipen zu treffen. Ich könnte etwas von jener niedlichen Unbeholfenheit berichten, die sonst sehr streng dreinblickende Volkspolizisten im Ostteil der Stadt plötzlich ausstrahlten. Oder von der großen Müdigkeit nachts in der U-Bahn, als ich in der Nacht vom 9. auf den 10. November nach Hause fuhr, wo ich ins Bett fiel und binnen Sekunden einschlief und am nächsten Tag in einem anderen Geschichtskapitel aufwachte. Ich fragte mich, was sich seit gestern verändert haben könnte. Aber als ich mich in meinem Zimmer umschaute, kam ich zu dem Schluss: nichts.

Tatsächlich veränderte sich für mich in diesen Tagen sehr viel - im Grunde genommen mein ganzes Leben. Ich wusste es nur noch nicht. Damals jobbte ich im Büro eines Krankenhauses. Im selben Raum arbeitete eine Frau um die 40, die wenige Jahre zuvor die Ausreise aus der DDR genehmigt bekommen hatte. Natürlich war die Öffnung der DDR das wichtigste Pausenthema. Von meiner Kollegin erwartete ich Erleichterung und Freude, doch es passierte etwas Unerwartetes: »Von denen bin ich doch abgehauen«, empörte sich die Übersiedlerin. »Und jetzt kommen die alle hinterher!«

»Sind die so schlimm?« fragte ich. Und dann beschrieb sie, wie schrecklich die Menschen aus dem Osten seien. In ihrer Rede waren bereits alle Vorurteile gegenüber »den Ostdeutschen« enthalten, die auch in den kommenden Jahren von Westdeutschen viel zu oft wiederholt wurden. Faul, dumm, unselbstständig, autoritätsgläubig. Das erste Ossi-Bashing, das ich hörte, kam also aus dem Munde einer Frau, die selbst in der DDR aufgewachsen war. Ich konnte diese abfälligen Aussagen nicht bewerten, aber ich vermutete, dass die

Frau um ihr Alleinstellungsmerkmal als Konvertitin bangte.

Meine zweite wichtige Erfahrung mit dem anderen Deutschland ging dann sehr viel tiefer. In den Tagen nach der Maueröffnung waren die Straßen Kreuzbergs voll mit Menschen aus dem Ostteil, der Verkehr brach teilweise zusammen. Mit hundert Mark Begrüßungsgeld stürmten die Besucher die Geschäfte. Gleich bei mir um die Ecke auf dem Kottbusser Damm orderte ein kluger Geschäftsmann, der eigentlich einen kleinen Lebensmittelladen führte, Hunderte von Fernsehern, die aber nicht mehr in sein Geschäft passten. Also verkaufte er die Kartons gleich von der Straße. Und sie gingen weg wie warme Semmel.

Während ich mich an den Kartons vorbeizwängte, dachte ich über die sprichwörtliche deutsche Gründlichkeit nach. Ordnungsamt, Finanzamt - sie alle hatten in diesen Tagen nichts zu sagen. Die bürokratische Ordnung war außer Kraft gesetzt. Es war der Beginn einer wilden Zeit, die zwar irgendwann wieder von den Institutionen und ihren Paragraphennetzen eingefangen wurde. Im Schwinden war aber, und dafür standen die Kartons auf dem Bürgersteig symbolisch, die deutsche Gemütlichkeit und ihre Selbstgenügsamkeit. Nicht nur in Berlin, aber vor allem dort.

Die tiefgreifende Erfahrung dieses Tages ereignete sich allerdings wenige Meter entfernt bei Karstadt auf dem Hermannplatz. Ich wollte in dem Kaufhaus einen Kassettenrekorder kaufen, also ein Gerät für

Tonaufnahmen aus der vordigitalen Zeit. Auch hier waren die Verkaufsräume überfüllt. Der Verkäufer war auf Verkaufsgespräche mit Bürgern aus dem Ostteil geeicht, und so sortierte er mich in der Eile auch ein in diese Kategorie. Auf diese Weise erlebte ich, wie es Ostdeutschen im Westen wohl häufiger erging in diesen Tagen: Die Ansprache war belehrend, so wie ein Vater mit einem Kind spricht. Der Preis erschien mir jenseits von Gut und Böse, völlig aus der Luft gegriffen. Der Kaufvorgang zog sich hin, und irgendwann quittierte der Verkäufer jede Frage, die ich zu den Funktionen stellte, mit einem Augenrollen. Schließlich verließ ich das Kaufhaus ohne Rekorder und mit einem tiefen Solidaritätsgefühl für Ostdeutsche, das mich bis zum heutigen Tag nicht verlassen hat.

Monate später arbeitete ich am Fließband einer Fabrik. Inzwischen hatte ich mein Studium abgeschlossen. Neben mir arbeiteten viele Ankömmlinge aus dem Osten, die ihre alte Arbeitsstelle in der DDR von Knall auf Fall hatten liegen lassen, um gutes Geld im Westen zu verdienen. Interessant waren für mich vor allem die Erzählungen aus den Bezirken jenseits von Ost-Berlin. Nicht, dass ich Ost-Berlin besonders gut kannte, aber immerhin kannte ich es ein wenig. Sachsen oder Brandenburg hingegen, das war in meiner Vorstellungswelt so weit weg wie Afrika. Für mich wurde sehr bald klar, dass ich dort wenigstens eine Weile leben musste, um diese Regionen zu verstehen. Doch alles, was die Kollegen am Fließband zu erzählen hatten, war zutiefst normal. Viele, viele Alltagsgeschichten, die noch nicht jenen Kontrast enthielten, der erst später in die Geschichten aus Ost und West einfloss: Unser Alltag im Gegensatz zu eurem Alltag, unsere Moral im Gegensatz zu eurer Moral.

Ich war damals auf Bewerbungstour. Mein Ziel war, zwei, drei Jahre in den Osten zu gehen. Karl-Marx-Stadt, das von seinen Bürgern im April 1990 in Chemnitz umbenannt wurde, kam in die engere Wahl. Vom damaligen Chefredakteur der »Freien Presse« bekam ich einen handgeschriebenen Brief: »Werter Herr Fischer, wir würden uns freuen, wenn Sie uns zu einem Vorstellungsgespräch besuchen kämen.« Einer der Fließbandarbeiter stammte aus Chemnitz, meine Frage nach der Stadt beantwortete er ziemlich allgemein. »Ja, ist schon ganz gut da.« Er erzählte auch vom »Nischel« (sächsisch für Kopf), dem vierzig Tonnen schweren Karl-Marx-Monument im Herzen der Stadt. Heute ist das Denkmal eine Touristenattraktion.

Nach der deutschen Einheit ging dann alles ziemlich schnell. Ich bekam eine Zusage bei der »Freien Presse«, deren Hauptgebäude unweit vom »Nischel« steht. Anfang 1991 fing ich an. Mein Einsatzgebiet: Das Erzgebirge. Tiefste Provinz. Wo sonst als an diesem Ort würde ich das, was von der DDR noch da war, besser kennenlernen? Ich fand eine Wohnung in einer Arbeitersiedlung am Stadtrand von Chemnitz. In dem etwas heruntergekommenen Haus mit Holzofen wohnte ich im Erdgeschoss, während sich der Vermieter in den ersten Stock des Hauses zurückgezogen hatte. Ein alter Mann, der noch älter war als das Haus. Die »BRD« war sein fünfter Staat, in dem er lebte. Kaiserreich, Weimarer Republik, Hitler-Regime, DDR und nun vereintes Deutschland. Die »DDR« und »mit Abstrichen« auch die Hitlerzeit fand er am besten, weil es in beiden Regimen eine gewisse Disziplin gab, wie er meinte, die nun wegzubrechen drohte. Mit dieser Meinung stand er alleine in der Nachbarschaft, zumindest, was das NS-Regime betraf. Die neue Zeit aber war allen suspekt. Die meisten hofften, nicht arbeitslos zu werden und warteten ab, wie und wo sie sich wohl wiederfinden würden. Mein Nachbar machte sich mit einem Fischgeschäft selbstständig und schlachtete die Karpfen im Hof. Sein Sohn begann eine Ausbildung in der Stadtverwaltung, seine Tochter wurde Polizistin.

Zwei, drei Jahre wollte ich bleiben. Es wurden neunzehn in Chemnitz, weitere Jahre folgten in Brandenburg und Thüringen. An Ende lebte ich fast dreißig Jahre im Osten. Irgendwann in dieser Zeit nannte mich Claudia Puhlfürst, eine Freundin aus Zwickau, mit der ich zusammen einen Erzählband mit sächsischen Krimis herausgegeben hatte, »Beute-Ossi«. Es war als Kompliment gedacht.

Unter Beobachtung

#Berufsverbot
#Verfassungsschutz

Kleine Leichen aus der Jugendzeit im Keller – wer hat die nicht? Der Mitbegründer der Grünen und ehemalige Außenminister Joschka Fischer ist ein Paradebeispiel: Seine Nähe zum »Revolutionären Kampf«, einer linksrevolutionären Zelle in den 1970er Jahren, ist eine klassische Jugendsünde, über die er hätte stolpern können. Ramelows Jugendsünde ist weniger spektakulär. Eine Hochzeitsanzeige aus dem Jahr 1982 in *Unsere Zeit* schien aber auszureichen, um ihm Probleme zu bereiten. *Unsere Zeit* war kein Kirchenblatt, sondern eine Publikation der DKP. Eine kommunistische Hochzeit! Was auch immer das ist.

Damit nicht genug. Als der Marburger Postbote Herbert Bastian in den 1980er Jahren seinen Job verliert, weil er der DKP angehört, sogar für sie im Marburger Stadtrat sitzt, geht eine Protestwelle durch Deutschland. Es gibt Solidaritätsbekundungen. Die Unterschrift von Leonie Ramelow ist auf einer solchen Erklärung zu finden. Und die von Bodo Ramelow. Natürlich lässt sich trefflich streiten, ob es sich dabei tatsächlich um eine »Sünde« handelt. Zumal Bastian aufgrund eines Gnadenerlasses des Bundespräsidenten Richard von Weizsäcker in gewisser Weise rehabilitiert wird und seit 1989 wieder bei der Post arbeitet. Er starb im April 2001.

Eigentlich eine abgeschlossene Geschichte. Im Gedächtnis von Ramelow ist Bastian aber noch lange präsent. Im Todesjahr von Bastian schreibt er der Witwe, »dass die Hexenprozesse, genannt auch Berufsverbotsprozesse, einem Rechtsstaat unwürdig waren und sind«. Bastian sei ein Opfer des Kalten Krieges.[21]

Proteste gegen das Berufsverbot von Herbert Bastian. 1984 wurde der Postbote aus dem Öffentlichen Dienst »entfernt«

Nur ein Jahr später spricht Ramelow in eigener Sache: »Das ist die Fortführung des Kalten Krieges!«[22] Soeben hatte er erfahren, dass er vom Verfassungsschutz beobachtet wird. Er ist empört: »Ein politisch Andersdenkender, der sich zum Grundgesetz der Bundesrepublik bekennt, aber nicht der Denkstruktur der konservativen Fanatiker des Kalten Krieges verhaftet ist, gilt als hochgradig belastet.«[23]

21 Stefan Wogawa, Die Akte Ramelow. Ein Abgeordneter im Visier der Geheimdienste, Karl Dietz Verlag, Berlin, 2007.
22 Ebd.

Der Protest gegen das Berufsverbot von Bastian und die Heiratsanzeige sind zwei wesentliche Anlässe für den Verfassungsschutz, eine Akte anzulegen – und zu pflegen. Heraus kommt das alles sehr viel später. Und viele fragen sich: Ramelow, der Wandersmann mit karierter Landjacke und Schiebermütze, der gottgläubige Kirchengänger und Familienvater, der das Hohelied vom Dorfleben singt – ein gefährlicher Verfassungsfeind? Der Journalist und Schriftsteller Stefan Wogawa hat dies in zwei Büchern aufgearbeitet, die 2007 und 2014 erschienen sind.[24]

Rückblick. Die Geschichte beginnt mit einer Streitschrift, die an sich unbedeutend ist. Verfasst wird sie von einem in der akademischen Welt unbekannten Autor, veröffentlicht im Jahr 1999. Ein Impressum gibt es nicht. Immerhin ist der Herausgeber bekannt: Die Christlich Demokratische Arbeitnehmerschaft (CDA), die sich selbst als Sozialausschuss der CDU charakterisiert und sich vornehmlich mit Sozialpolitik beschäftigt. Innerhalb des CDU-Gefüges gilt die CDA als links und grenzt sich damit ab von dem Wirtschaftsflügel und den Konservativen in der Partei. Viele CDA-Mitglieder sind in der Gewerkschaft, sie gehören in Ramelows Erinnerung sogar zu den besonders Engagierten. Ihre Vorsitzenden bestimmten lange Zeit die Bundespolitik mit. Norbert Blüm gab der CDA bis Ende der 1980er Jahren ein Gesicht, Rainer Eppelmann Ende der 1990er und in der Gegenwart ist es Karl-Josef Laumann. Also keine Organisation, die in Verdacht stünde, mit nicht ganz sauberen Mitteln auf Kommunistenjagd zu gehen. Doch zumindest im Jahr 1999 ist das anders, als die CDA Thüringen die Polemik *Transmissionsriemen der Postkommunisten?* veröffentlicht. Untertitel: *PDS-Arbeit gegen den Deutschen Gewerkschafts-*

23 Wogawa, 2007.
24 Ebd. und Stefan Wogawa, Ein gewisser Herr Ramelow, Eckhaus Verlag Weimar, 2014.

bund. Als Autor gibt sich Peter Christian Segall aus, den es in der Realität aber gar nicht gibt. Doch davon später.

Der Zeitpunkt der Veröffentlichung passt, jedenfalls aus der Sicht der regierenden CDU. Landtagswahlen stehen an. Auf Platz Zwei der PDS Landesliste steht Bodo Ramelow, bis dato Thüringen-Chef der Gewerkschaft HBV. Es ist das Jahr, in dem Ramelow auch formal in die Politik wechselt. Die Hauptakteure sind Bernhard Vogel (CDU), dem das »Landesvater«-Image zugutekommt, SPD-Spitzenkandidat Richard Dewes, der innerhalb der SPD als »links« eingeordnet wird, und Gabriele Zimmer von der PDS, die nach den Wahlen vorübergehend die Fraktion führen wird.

Die Rote-Socken-Kampagne der CDU aus dem Wahlkampfjahr 1994 liegt noch immer ein wenig in der Luft. Damals warb die Bundespartei noch ganz im Geiste des Kalten Krieges mit dem Slogan »Zukunft statt Linksfront«. Bundeskanzler und CDU-Chef Helmut Kohl wurde vier Jahre später nach 16 Jahren im Kanzleramt abgelöst, doch die Thüringer CDU verharrt noch immer in der Rote-Socken-Tradition und warnt ihre Wähler vor »rot-roten Experimenten«.

Wie im Bund liegt auch in Thüringen der Wunsch nach einem Politikwechsel in der Luft. Deutlicher Ausdruck davon: Die Verabschiedung der Erfurter Erklärung und das darin enthaltene Plädoyer für Rot-Rot-Grün im Jahr 1997. SPD-Spitzenkandidat Richard Dewes legt sich im Wahlkampf 1999 nicht fest, scheint aber für eine Koalition mit der PDS offen zu sein. Die CDU mahnt: Thüringer Interessen würden für solche »Experimente« geopfert werden, Investoren »einen weiten Bogen um Thüringen machen«. Sachsen-Anhalt wird als Negativbeispiel angeführt, wo eine von der PDS geduldete SPD-Regierung die Geschicke des Landes lenkt. CDU-Ministerpräsident Bernhard Vogel selbst spricht von einer »Richtungsentscheidung von historischer Dimension«. Trotz dieser gewaltigen Bedeutung, die den Wählern suggeriert wird, verspricht die CDU einen fairen Wahlkampf.

In diesen »fairen« Wahlkampf hinein flattert jene Polemik – in den Worten Ramelows eine »Schwindelschrift«[25] – und erzählt die Geschichte von vermeintlich gescheiterten Existenzen mit klarer DKP-Orientierung. Sie kamen, so heißt es in dem Text, aus dem Westen, um sich nach der Wende in den Osten »abzusetzen«, um dort die Gewerkschaft zu unterwandern oder »unverhofft Karriere« zu machen. Ihr Ziel: Die Gewerkschaft wieder zu dem zu machen, was sie in der DDR schon einmal war – Transmissionsriemen der Staatspartei SED. Das ist die Nahperspektive. Die Fernperspektive: Die Errichtung eines stalinistischen Systems. Denn was sonst kann eine PDS wollen, die dem Autor zufolge in der »Tradition zur stalinistischen Internationalen groß geworden« ist? Segall erkennt zwar in dem Programm der PDS »zahlreiche Aussagen auf wirtschafts- und sozialpolitischem Gebiet, die man als einzeln genommen auch als linker Demokrat und Gewerkschafter akzeptieren kann.« Allerdings, so Segalls Interpretation, seien dies nur »Zwischenziele« auf dem Weg zur »Umwälzung« des Systems.

Den vermeintlichen Unterwanderern wird eine gewisse Heimtücke unterstellt. Denn »mit diesem Import von westdeutschen DKP-Bündnispartnern hatte natürlich in den neuen Bundesländern niemand gerechnet; wer dort unter dem Markensiegel ›DGB‹ auftauchte, hatte zunächst mal das Vertrauen für sich, Gewerkschafter und nicht ›Transmissionsriemen‹ zu sein.« Einige tauchten Segall zufolge aber einfach nur unter, weil ihre »politische Richtung in der alten Bundesrepublik nach dem Zusammenbruch der SED-Diktatur zunächst diskreditiert war«. Thüringen

25 Bodo Ramelow, Du sollst nicht lügen!, Online-Tagebuch, 2008.

war von dieser Wanderung angeblich besonders betroffen. Schlimmer noch: Den »Importen« sei es gelungen, »den Gesamtcharakter des DGB Thüringen nicht unerheblich zu prägen«. An dieser Stelle kommt Ramelow ins Spiel: Er war, dem Text folgend, die »Speerspitze dieser Importe«.

Es folgt eine Kurzbeschreibung Ramelows, die im Zusammenhang mit der Überwachung durch Verfassungsschutzämter noch einmal interessant wird: In Marburg sei er für seine politische Nähe zur DKP bekannt gewesen, »ohne dass er als Mitglied hätte benannt werden wollen«. Segall sieht in diesem Fall persönliche Motive am Werk. Ramelow sei »eines von jenen typischen ›Nicht-Mitgliedern‹ der DKP: Die Zuordnung zu dieser im allgemeinen gesellschaftlich isolierten Partei war auch in den 80er Jahren noch für DGB-Karrieren nicht sehr förderlich.« Dennoch habe er zur Wahl der DKP aufgerufen. Gastkommentare in DKP-Blättern kommen auch noch auf die Sündenliste, zudem die Unterschrift unter Solidaritätsaufrufe mit »Berufsverboteopfern«. Gemeint ist in diesem Fall Herbert Bastian. In Thüringen selbst falle Ramelow »nicht nur als Erstunterzeichner, sondern gleich als eine Art Sekretär der Erfurter Erklärung auf sowie durch häufige Interviews mit dem *Neuen Deutschland*.« In der Erfurter Erklärung erkennt Segall »das wichtigste Bündnisprojekt der PDS zur Festigung ihrer Position im politischen Spektrum links von der SPD«. Sie sei auch »als Struktur« aktiv. Was Segall mit dieser vagen Andeutung meint, erklärt er im folgenden Satz nicht minder vage und dennoch aufschlussreich: »Das Denken in solchen Instrumenten und Apparaten ist für die politische Praxis von Kommunisten konstitutiv.« Dass etliche Gewerkschafter – unter anderem Ramelow – die Erfurter Erklärung unterzeichneten, bezeichnet der Autor als »unappetitliche Bilanz«. Damit will Segall nicht unterstellen, »sie seien willenlose Werkzeuge der PDS«, aber eine gehörige Portion

Naivität schreibt er ihnen und anderen Unterzeichnern wie Joschka Fischer, Friedrich Schorlemmer und Günter Grass schon zu. Ihr Handeln sei möglicherweise von anderen Zwecken und Erwägungen geprägt. Naivität, so legt es der Text nahe, schütze aber vor Schuld nicht: »Verrat an der demokratischen Revolution in der früheren DDR und an den Lehren der deutschen Geschichte ist es allemal, auf diese fahrlässige Weise mit Linksextremisten zu kooperieren.«[26]

Außer Ramelow wird auch Angelo Lucifero als »Import« angeführt. In einer pubertären Anspielung auf den Namen schreibt Segall dem Gewerkschafter teuflische Eigenschaften zu. Er strebe politische Verhältnisse an, »die sehr an die satanische Qualität gefallener Engel« erinnerten. Lucifero wurde Ramelows Nachfolger in der Thüringer HBV-Gewerkschaft und arbeitete eng mit ihm zusammen im Kulturverein Mauerbrechen e. V., der beim Engagement für das Denkmal für Wehrmachtsdeserteure administrativ im Hintergrund arbeitete. Lucifero ist tatsächlich kein Kind von Traurigkeit und teilt verbal gerne aus. Er ist aktiv in antifaschistischen Netzwerken und entwickelt sich im Verlauf der Jahre zu einem Lieblingsfeind von Neonazis. 2007/2008 kommt er in Konflikt mit Polizei und Justiz, weil er auf einer Demonstration auf den Auslöser einer Schreckschusspistole drückt. Versehentlich, wie er sagt.[27] Auch mit der Gewerkschaft läuft es in diesen Jahren nicht gut. Sie wirft ihm unter anderem vor, eine Mailingliste für persönliche politische Zwecke missbraucht zu haben.[28] Lucifero wird zu einem willkommenen Objekt, libertäre Strömungen generell zu diskreditieren.

26 Peter Christian Segall, »Transmissionsriemen« der Postkommunisten, CDA Thüringen, 1999.
27 Anke Engelmann, Aufrechter Chaot, in: Neues Deutschland, 22. Februar 2008.
28 Marina Achenbach, Angelo Lucifero in Thüringen, in: Der Freitag, 18. Januar 2008.

Neben der Erfurter Erklärung führt Segall einen »Gesprächskreis für sozio-ökonomische Reformpolitik« als »neue Qualität bündnispolitischer Bemühungen« der PDS an. Bemühungen, »die im Ergebnis nur der PDS nutzen werden und auf jene satanischen Verhältnisse hinauslaufen, die offenbar im thüringischen DGB schon Alltag sind.« Die Diskussionsrunde bekommt einen konspirativen Touch, indem der Autor ihn als einen »der Öffentlichkeit nicht vorgestellten« Gesprächskreis vorstellt. Wieder zählt Segall Namen über Namen auf, wie es in investigativ anmutenden Texten oft als Stilmittel verwendet wird. Mit dabei sind »die offensichtlich unvermeidbaren Erfurter Aktivisten Spieth und Ramelow«. Außerdem Andrea Nahles, von der zu jener Zeit noch nicht zu ahnen ist, dass sie einmal Einfluss in der Bundespolitik haben wird. Mitleid hat Segall mit Heino Falcke und Friedrich Schorlemmer, deren »Instrumentalisierung« er tragisch nennt.[29] In der Segall-Schrift werden sie gezeichnet wie verirrte Kirchen-Schafe.

Die Schrift gibt sich den Anstrich einer wissenschaftlichen Studie, mehrfach wird der Politologe und Extremismusforscher Patrick Moreau zitiert, der bereits mehrfach Texte über den Transformationsprozess in Ostdeutschland und die PDS veröffentlicht hatte. Andererseits verhehlt die Schrift nicht, polemisch zu sein. Häufig macht sich ein zynischer Ton bemerkbar, auch bestimmte Beschreibungen – etwa die wiederholte Nutzung des Adjektivs »satanisch« – stammt nicht aus dem Begriffsinventar eines Wissenschaftlers. Insofern kann der Text durchaus als Vorläufer eines propagandistischen Stils gelten, der ab den 2010er Jahren häufig in Social-Media-Kommentaren und bei der Produktion von Fake News verwendet wird: eine Mischung aus rationaler Darstellung und Kommentar, Empörung und sach-

29 Segall, 1999.

licher Argumentation, überbordender Aufzählung von Details und allgemeinen Floskeln, Bewiesenem und Unbewiesenem, Zitierungen und Unterstellungen, Namensaufzählungen und herabwürdigenden Bemerkungen. Im Hinblick auf die Beobachtung Ramelows durch den Verfassungsschutz sind jene Formulierungen besonders interessant, die die Marburger Zeit Ramelows beschreiben.

Zeitsprung ins Jahr 2000, wo alles auffliegt. Blankenhain ist eine kleine Kleinstadt mit gut 6000 Einwohnern zwanzig Kilometer südlich von Weimar. Im Mai soll dort ein neuer hauptamtlicher Bürgermeister gewählt werden. In der Stichwahl stehen sich Eckard Schneider (Freie Wähler) und Christian Klöcker (CDU) gegenüber. Schneider und ein Beigeordneter werden kurz vor der Wahl vom Thüringer Verfassungsschutz nach »Stasiseilschaften« überprüft.[30] Ohne Ergebnis. Schneider gewinnt die Wahl. Er hält sich nicht lange auf dem Stuhl. Ihm werden haushaltsrechtliche Verstöße vorgeworfen.

Doch das ist nur die Nebengeschichte. Die Hauptgeschichte beginnt mit der Frage: Wie kommt die Landesbehörde dazu, gegen den Bürgermeisterkandidaten einer Kleinstadt zu ermitteln? Irgendjemand steckt der Presse, dass es in einer Kantine angefangen haben soll, wo sich Innenminister Christian Köckert (CDU) und der damalige Präsident des Landesamtes für Verfassungsschutz, Helmut Roewer, getroffen haben sollen. Dort soll Köckert höchstpersönlich den Auftrag zum Backgroundcheck gegeben haben.[31] Eine »Parteikiste«, wie solche etwas schmutzigen Aufträge in Geheimdienstkreisen genannt werden. Die PDS im Landtag fordert einen Untersuchungsausschuss, der im August 2001 auch eingesetzt wird. Untersuchungsgegenstand:

30 Wogawa, 2007.
31 Ebd.

»Veranlasste der Thüringer Innenminister, Christian Köckert, das Landesamt für Verfassungsschutz, Informationen über den Bürgermeister der Stadt Blankenhain Schneider und den Beigeordneten der Stadt Blankenhain Peiko zu gewinnen?«[32] Im Januar 2002 wird der damalige Verfassungsschutzleiter Helmut Roewer geladen. Er bestätigt die Version, einen Auftrag erhalten zu haben: »Der Zeuge Dr. Roewer führte aus, dass er sich am 17. Mai 2000 im Laufe des späten Mittags bzw. frühen Nachmittags mit Minister Köckert in der Kantine des Thüringer Landtags getroffen habe. Bei diesem Vieraugen-Gespräch habe er den Auftrag erhalten, sich um die beiden Kommunalpolitiker Schneider und Peiko zu kümmern.« Roewer wird in dem Bericht des Untersuchungsausschusses zitiert: »Zunächst war die Frage so, ob mir die Namen was sagen. Ich habe gesagt, nein, die Namen sagen mir nichts. Dann habe ich gesagt, gut, dann kümmere ich mich darum. Dann wurde gesagt, dass es eilig wäre, und dann ist das auch von mir eilig umgesetzt worden.«[33]

Roewer ist zum Zeitpunkt der Befragung im Untersuchungsausschuss ein geschasster Mann. Köckert, gegen den er im Ausschuss aussagt, hatte ihn zwei Jahre zuvor entlassen. Auslöser für seine Entlassung war die Enttarnung des V-Manns und Rechtsextremisten Thomas Dienel, dessen Namen dann später auch bei der Aufarbeitung des NSU-Terrors eine Rolle spielt.

Ob Roewer nun die Wahrheit sprach oder log, um seinem früheren Vorgesetzen zu schaden, ob er sich richtig oder falsch erinnerte, spielt in diesem Zusammenhang eine untergeordnete Rolle. Minister Köckert selbst hatte ohnehin eine ganz andere Erinnerung. Er sagt im Oktober 2002 im Untersuchungsausschuss aus, er könne sich nicht an ein

32 Thüringer Landtag, Parlamentarische Dokumentation. Untersuchungsausschuss 3/3.
33 Ebd.

Gespräch mit Roeder erinnern, bei dem es um Bürgermeister Schneider aus Blankenhain gegangen sei.

Aussage gegen Aussage. Fakt aber ist, dass Schneider und ein weiterer Kommunalpolitiker durchleuchtet wurden, wenn auch ergebnislos. Irgendwie ergebnislos endet auch der Untersuchungsausschuss, in dem die Abgeordneten der Regierungspartei CDU sechs und die Oppositionsparteien SPD und PDS fünf Mitglieder stellen. Der Untersuchungsausschuss kommt zu dem Ergebnis, »dass ein Auftrag vom damaligen Innenminister Köckert an das Landesamt für Verfassungsschutz, Informationen über die Blankenhainer Kommunalpolitiker zu beschaffen, nicht erteilt wurde.«[34] Drei Mitglieder des Untersuchungsausschusses schließen sich allerdings dieser Sichtweise ausdrücklich nicht an.

Damit ist der Fall erledigt. Politisch überlebt Köckert das Jahr 2002 übrigens nicht. Er tritt im Herbst wegen eines deutlich größeren Skandals zurück, der auch mit dem Geheimdienst zu tun hat. Ihm wird vorgeworfen, Geheimprotokolle des Verfassungsschutzes an Journalisten weitergegeben zu haben. Köckert weist die Vorwürfe zurück und bringt seinen Sprecher in Verdacht. Dennoch legt er sein Amt nieder.

Das alles macht Ramelow misstrauisch. Ihm kommt der Gedanke, dass auch gegen ihn eine »Parteikiste« laufen könnte.[35] Das Misstrauen ist berechtigt, denn Roewer behauptete wohl vor dem Landtagsausschuss, dass Anfragen wie die von Köckert nicht ungewöhnlich gewesen seien. Der allererste Fall hätte einen PDS-Landtagsabgeordneten betroffen.[36] Ramelow stellt im März 2002 ein Auskunftsersuchen und bekommt drei Monate später Gewissheit: »Aus den

34 Thüringer Landtag, Parlamentarische Dokumentation. Untersuchungsausschuss 3/3.

35 Wogawa, 2007.

36 Liane von Billerbeck, Von einem Auftrag, den es nie gegeben hat, in: Die Zeit, 7. Februar 2007.

Akten des Amtes ergibt sich, dass Sie in den 80er Jahren Kontakte zur DKP unterhalten haben. So wurde am 2. November 1985 in der DKP-Zeitung *Marburger Echo* ein Gastkommentar von Ihnen abgedruckt. Daneben sind Sie als Mitunterzeichner einer Solidaritätserklärung für den DKP-Funktionär Herbert Bastian bekannt geworden.« Weitere Anlässe für die Überwachung werden aufgezählt: Er sei Erstaufrufer für eine Kurden-Demonstration 1999 in Erfurt, an der auch »Angehörige der linksextremistischen Szene« teilgenommen hätten. Sehr viel mehr Auskunft gibt es nicht. Warum nicht, möchte die Behörde nicht mitteilen. »Eine nähere Begründung für die partielle Ablehnung der Auskunftserteilung erfolgt nicht, da sie den Zweck der Auskunftsverweigerung gefährden würde«, heißt es.[37] 2003 bestätigt dann auch das Bundesamt für Verfassungsschutz, dass es ebenfalls eine Akte über Ramelow führt. Und das seit 1986.

Die Auskünfte sind nicht sonderlich ergiebig, genügen aber, um inhaltliche und stilistische Ähnlichkeiten zu der Polemik *Transmissionsriemen der Postkommunisten?* aus dem Jahr 1999 festzustellen. In Ramelow keimt der Verdacht, dass der Autor mit geheimen Informationen vom Verfassungsschutz gefüttert wurde, die er eigentlich gar nicht hätte haben dürfen.

Der Verdacht erhärtet sich, als herauskommt, wer der eigentliche Verfasser der Broschüre ist. Der genannte Autor Christian Segall beruft sich in seiner pseudowissenschaftlichen Schrift mehrfach auf den Politikwissenschaftler und Extremismusforscher Patrick Moreau – auf sich selbst, wie sich 2003 herausstellen wird.[38]

Patrick Moreau findet das lustig. Das sei »ein Spiel«, erklärt er sich einem *Spiegel*-Journalisten. Er treibt das Spiel

37 Zitiert nach: Wogawa, 2007.
38 Wogawa, 2007.

so weit, dass er sogar ein Buch mit seinem Alter Ego herausgeben will. Wogawa kommentiert in der *Akte Ramelow*: »Gipfel der Schizophrenie: Segall zitierte in seinen Schriften als Beleg nicht nur Moreau (also sich selbst), sondern plante offenbar zeitweise die gemeinsame Herausgabe eines Buches über die PDS.«[39] Moreau fordert Verständnis ein: Da er für CDU- und CSU-nahe Organisationen schreiben würde, wollten einige Medien ihn nicht mehr als unabhängigen Experten zitieren, weswegen er sich das Pseudonym zugelegt habe.[40] Moreau hatte aber auch noch andere Auftraggeber, zum Beispiel das Landesamt für Verfassungsschutz. Eine Verbindung gibt es also allemal, auch wenn die Thüringer Behörde abstreitet, Informationen an Moreau durchgesteckt zu haben.[41]

In den Folgejahren kämpft Ramelow durch mehrere Instanzen für ein Ende der fortwährenden Überwachung und um die Offenlegung der Akten – auch um die Frage zu klären, ob der Geheimdienst womöglich politisch instrumentalisiert worden ist. Er erzielt dabei einige Erfolge, braucht dafür aber einen langen Atem. Schließlich dauert es bis 2013. In diesem Jahr verbietet das Bundesverfassungsgericht jede weitere Überwachung Ramelows und hebt damit eine frühere Entscheidung des Bundesverwaltungsgerichts auf. Er sei unverdächtig, »Bestrebungen gegen die freiheitliche demokratische Grundordnung zu verfolgen«. Ramelow erfährt davon in einer Fraktionssitzung. Teilnehmer erzählen, er sei sichtlich gerührt gewesen. Auf Twitter tippt er eilig die Worte: »Über 30 Jahre wurde ich ausspioniert und ausgeschnüffelt! Zehn Jahre habe ich geklagt, nun höre ich, dass ich in Karlsruhe gesiegt habe.«

39 Wogawa, 2007.
40 Steffen Winter, Jagd auf den Verschwörer, Der Spiegel, 7. September 2005.
41 Ebd.

Im Visier der Neonazis

#NSU
#Spitzel

Das Jahr 1990 markiert einen neuen Zeitabschnitt und wird in Deutschland automatisch mit »der Wende« in Verbindung gebracht. 1990 ist auch im Hinblick auf den aufkeimenden Rechtsextremismus ein bedeutsames Jahr. Seitdem werden in Deutschland rechtsextreme Gewalttaten statistisch erfasst. Die offizielle Statistik zählt bis heute fast hundert Todesopfer, andere Statistiken gehen von doppelt so vielen Menschen aus, die aus einer rechtsextremistischen Motivation heraus ermordet wurden. Das Fanal setzten Neonazis mit Brandanschlägen auf Asylbewerberheime zu Beginn der 1990er Jahre. Die Pogrome in Rostock-Lichtenhagen und die Anschläge in Mölln und Solingen, bei denen Menschen im Feuer umkamen, sind Teil der tödlichen Geschichte.

In diese Zeit fällt eine Wanderausstellung des Hamburger Instituts für Sozialforschung über die Verbrechen der Wehrmacht. Die Ausstellung löst heftige Diskussionen aus. Sie ist nicht ganz fehlerfrei, das bringt zusätzlichen Zündstoff in die politische Diskussion. Grundsätzlich geht es aber um die Frage, ob und inwiefern Hitlers Armee einen verbrecherischen Krieg führte. Die Ausstellung kann als Versuch gewertet werden, mit dem Mythos einer »sauberen« Wehrmacht aufzuräumen, der heute noch in verschiedenen Gesellschaftskreisen am Leben erhalten wird. Diesem Mythos zufolge waren die Angehörigen der Wehrmacht im Zweiten Weltkrieg gehorsame oder wahlweise auch tapfere Soldaten, die mit den Verbrechen des NS-Staates nicht in Verbindung zu bringen sind.

1996 kommt die Ausstellung nach Erfurt. Zu dieser Zeit ist Bodo Ramelow noch Gewerkschaftsfunktionär. Hinter ihm liegen die Streitereien rund um das Denkmal für den unbekannten Wehrmachtsdeserteur, vor ihm die Erfurter Erklärung. Es befindet sich in einer Art Inkubationszeit, in der die Entscheidung reift, in die Politik zu wechseln. Am letzten Tag der Ausstellung, an einem Junitag, hält sich Ramelow im Gewerkschaftshaus auf, wo die Ausstellung gezeigt wird. Er hört, wie plötzlich Unruhe aufkommt. »Ich saß noch am Schreibtisch, als die Meldung kam, da unten wird gerade die Ausstellung zerstört. Und ich rase los, rase runter, benachrichtige gleichzeitig die Polizei, und sehe, da steht ein alter Mann mit der Spraydose. Ich gehe auf ihn zu, halte ihn am Arm fest, was mir dann später eine Anzeige von ihm wegen Gewalttätigkeit einbrachte. Ich ahnte, dieser alte Mann, das muss der Rechtsterrorist Manfred Roeder sein.«[42] Tatsächlich ist es Roeder. Er wird später im September zu einer Geldstrafe wegen Sachbeschädigung verurteilt, weil er »Lüge« auf die Ausstellungstafeln gesprüht hatte. Zum Prozess kommen einige Männer aus Roeders Gefolgschaft, entrollen ein Transparent mit der Aufschrift »Unsere Großväter waren keine Verbrecher«.[43]

Unter den Prozessbesuchern sind auch zwei Männer, die fünfzehn Jahre später als politisch motivierte Serienkiller für weltweites Aufsehen sorgen. Uwe Mundlos und Uwe

42 Nils Werner, Wie Bodo Ramelow vom NSU beobachtet wurde, MDR, 2019.
43 Die Wehrmachtausstellung und das weitverzweigte Netz der Neonazis, MDR, 2019.

Böhnhardt sind zu diesem Zeitpunkt noch am Anfang ihrer terroristischen Laufbahn. Zwei Jahre später werden sie untertauchen, vier Jahre später als Nationalsozialistischer Untergrund (NSU) in Aktion treten. Das alles kommt allerdings erst nach ihrem gewaltsamen Tod 2011 im thüringischen Eisenach an den Tag. Während des Roeder-Prozesses haben sie Ramelow im Auge. »Innerhalb dieses Prozesses merke ich, dass ich permanent von zwei Menschen verfolgt werde, die sehr nah an mir dran sind. Auch wenn ich aus dem Gerichtssaal rausgehe. Da hab' ich gespürt, das macht mir Angst. Das Signal war für mich eindeutig, das Signal war: Wir sehen dich, wir hören dich. Wir wissen, wer du bist. Wir wissen, wo du wohnst. Das war das Signal, unausgesprochen. Die haben kein Wort mit mir geredet.«[44] Ramelow versucht, das ungute Gefühl nicht an sich rankommen zu lassen. »Ich hatte das jahrelang verdrängt, um meine Seele zu schützen. Dann habe ich den *MDR* gebeten, die Filmaufnahmen aus dem Prozess herauszusuchen. Da sieht man sie, wie sie im Prozess hinter mir gehen und stehen.«[45]

Es gibt weitere Bedrohungen in dieser Zeit, die auf rechtsextreme Kreise zurückgehen könnten. Seinem HBV-Vertreter Angelo Lucifero werden die Bremsschläuche seines Autos durchgeschnitten. Im Keller der HBV-Gewerkschaft in Erfurt wird Feuer gelegt. Jemand bricht ins Gewerkschaftsbüro ein, um Ramelows Adressbuch zu stehlen. Einen Fall von Verharmlosung sieht Ramelow in der Täterklassifizierung nach einem Brandanschlag auf die Erfurter Synagoge im Jahr 2000. »Bitter war für mich«, schreibt er in seinem Online-Tagebuch, »wie die Täter im Nachgang schnell zu verwirrten Einzeltätern gemacht, die Taten damit regelrecht abgetan wurden. Spätestens in den Untersu-

44 Die Wehrmachtausstellung und das weitverzweigte Netz der Neonazis, MDR, 2019.
45 Ebd.

chungsausschüssen zum Terror des Nationalsozialistischen Untergrundes im Thüringer Landtag Jahre später spürten wir, wie falsch all diese Einordnungen waren.« Am Tag des Anschlags, die Täter waren noch nicht gefasst, bekommt Ramelow eine Nachricht auf den Anrufbeantworter, »wo mir

Demonstranten halten 2018 bei einer Kundgebung Abbildungen der NSU-Opfer hoch

jemand mitteilt, daß ich mit meiner Ermordung zu rechnen habe«.[46] Später stellt sich heraus, dass der Anrufer einer der Brandstifter war.

Der NSU-Terrorismus hat also ein Vorgeschichte. Sie ist teilweise verknüpft mit der unheilvollen Geschichte, die der Verfassungsschutz in Thüringen spielt – und die bis zum heutigen Tag nicht lückenlos erzählt werden kann, weil sie nie vollends aufgeklärt wurde. Eine der Schlüsselfiguren ist

46 Bodo Ramelow, Staatsgeheimnisse um NSU, in: Online-Tagebuch, 11. Januar 2013.

neben dem Thüringer Verfassungsschutzpräsidenten Helmut Roewer der Spitzel Tino Brandt. Der Neonazi und NPD-Landeschef, der in Bayern bereits eine Akte hatte, kommt 1994 nach Thüringen, wo er vom Landes-Verfassungsschutz als Vertrauensmann (V-Mann) angeworben und bezahlt wird. Bis zu seiner Enttarnung 2001 erhält er nach eigenen Angaben eine sechsstellige Summe. Er nutzt das Einkommen, um in den Aufbau des Thüringer Heimatschutzes (THS) zu investieren, der selbst zu einem Viertel mit V-Leuten durchsetzt ist, wie Ramelow 2014 in einer Rede zum Abschlussbericht des NSU-Untersuchungsausschusses darlegt. Dieser Heimatschutz ist gleichzeitig die Keimzelle des NSU, der später für zehn Morde und Dutzende Mordversuche verantwortlich gemacht wird. Brandt räumt selbst ein, die NSU-Terroristen auch noch im Untergrund unterstützt und dem Verfassungsschutz Hinweise geliefert zu haben, die aber vermutlich nicht verwertet wurden.

Während also verschiedene Kriminalämter im Dunkeln tappen und dabei ziemlich erfolglos sind, die Morde und sonstige NSU-Verbrechen wie verschiedene Banküberfälle aufzuklären, ohne einen Zusammenhang zu erkennen, hält die Thüringer Landesbehörde zumindest indirekt schützend die Hand über das NSU-Netzwerk. Die SPD-Politikerin Dorothea Marx, die im Thüringer Landtag den Untersuchungsausschuss »Rechtsterrorismus und Behördenhandeln« leitet, kommt 2014 zu der Einschätzung: »Die NSU-Verbrechen hätte es mit hoher Wahrscheinlichkeit nicht gegeben, wenn die Thüringer Behörden die zweifelsfrei vorhandenen Hinweise und Spuren aufgegriffen und die drei NSU-Aktivisten Böhnhardt, Mundlos und Zschäpe rechtzeitig gefasst hätten.« Der Abschlussbericht des Untersuchungsausschusses selbst hält fest: Die Häufung falscher oder nicht getroffener Entscheidungen ließe den Verdacht »gezielter Sabotage« zu. Die Geschichte der »betriebenen beziehungsweise nicht betriebenen Fahndung ist im Zusammenhang betrachtet ein einziges Desaster«.

Bodo Ramelow zieht aus der parlamentarischen NSU-Aufarbeitung mehrere Schlüsse. Thüringen bot sich aus seiner Sicht als Raum an, in dem sich die extreme und gewaltbereite Rechte vorbereiten konnte. Allerdings sieht er im Rechtsextremismus kein spezifisch thüringisches Phänomen. Viel zu wenig beleuchtet würden internationale Verbindungen etwa nach Polen und Südafrika, wo Übungsplätze von Rechtsterroristen lägen, schreibt er in seinem Online-Tagebuch.

Thüringen ist in den 1990er Jahren tatsächlich ein – aus dem Blickpunkt von Rechtsextremisten – gutes Pflaster. Eine Reihe älterer Neonazi- und Nazi-Größen, die bereits in den 1980er Jahren in der Bundesrepublik auffällig geworden waren, wurden auf die eine oder andere Weise in Thüringen aktiv. Das gleiche Bild auf der staatlichen Seite: Eine Reihe von Geheimdienstlern wechselte von West nach Ost. »Dabei stand nicht unbedingt die A-Liga auf der Transferliste.« Ramelow spricht in seinem Online-Tagebuch von »Westexporten«, sowohl was die Rechtsextremisten als auch die Geheimdienstler betrifft.

Damit widerspricht er dem vielzitierten Stigma, der Osten sei rechtsextrem. Er habe das Gefühl, »dass wir auch selber Teil eines Spiels geworden sind, eines bösen Spiels«, sagt er in seiner Landtagsrede zum NSU-Untersuchungsausschuss. Es ist nicht klar, worauf sich das »wir« bezieht. Gemeint sein könnten »die Thüringer« oder »die Ostdeutschen«, ebenso der politische und exekutive Apparat in Thüringen. Auf alle Fälle schließt sich Ramelow mit dem »wir« ein und verweist damit indirekt darauf, dass auch für ihn vieles erst in den 2000er Jahren oder noch später im Zusammenhang mit der Aufklärung des NSU-Komplexes in den 2010er Jahren klar wurde.

»Das ist also nicht aus dem Nichts entstanden, sondern es gibt einen langen Vorlauf«, erklärt er in seiner Rede. Den Anfang sieht er 1992 in »dem größten Nazi-Aufmarsch, den es nach 1945 in Deutschland gegeben hat«. Damals wurde eine Demonstration zum Hess-Gedenktag im bayerischen Wunsiedel verboten. Die Neonazis wichen ins thüringische Rudolstadt aus. Da »hatten wir sie auf einmal hier«. An diesem Marsch beteiligen sich auch eine Reihe von Männern, deren Namen in der unheilvollen Geschichte auftauchen, die den Verfassungsschutz mit dem NSU verbindet. Einer von ihnen ist Tino Brandt, den Ramelow in seinem Online-Tagebuch als »Turbolader für den NSU« bezeichnet. Zeitlich steht die Kundgebung in nahem Zusammenhang mit dem Pogrom von Rostock-Lichtenhagen, wo mehrere Hundert Rechtsextremisten und etwa 3000 applaudierende Zuschauer eine Aufnahmestelle für Asylbewerber und ein Wohnheim für ehemalige vietnamesische Vertragsarbeiter belagern.

Polizei und Feuerwehr wurden damals stark in ihrer Arbeit behindert, zeitweise zogen sie sich sogar zurück. Ramelows Schlussfolgerung: »Es ist also keine ostdeutsche Entwicklung, sondern es ist eine gesamtdeutsche Entwicklung, die sich auf einmal Bahn gebrochen hat und hier auf Behördenstrukturen traf, die offenkundig nicht damit umgehen konnten oder auch nicht umgehen wollten.«[47] Im besten Fall war »Schlamperei«[48] am Werk und die Behörden überfordert, im schlechtesten wurden sie instrumentalisiert oder spielten sogar aktiv mit. In diesem Zusammenhang verweist Ramelow in der Landtagsrede auch auf »einzelne Geheimdienstmitarbeiter, die aus anderen Bun-

47 Rede zum Abschlussbericht des NSU-Untersuchungsausschusses am 22. August 2014.

48 Bodo Ramelow, Staatsgeheimnisse um NSU, in: Online-Tagebuch, 11. Januar 2013.

desländern hierhergekommen sind«. Womit er seine These untermauert, dass es sich um ein gesamtdeutsches Phänomen handelt.

Der Untersuchungsbericht 2014 lässt viele Fragen offen. Nach 2014 – Thüringen wird jetzt von Rot-Rot-Grün regiert – wird ein zweiter Untersuchungsausschuss eingesetzt, der sich mit derselben Materie beschäftigt. Und Ramelow kommt zu einem ähnlichen Ergebnis. Dem *ZDF* sagt er: »Es bleibt der Eindruck, dass alles, was wir über das rechte Netzwerk wissen, nur der Spitze eines Eisberges ähnelt.«

Was sich aber in diesen Jahren verändert, ist sein Verhältnis zum Verfassungsschutz, den er 2012 in der Opposition noch am allerliebsten abgeschafft hätte. Damals stellte die Linke einen entsprechenden Antrag, der vom Landesparlament mehrheitlich abgelehnt wurde. Für den Ramelow im Vorfeld in seinem öffentlichen Tagebuch auch wirbt: »Verfassungsschutz abschaffen – jetzt!« Am Beispiel von Thüringen ließe sich zeigen, »wie ›linke Verfassungsfeinde‹ von ›Verfassungsschützern‹ konstruiert wurden, um sie anschließend bekämpfen zu können. Die eigentliche Gefahr für die Demokratie und den Rechtsstaat sind solche unkontrollierbaren geheimen Strukturen. Wir sagen daher Nein zu jedem Geheimdienst.« Später, in einer Koalition mit SPD und Grünen, generiert sich aus dieser radikalen Forderung eine Reform. Eine der ersten Regierungshandlungen von Rot-Rot-Grün ist die weitgehende Abschaltung der V-Leute im Thüringer Verfassungsschutz. 2015 bekommt die Behörde mit Stephan J. Kramer einen neuen Chef, der zwar nicht strikt gegen den Einsatz von V-Leuten ist, darin aber ein »hochgradig gefährliches Instrument« erkennt, wie er in einem Gespräch mit dem *Deutschlandfunk* betont.

Die plötzliche Zurückhaltung ab 2014 in der Frage, ob der Verfassungsschutz abgeschafft werden sollte, gehört zu den Widersprüchen in Ramelows Leben. Zwar lässt sich die Wandlung durch die Regierungsverantwortung und die Rücksichtnahme auf die Koalitionspartner erklären, aber ein Widerspruch bleibt es trotzdem. Seine Partei, die er nur noch als Parteipolitiker, aber nicht mehr als Ministerpräsident vertritt, setzt sich nach wie vor für die Abschaffung des Geheimdienstes ein. In einem Themenpapier stellt die Fraktion im Bundestag unmissverständlich klar: »Die Linke möchte das V-Leute-Wesen sofort beenden und den Verfassungsschutz abschaffen. An Stelle des Verfassungsschutzes soll eine Informations- und Dokumentationsstelle für Menschenrechte, Grundrechte und Demokratie in Bund und Ländern geschaffen werden.«

Ramelows Ablehnung, die sich nach 2014 nur noch abgemildert als Skepsis artikuliert, ist nicht rein politischer Natur. Sie ist auch von seinen persönlichen Erfahrungen geprägt. Das ist zum einen die jahrelange Überwachung, die ihm und anderen Mitgliedern der Linken zuteilwurde. Darüber hinaus gibt es aus seiner Sicht ausreichend viele Anhaltspunkte, dass unter der CDU-Herrschaft in Thüringen Mitarbeiter des Verfassungsschutzes gegen die Opposition arbeiteten, Oppositionelle womöglich sogar persönlich attackierten. In seinem öffentlichen Tagebuch beschreibt er die Zeit im Jahr 1995, in der er sich für das Wehrmachtsdeserteur-Denkmal einsetzte. Der Thüringer Nazi und V-Mann Thomas Dienel soll damit angegeben haben, Geld vom Amt bekommen zu haben, »um Flugblätter gegen die Gewerkschaft Handel, Banken und Versicherungen zu produzieren, deren Landesvorsitzender ich war.« Man habe Dienel sogar beim Verfassen der Flugblätter geholfen. »In allen Briefkästen in Erfurt steckten diese Schmutzblätter, bezahlt mit Steuergeldern – eine staatlich finanzierte braune Kampagne. Und in den Akten der NSU-Untersuchungsausschüsse finden sich Belege, dass der THS-Chef Brandt

Störaktionen gegen die damalige PDS mit dem Verfassungsschutz abgesprochen habe.«

1997 sorgte die Erfurter Erklärung für Aufsehen. Als Replik erschien im Bundestagswahlkampf 1998 die Schrift *Verdeckte Verführung*, die in einem CDU-Werbemittel-Katalog unter der Rubrik »Politische Gegner« als Dokumentation angeboten wird. 25 Stück für 25 Mark. Eine Kurzfassung davon ging mit einer 25 000er-Auflage in Druck. Es war ein Baustein in der Richtungswahlkampf-Kampagne der CDU, die verdeutlichen sollte, »daß es die ›SPD pur‹ oder die ›brave SPD‹ mit einem ›Neue-Mitte-Kanzler‹ Schröder nicht geben werde«, wie es 1998 in einem Bericht der CDU-Bundesgeschäftsstelle formuliert ist. Deshalb »musste sich die Angriffsstrategie der CDU unvermeidlich auf die Bündnispartner richten. Die Alternative zur bestehenden Regierung bedeutet Rot-Grün, unter Umständen sogar ein rot-grün-dunkelrotes Bündnis.«[49]

Für die *Verdeckte Verführung* schreibt der Thüringer CDU-Chef und Ministerpräsident höchstselbst das Vorwort. Bernhard Vogel verweist auf die vermeintlichen Gefahren, die gleichermaßen von rechts- wie linksextremer Seite drohten. »Nach dem Zweiten Weltkrieg bestand Einigkeit unter allen Demokraten: nie mehr dürfen extreme Kräfte, dürfen radikale Parteien ob von links oder von rechts, eine Chance bekommen.« Die SPD rutscht aus dieser Perspektive in die Rolle der Verführten, die PDS ist die Verführerin. Die Erfurter Erklärung sei »ein kühl kalkulierter Schachzug von PDS-Strategen auf dem Weg zu einer anderen Republik«, schreibt Vogel. Auf einer Wanderung, wo Vogel von Journalisten begleitet wird, spricht er der PDS die demokratische Legitimität ab und warnt die SPD. In affir-

49 Bericht der CDU-Bundesgeschäftsstelle zum 11. CDU-Parteitag in Bonn 1998.

mativem Tonfall berichtet ein *Welt*-Reporter: »Vogel muß registrieren, daß auch bei der SPD Thüringens die Berührungsängste spürbar schwinden. ›Wie die Dinge gegenwärtig stehen‹, sagt er und stößt mit dem Stock heftiger in den weichen Waldboden, ›neigen die Sozialdemokraten unverständlicherweise und unbegreiflicherweise eher zu Linksbündnissen als zu demokratischen Koalitionen.‹ Der Boden wird morastiger, Waldarbeiter haben mit schwerem Gerät Matsch und Pfützen hinterlassen.«[50]

Die Broschüre *Verdeckte Verführung* bekommt in den Medien keine gute Kritik. »Die Verzweiflung muß der CDU die Feder geführt haben, als sie ihre Wahlkampfbroschüre gegen die PDS zu Papier brachte«, schreibt *Die Zeit* in einer Rezension. Das eigentliche Ziel der Broschüre sei, zu beweisen, dass die Erfurter Erklärung von der PDS gesteuert werde, schreibt die *Frankfurter Allgemeine Zeitung*, die nicht im Verdacht steht, eine rot-rot-grüne Koalition zu favorisieren. »Diese These wird in der Broschüre nicht belegt, sondern man beschränkt sich letztlich auf die Argumentation: Es muss so sein, weil Kommunisten schon immer andere Gruppen und Organisationen unterwandert haben. Überhaupt scheinen in der Broschüre, insbesondere im Hauptteil, verfasst von Patrick Moreau, wenig Kenntnisse über das Innenleben der PDS auf.«

Zur Erinnerung: Unter dem Pseudonym Peter Christian Segall verfasste Moreau 1999 die Schrift *Transmissionsriemen der Postkommunisten?*, in der auf Ramelows Marburger Vergangenheit hingewiesen wird. Die inhaltlichen und stilistischen Ähnlichkeiten zu den Formulierungen in Verfassungsschutzberichten über Ramelow sind frappierend. Auch wenn der Verfassungsschutz bestreitet, Informatio-

50 Peter Schmalz, Bernhard Vogel legt ein forsches Tempo vor, in: Die Welt, 12. Oktober 1998.

nen an Moreau weitergegeben zu haben – Ramelow ist sich sicher, dass er es wohl tat. Mit Bezug auf die Broschüre *Verdeckte Verführung* schreibt er: »Material dafür stammte aus Akten des Verfassungsschutzes.«[51] Möglicherweise lief es aber auch genau umgekehrt, nämlich dass Moreau den Verfassungsschutz fütterte.

Die Person Moreau ist auf jeden Fall interessant, wenn es darum geht, die unglückliche Verbindung von Verfassungsschutz und Politik zu erhellen. Wie bereits beschrieben: Moreau erhielt mehrfach Aufträge des Thüringer Verfassungsschutzes. Laut Ramelow hielt er Vorträge beim Thüringer Landesamt, war »wissenschaftlicher Kurator« eines Symposiums und veröffentlichte in der Erfurter Heron Verlagsgesellschaft. Der Heron-Verlag wiederum kann dem Bericht eines NSU-Untersuchungsausschusses zufolge als Tarnunternehmen des Thüringer Verfassungsschutzes angesehen werden.[52]

Die unheilvolle Allianz aus Politik und Verfassungsschutz hat Ramelow zufolge strukturelle Ursachen: Der Thüringer Landesregierung unter Bernhard Vogel sei es darum gegangen, die Linke zu bekämpfen, während sie auf dem rechten Auge blind gewesen sei. Nun ist das keine überraschende Denkfigur im Diskurs sozialistischer und linkslibertärer Kreise. Sie ist das Pendant zur Anti-These, der Staat sei auf dem linken Auge blind. Oder, wenn man so will, die Gegenidee zum Hufeisenmodell der rechtskonservativen Extremismusforschung. Sie besagt: Die Extreme von rechts und links schließen sich keineswegs aus, sondern haben Schnittmengen. Wie die Pole eines Hufeisens stehen sie sich sehr viel näher, als die lineare Vorstellung

51 Bodo Ramelow, Staatsgeheimnisse um NSU, in: Online-Tagebuch, 11. Januar 2013.
52 Thüringer Landtag, Parlamentarische Dokumentation, Untersuchungsausschuss 5/1.

in einem Rechts-Links-Schema erahnen ließe. Beide brauchen sich sogar, um sich gegenseitig zu nähren. Ramelow fasst das in seinem Tagebucheintrag »Staatsgeheimnisse um NSU« kürzer: »Das politische Konzept der Thüringer Landesregierung lautete: Links gleich Rechts. So konnte man Linke delegitimieren und Rechte verharmlosen. In der Mitte stand die sich bürgerlich gebende CDU.«[53] Im Prinzip ist das auch der Kernsatz der Wahlkämpfe von CDU und FDP in Thüringen bis in den Herbst 2019. Selbst der gescheiterte Versuch im Januar 2020, Kemmerich mithilfe der AfD als »bürgerlichen Kandidaten der Mitte« dauerhaft in den Ministerpräsidenten-Sattel zu hieven, wurde so begründet.

Als Zeuge für die »Auf dem rechten Auge blind«-These ruft Ramelow den früheren Vorsitzenden der jüdischen Landesgemeinde in Thüringen, Wolfgang Nossen, auf. Nossen zufolge besteht »das eigentliche Problem in Deutschland darin, daß als Staatsräson gelte: Der Feind steht links, und Feinde werden mit allen zulässigen und sonstigen Mitteln bekämpft. Rechts sei die ›bucklige Verwandtschaft‹, die könne man sich nun einmal nicht aussuchen – mit ihr gehe man etwas pfleglicher um.« Ramelow spitzt diesen Gedanken zu. Die Blindheit auf dem rechten Auge führt seiner Meinung nach sogar zu einer »Kumpanei der Sicherheitsbehörden mit Neonazis«.[54]

Die Geschichte des Rechtsextremismus in der Bundesrepublik beginnt nicht mit ihrer statistischen Erfassung 1990 und sie endet nicht mit dem ersten Jahrzehnt des 21. Jahrhunderts. Dem Verfassungsschutzbericht 2019 zufolge stieg die Zahl der erfassten Delikte im Vergleich zum Vorjahr von 19 409 auf 21 290. Davon zwei äußerst schwere Straftaten: der Mordfall Walter Lübcke und das Attentat von Halle. We-

53 Thüringer Landtag, Parlamentarische Dokumentation, Untersuchungsausschuss 5/1.
54 Ebd.

nige Monate später dann der rechtsextreme Amoklauf in Hanau. »Wir erleben eine Form der Duldung, Unterstützung und möglicherweise auch Mittäterschaft«, sagt Ramelow in einem *SWR*-Radiointerview. Die Struktur ginge »bis in die staatlichen Stellen hinein«. Die Aussage, geäußert im Juli 2020 anlässlich der Vorstellung des Verfassungsschutzberichts, hätte er vermutlich genauso auch im Jahr 2011 treffen können, als die Aufarbeitung der NSU-Morde begann.

Der lange Weg in die Partei

#Bischofferode
#ErfurterErklärung

Es war einer der großen und zugleich tieftraurigen Momente des Ostens während der Jahre der Transformation: Arbeiter gehen gegen den Ausverkauf ihres Salzbergwerks in den Hungerstreik. Ein hochemotionales Erlebnis für alle Beteiligten, dass bei vielen bis heute in den Biografien nachwirkt. Ein Wendepunkt im Leben auch für Ramelow, der für die Bergarbeiter trotz der Streikniederlage einen Sozialplan herausholt. Es ist ein erster Schritt in die Politik. Was beide – den Gewerkschafter und den Politiker – auf jeden Fall verbindet, ist die Kunst, »das kleinere Übel« in Kauf nehmen zu können.

Zugleich ist Bischofferode ein wichtiger Meilenstein in Ramelows privatem Leben. Er selbst drückt es mit viel Pathos aus: »Diese Erinnerungen sind für mich ein Teil meines Lebens, es ist eine Grundlage meines heutigen Lebens. Da steckt die Kraft drin, auf die ich vertraue: die Kraft der Menschen.«[55] Zudem ist es der Beginn einer Rückkehr – zu »seiner« Kirche, wie er sagt. Wenn er von »seiner Kirche« spricht, dann bedeutet das eine Kirche, die sich gesellschaftlich und politisch einmischt.

55 Bodo Ramelow: der Kämpfer für Bischofferode, MDR, 2020.

Im Rückblick betrachtet ist Bischofferode deshalb weit mehr als eine singuläre Gewerkschaftsaktion. Wie sehr dieser Arbeitskampf auf Ramelows politischen Werdegang Einfluss hatte, zeigt eine Symbolhandlung mehr als zwanzig Jahre später. Ramelow befindet sich mitten im Wahl-

»Glück auf, der Steiger kommt«, Vorspiel zum Wahlsieg, März 2014

kampf 2014. Er schickt sich an, erster Ministerpräsident zu werden, den die Linke stellt. Zunächst einmal soll er aber Spitzenkandidat seiner Partei werden. Es ist eine Veranstaltung Ende März im Erfurter Kaisersaal, einer barocken Räumlichkeit, wo sonst Narrensitzungen und Jugendweihen stattfinden, wo aber auch schon Geschichte geschrieben wurde, etwa als sich Napoleon 1808 mit Zar Alexander auf einem Fürstenkongress traf oder die SPD 1891 ihr Erfurter Programm verabschiedete. Auf der Versammlung wird Ramelow wie geplant zum Spitzenkandidaten gewählt. Er bekommt 93,2 Prozent. Beifall im Saal. Und plötzlich ziehen Bergmänner auf und singen »Glück auf, der Steiger kommt«. Es sind die alten Kumpel aus Bischofferode, die ihre Bergkittel angezogen haben und durch den Saal marschieren. Stolz hält Gerhard Jüttemann, zur damaligen Zeit stellvertretender Betriebsrat, das eine Ende eines grellgelben Plakats in den Händen, das andere Ende bekommt Ramelow in die Hand gedrückt. Es erinnert farblich ein wenig an ein Anti-AKW-Plakat, aber die Aufschrift sendet eine andere Botschaft: »Bischofferode ist überall!« Ramelow bekommt eine Grubenlampe geschenkt – die Erinnerung, dass er sich zwei Jahrzehnte zuvor für die Kalikumpel eingesetzt hatte, lebt. Zumal es erst wenige Tage her ist, dass der Geheimvertrag aus dem Jahr 1993 an die Öffentlichkeit kommt, der seinerzeit das Aus für Bischofferode bedeutete.

Die Mitgliederzeitung der Linken in Thüringen, der *Linksblick*, lässt in seiner nächsten Ausgabe den Abend Revue passieren: Seit Anfang der 1990er Jahre habe sich Ramelow als Gewerkschafter für die Rechte der kleinen Leute eingesetzt, »für diejenigen, die keine Lobby haben«. Ein Kümmerer in der Kümmererpartei – das ist das Narrativ, das bedient wird, das Signal, das von der Veranstaltung ausgehen soll. In Bischofferode hatte Ramelow auf sich aufmerksam gemacht als jemand, der auch gegen die Interessen der West-Gewerkschaft sprichwörtlich bis zum letzten Tag mit den Bergarbeitern zusammen war. Was aber ist passiert zwischen Bischofferode 1993 und der Inthronisierung Ramelows 2014? Wie wurde aus dem politisierten Gewerkschafter ein Politiker?

Auf die Frage von Jörg Kachelmann in der *MDR*-Sendung *Riverboat*, ob er früher schon daran gedacht hätte, Ministerpräsident zu werden, antwortet Ramelow kurz, aber klar: »Nie!«. »Wenn mir jemand vor zehn Jahren gesagt hätte, dass ich Ministerpräsident werde, den hätte ich vielleicht für etwas behandlungsbedürftig gehalten.« Das war im Januar 2019.

Will man Ramelows Eintritt in die Politik an einem Datum festmachen, könnte man den Eintritt in eine politische Partei nehmen. Er war über vierzig, als er diese Entscheidung 1999 traf. Es lohnt sich, weitere zwanzig Jahre zurückzuspulen, um zu sehen, wie weit Ramelow davon entfernt war, sich parteipolitisch zu engagieren. Er befindet sich gerade im Bewerbungsverfahren um die Stelle als Gewerkschaftssekretär. Es ist der Beginn der 1980er Jahre. Im Bewerbungsbogen taucht die Frage nach der Parteizugehörigkeit auf. »Da hab' ich einen Strich gemacht.« Eine weitere Frage zielt darauf ab, mit welcher Partei der Kandidat sympathisiere. »Da hab' ich ein Fragezeichen gemacht.« Im Bewerbungsgespräch sei alles gut gelaufen, erinnert sich Ramelow, bis der Personalvorstand zum Ende hin dann doch noch auf jene Fragen zu sprechen kam. Ramelow gibt das Gespräch wie folgt wieder:

Interviewer: »Auf dem Personalbogen ist noch was, darüber müssen wir reden. Da hast du einen Strich und ein Fragezeichen gemacht.«

Ramelow: »Ist gut, dass du's ansprichst. Ich hätte es fast vergessen. Aber ehrlich gesagt, was geht euch meine Parteimitgliedschaft an? Das geht euch gar nichts an. Ich hab' jetzt mal 'ne Frage an euch: Ich bin ja immer noch Betriebsratsvorsitzender in einem Handelsbetrieb. Stellt euch doch mal vor, mein Chef würde diese Frage in seinem Personal-Fragebogen stellen. Und ich würde mich an euch als Gewerkschaft wenden. Was würdet ihr mir raten? Wie soll ich damit umgehen?«

Ramelow denkt damals, dass damit die Anstellung erledigt war. »Gut«, sagt er sich, »das war's jetzt. Also wenn es daran scheitert, auch nicht schlimm.« Aber es kommt anders: »Sie riefen mich wieder rein und sagten, ja, wir versuchen es mit dir.«

Ihm wird allerdings nahegelegt, der SPD beizutreten. Immer mal wieder habe er den Aufnahmeschein hingelegt bekommen. Ein paar Monate später wurde ihm angeboten, er könne auch CDU-Mitglied werden. Das wäre unter taktischen Gesichtspunkten sogar karrierefördernd, legt man ihm nahe. Ramelow lehnt ab. Das Motiv für die Parteilosigkeit war kein ideologisches, sondern nach eigenem Bekunden sehr viel einfacher: Es war Desinteresse. Der frühe Ramelow schert sich nicht um Parteipolitik. »Meine Position war, ich bin Gewerkschafter und das reicht mir für das, was ich an innerer Ausprägung habe.«

Anderthalb Jahrzehnte später: Es ist das Jahr 1994. Die schmerzhaften Ereignisse in Bischofferode liegen fast ein halbes Jahr zurück. Noch immer ist der inzwischen 38-jährige Ramelow ein Gewerkschafter ohne Ambitionen, in die Politik einzusteigen. Aber er nähert sich bereits an. Am 1. Mai tritt er neben Gregor Gysi und Gerhard Jüttemann als Redner auf die Bühne. Auch die spätere PDS-Chefin Gabriele Zimmer ist dabei. Tausende hören zu: Es ist die zentrale Maifeier der PDS in Erfurt. Ein Fingerzeig aus der Zukunft, wenn man es retrospektiv so betrachten will.

Im November findet Ramelow ein neues Betätigungsfeld – in der Initiative für das Denkmal, das dem unbekannten Wehrmachtsdeserteur gesetzt werden soll. An historischer Stätte: Auf dem Erfurter Petersberg, wo es ab 1939 ein Kriegsgericht gab, das nach Recherchen eines lokalen Geschichtsvereins 60 Todesurteile verhängte. Mehrere Zehntausend Deserteure sind in Deutschland insgesamt auf diese Weise ums Leben gekommen. Federführend in der Initiative ist der Kulturverein Mauerbrechen e. V., für den Ramelow steht, sowie das Bildungswerk des DGB. Ansonsten sind die Grünen und die Kirche mit im Boot – hier treffen Ramelow und Falcke wieder aufeinander – sowie der Bund der Antifaschisten, der über Jahrzehnte Beobachtungsobjekt des Verfassungsschutzes ist. Ramelow arbeitet im Hintergrund. Mit dem Kulturverein Mauerbrechen e. V. ist er

Bauherr. »Ich hab' persönlich dafür geradestehen müssen, dass dieses Denkmal korrekt gebaut und abgerechnet wird, es eine Abnahme durch den TÜV gibt. Baustatische Abnahmen – das war nicht ganz banal.« Im Vordergrund stehen Namen, die zu dieser Zeit eine stärkere Wirkung in der Öffentlichkeit entfalten: die Schriftsteller Ralph Giordano und Gerhard Zwerenz. Ersterer überlebte die Nazi-Zeit in einem Kellerversteck, Letzterer war selbst ein Deserteur. In der Unterstützerliste finden sich weitere prominente Namen, zum Beispiel Joschka Fischer, der wenige Jahre später Bundesaußenminister werden wird. Gabriele Zimmer, damals Landesvorsitzende der PDS, später für drei Jahre auch Bundesvorsitzende. Die Schriftstellerin Christa Wolf sowie Stefan Heym, einer der Lieblingsautoren Ramelows. Im Mai 1995 soll das Denkmal enthüllt werden – zum 50. Jahrestag der Befreiung, also dem Tag, an dem 1945 die Wehrmacht kapitulierte und der Zweite Weltkrieg beendet wurde.

Doch in Erfurt entflammt ein heftiger Streit über den Sinn eines solchen Denkmals. CDU-Oberbürgermeister Manfred Otto Ruge ist mehr als skeptisch, die SPD-Stadtratsfraktion nicht einig, PDS und Grüne sind dafür und die Erfurter CDU dagegen. Am Ende entscheidet der Stadtrat knapp für die Aufstellung des Denkmals. Doch die Diskussion geht weiter. Auch der Künstler Thomas Nicolai, der das Denkmal bauen soll, hat Probleme. Keine inhaltlichen, aber es ist abzusehen, dass er die Deadline nicht halten kann. Der Mai als Enthüllungstermin rückt in weite Ferne. Der September wird nun als neues Datum ins Auge gefasst.

Die Auseinandersetzung hat inzwischen die Landesebene erreicht. SPD-Innenminister Richard Dewes ist dafür, CDU-Ministerpräsident Bernhard Vogel dagegen. Dewes argumentiert, das Denkmal sei eine Chance, »historisches Gedächtnis an folgende Generationen zu übermitteln«. Er fragt: »Können wir tatsächlich die vermeintlichen Tugenden wie Ehre, Treue, Tapferkeit unkritisch hochhalten? Wir müssen doch vor allem der jungen Generation erklären, wie jene Tugenden von den Nazis missbraucht wurden.«[56] Vogel dagegen meint: »Unter diesen Deserteuren waren Helden, die ihr Leben auf Spiel setzten, um ihrem Gewissen zu gehorchen. Aber es gab auch Deserteure, die ihre Kameraden im Stich ließen, die anderen Menschen Schaden zufügten beim Versuch, ihr eigenes Leben zu retten.« Er sei dagegen, »dass wir uns wieder auseinanderdividieren lassen«. Das Mahnmal kränke Menschen, die Angehörige im Krieg verloren hätten, weil sie als Soldaten gefallen seien.[57]

Es folgt ein langes Hin und Her, auch eine Kunstkommission ist involviert, die die Qualität des Denkmals anzweifelt und den Bau beinahe stoppt. Es gibt einen weiteren Stadtratsbeschluss, und dieses Mal ist er endgültig. Am 1. September 1995, zum Weltfriedenstag, wird das Denkmal an einem verregneten Tag tatsächlich enthüllt. Der Streit versiegt. Ein viertel Jahrhundert später »kräht kein Hahn mehr danach. Das Denkmal steht da oben und alle sagen, da gehört es auch hin, weil da sind die Soldaten erschossen worden. Aber damals war das eine harte Auseinandersetzung«, sagt Ramelow.

Ramelow liebt die Auseinandersetzung. Er würde nie sagen, dass er sie ihrer selbst willen sucht. Auf die Frage, ob er es mag, sich zu raufen, sagt er: »Nicht als Selbstzweck. Also ich raufe nicht, nur weil ich raufen will, sondern weil ich etwas völlig falsch finde oder mich verletzt fühle.« Außerdem organisiert er gerne und ist ein Netzwerker. Alles das kann er in die Denkmal-Initiative einbringen. Es wird ihn später auch als Politiker ausmachen.

56 DGB-Bildungswerk Thüringen e. V., Kulturverein Mauerbrechen e. V. (Hg.), Denkmal für den unbekannten Wehrmachtsdeserteur, Dokumentation einer Erfurter Initiative, Erfurt, 1995.
57 Ebd.

Bodo Ramelow setzte sich vehement für das Denkmal ein, das dem unbekannten Deserteur gewidmet ist. Nach langem Streit wurde es im September 1995 enthüllt

In diesen 1990er Jahren erlebt Ramelow die Abwicklung von Bischofferode und vieler anderer Unternehmen. Bei der Sanierung der Konsumgenossenschaften, einer großen Handelskette in der DDR, erkennt er die Grenzen der Gewerkschaftsarbeit. »Bestimmte Sachen in meinem betrieblichen Kontext konnte ich nicht mehr regeln. Den innerbetrieblichen Raum habe ich genutzt, aber ich hätte den politischen gebraucht. Das Ergebnis war, dass die Konsumgenossenschaften reihenweise in Konkurs gegangen sind.« Man kann es auch anders ausdrücken: Er spürte schon, dass ihm das Spielfeld zu klein wurde für das, was ihm vorschwebte. Es reichte nicht mehr, weil sich das, was er als »innere Ausprägung« erkannte, offenkundig verändert hatte im Verlauf der Jahre. Das Hauptmotiv, so Ramelows eigene Einschätzung, habe sich aber nicht verändert. Sein Ziel sei »eine solidarischere Gesellschaft, eine Gesellschaft, die wieder auf mehr Gemeinsamkeit und Kooperation gründet. Das können Sie christlich begründen, das können Sie gewerkschaftlich begründen oder sozialistisch. Das spielt überhaupt keine Rolle. Es sind immer die gleichen Handlungsmotive.« Interessant an der Grammatik des Satzes ist der Komparativ »solidarischere«: Er spricht nicht normativ von einer solidarischen Gesellschaft, als gäbe es diese im Idealzustand, oder, gleichbedeutend, von der denkbar solidarischsten Gesellschaft überhaupt. Diese Bescheidenheit lässt auf eine gewisse Realitätsnähe schließen. Das »wieder« hingegen hat einen leicht nostalgischen Drall, denn es verbindet implizit die Aussage, dass es mal besser war.

Die »solidarische Gesellschaft« ist in den 1980er und 1990er Jahren der Gegenentwurf zum »Neoliberalismus« – ein Begriff, an dem sich heftige Debatten entzünden über die Frage, wieweit sich der Staat in das vermeintlich freie Spiel der Marktkräfte einmischen darf. In weiten Kreisen der Gesellschaft herrscht eine gewisse Angst, dass es mit der sozialstaatlichen Demokratie nicht mehr weit her ist. Auf diese Annahme baut auch ein Papier, das in Erfurt entsteht und für Schlagzeilen sorgen wird. Es ist das Jahr 1997. Noch immer ist der inzwischen 41-Jährige ein Gewerkschafter, der keine Ambitionen erkennen lässt, in die Politik einzusteigen. Doch die Erfurter Erklärung, an der er mitwirkt und die er mit unterzeichnet, bringt ihn genau dorthin. In die Politik. Und zwar in die große Politik.

Es ist der 9. Januar, die Umgebung symbolträchtig: Ausgerechnet im Erfurter Augustinerkloster wird jene Erklärung verlesen, also dort, wo einst Luther die Reformation ausbrütete und seine erste Messe hielt. In der Erklärung geht es um ein Projekt, das aus dem Blickwinkel der Tagespolitik in weiter Ferne liegt. Tatsächlich braucht es siebzehn Jahre, um Realität zu werden: Rot-Rot-Grün oder, etwas kryptisch und mit mathematischer Anmutung, R2G. Vorläufer der R2G-Koalition gibt es bereits: Von 1994 bis 1998 führt der inzwischen verstorbene Reinhard Höppner eine Minderheitsregierung, die von der PDS toleriert wurde.

Gewerkschafter Ramelow 1992 bei einer Demonstration für den Erhalt des Konsums

Klaus Wowereit regiert in Berlin von 2001 bis 2002 nach diesem Modell. Aber erst nach der Landtagswahl in Thüringen gibt es eine mehrheitsfähige Koalition aus diesen drei Parteien, vorgedacht in der Erfurter Erklärung 1997, umgesetzt 2014. Zwei Jahre später folgt Berlin, fünf Jahre später Bremen.

Die Erklärung, unterzeichnet von rund vierzig Menschen aus den Bereichen Politik, Kirche, Kunst, Gewerkschaft und Hochschule, beginnt mit einem apokalyptischen Bild und macht von Anfang an klar, dass es sich um eine politische Kampfansage handelt: »Die regierende Politik in unserem formal vereinten Land ist in einem Zustand von gnadenloser Ungerechtigkeit, Sozialverschleiß und fehlenden Perspektiven versunken.« Sie endet mit den Worten: »Wir brauchen eine andere Regierung. Lassen wir uns an der Schwelle zum neuen Jahrtausend den Wert von Visionen nicht ausreden, und beginnen wir zu handeln.«[58] Die Liste der Unterzeichner toppt die Liste derer, die sich für das Deserteur-Denkmal in Erfurt einsetzten, um einiges. Viele der Namen – meist Männer – sind in den 1990er Jahren Tagesgespräch am Mittagstisch – und das auch jenseits rein intellektueller oder politikinteressierter Kreise. Nobelpreisträger Günter Grass ist dabei, der Skandal-Intendant der Volksbühne Berlin, Frank Castorf, der Theologe Friedrich Schorlemmer und der Sänger der Ostrock-Kultband *City*, Toni Krahl. Der Theologe Heino Falcke ist auf der nationalen Ebene ebenfalls kein Unbekannter. Ramelow hat zu diesem Zeitpunkt schon bei vielen Ereignissen Spuren hinterlassen und sich in verschiedenen Kreisen einen Namen gemacht, aber er ist noch keine Galionsfigur. Er spielt seine Rollen vorwiegend außerhalb des Scheinwerferlichts. Als Mitinitiator und Vorbereiter der Erklärung gehört er aber nun zu denen, die ganz vorne stehen.

Die Text der Erklärung deutet die geistig-moralische Wende, von der Langzeitkanzler Helmut Kohl in den 1980er Jahren gesprochen hatte, in einen »geistig-moralischen Bankrott« um. Sie führt die zu dieser Zeit herrschende hohe Arbeitslosigkeit an, spricht von dem »massivsten Umverteilungsprozess von unten nach oben seit Bestehen der Bundesrepublik« und verweist auf »die Dramatik der Lebenssituation in den ostdeutschen Ländern«. Beschworen werden alte und neue Geister: »Die Erfahrung von 1968 und der Geist von 1989 sind für 1998 aufgerufen, den Machtwechsel

58 Erfurter Erklärung, 1997.

herbeizuführen.« Konkret gefordert werden die Bekämpfung der Massenarbeitslosigkeit, verkürzte Arbeitszeiten bei Lohnausgleich, eine soziale Mindestsicherung und, als grünes Element, die Beachtung der ökologischen Nachhaltigkeit und eine ökologische Steuerreform. Finanziert werden soll der gesellschaftliche Umbau durch die stärkere Besteuerung von Geldtransfers, Gewinnen, Groß-Erbschaften, Vermögen, Spekulationen mit Grund und Boden und Umweltzerstörung. Der Aufruf richtet sich explizit an SPD, Bündnis 90/Die Grünen und die PDS: »An alle drei Parteien: Sie dürfen der Verantwortung nicht ausweichen, sobald die Mehrheit für den Wechsel möglich wird.«

Die Erfurter Erklärung erzielt eine beachtliche Wirkung. Als der damalige Bundeskanzler Helmut Kohl im Oktober des gleichen Jahres seine erneute Kandidatur für das Bundeskanzleramt bekannt gibt, warnt er ausdrücklich vor dem Linksbündnis. Die Marschrichtung eines Großteils derer, die ein solches Linksbündnis unterstützten, sei spätestens klar, »seit der Entwurf der Erfurter Erklärung vom 9. Januar dieses Jahres vorgelegt wurde«, sagt er in seiner Rede. Der Text hätte einen »katastrophalen Eindruck in der deutschen Öffentlichkeit« hervorgerufen. Es gehe dort nicht nur um eine andere Politik, sondern »in entscheidenden Fragen auch eine andere Republik«. Etwas später spricht Kohl dann sogar von Verrat. Er arbeitet sich dabei vornehmlich an der SPD ab und spricht von »den Sozialdemokraten und ihren Helfern«, die verschleiern wollten, »was sie in den Jahren 1988, 1989 und zuvor getan haben, als sie die Einheit des Vaterlandes verraten haben. Verraten – kein anderes Wort ist angemessen!«[59]

59 Helmut Kohl, Protokoll des 9. Parteitags der CDU, 13.–15. Oktober 1997 in Leipzig.

Einige Monate später gehören die Unterzeichner der Erfurter Erklärung zu denjenigen, die gemeinsam mit der PDS, Gewerkschaftern, Studenten und Arbeitslosenverbänden zu einer Großdemonstration in Berlin aufrufen. Auch Teile der Kirche sind dabei. Die *taz* spricht von 40 000 Menschen, die dem Aufruf folgten, und zitiert Friedrich Schorlemmer, einen der wichtigsten Treiber in der DDR-Wendezeit: »Uns genügt nicht der Wechsel von Köpfen, wir brauchen einen Wechsel von Konzepten«, sagt er im Interview mit der *taz*.

1998 ist das Jahr, in dem sich Kohls Nimbus als »Einheitskanzler« erschöpft hatte und er abgewählt wurde. Die »Kohl muss weg«-Stimmung hatte zur Bundestagswahl im Oktober ausreichend viele Wähler mobilisiert, um der SPD ein sensationelles Wahlergebnis zu bescheren. Die Grünen gelangten erstmalig in eine Bundesregierung und die PDS schaffte die 5-Prozent-Hürde, die notwendig war, um überhaupt in den Bundestag einziehen zu können. Für Ramelow ist es gleichfalls ein bedeutsames Jahr, in das er als Gewerkschafter reingeht und als Politiker rauskommt. So sieht er es auch selbst. In Bezug auf die Erfurter Erklärung sagt er: »Ehrlicherweise ist da der Beginn«, den er 1999 »finalisiert«. In diesem Jahr wird er Mitglied der PDS, aus der später Die Linke wird.

Ramelow lässt sich also in immer stärkerem Maße mit der Politik ein, indem er die Grenzen der gewerkschaftsinternen Arbeit – Tarifverhandlungen, Betriebsabwicklungen – überschreitet. Es gibt aber auch einen negativen Impuls, der ihn aus der Gewerkschaft hinaustreibt. 1997 entsteht in den Dienstleistungsgewerkschaften die Idee, sich zusammenzuschließen. Im Folgejahr wird eine grobe Ideenskizze vorgestellt und das Projekt bis in das Jahr 1999 vorangetrieben. Es ist die Entstehungszeit von Verdi, das Akronym von Vereinte Dienstleistungsgewerkschaften. Neben der Deutschen Angestelltengewerkschaft, der Deutschen Postgewerkschaft, der IG Medien und der Gewerkschaft Öffentliche Dienste, Transport und Verkehr ist auch die Gewerkschaft Handel, Banken und Versicherungen (HBV) beteiligt, in der Ramelow Karriere gemacht hatte. Ramelow ist kein Freund von der Idee einer neuen Großgewerkschaft. »Mit Leidenschaft« habe er daran mitgearbeitet, »die HBV zu dem werden zu lassen, was sie war. Und ich hatte keine Lust, die Abwicklung dieser Gewerkschaft mit der gleichen Leidenschaft zu betreiben.« In Verdi sieht er eine Organisation, die sich von den Betrieben löst, um sich selbst zu optimieren, eine Organisation, »die sich um den eigenen Bauchnabel dreht. Das ist ein toter Vogel«.

Ramelow will das Gegenteil. Eine »kämpferische Organisation«, die die Betriebe stärker durchdringt, so wie er es schon in seiner Jugendzeit praktiziert hatte. Ramelow trifft eine wegweisende Entscheidung. Er verzichtet darauf, sich in den Veränderungsprozess einzubringen. »Da wollte ich keinesfalls mitmachen. Ich wollte nicht schweigend dabeisitzen und zuschauen, ich wollte aber auch nicht dagegen kämpfen. Das war einfach nicht mehr mein Weg.«

Zu diesem Zeitpunkt hätte es aber noch nicht die Politik sein müssen. Von der Handelskette Marktkauf, die heute zu Edeka gehört, kommt das Angebot, als Arbeitsdirektor in den Vorstand zu gehen. Ramelow kennt das Unternehmen, er hatte es als Gewerkschafter betreut. Es steht vor einer großen Umstrukturierung. »Ich hatte Lust auf was Neues, auf unternehmerische Tätigkeit. Und ich interessierte mich für Sanierungsarbeiten. Das war die Spezialität, die ich in den vergangenen zehn Jahren entwickelt hatte. Einen Blick zu entwickeln, wie man so einen Betrieb stabiler hinkriegt und dabei schwierige Phasen durchsteht.« Ramelow weiß aber auch, dass er die Seiten wechseln würde. »Mir war klar, das ist wirklich ein Frontwechsel.« Die Unternehmerseite will den Gewerkschafter unbedingt haben. Sie kennen ihn aus Tarifverhandlungen. »Die haben gesagt, ein harter Hund, aber für den Job goldrichtig.« Ausgerechnet im Betriebsrat trifft seine Personalie aber auf Widerstand. Ramelow verlangt jedoch ein einhelliges Votum der Betriebsräte, weil ein harter Umbau bevorsteht. »Ich brauchte die Arbeitnehmer. Ich wollte den Umbau nicht gegen die Arbeitnehmer machen. Und so, wie das Unternehmen aufgestellt war, hatte es keine Chance.«

Am Ende des Tages entscheidet sich Ramelow gegen den Job in der Wirtschaft und für die Politik. Es geht alles sehr schnell. Anfangs ist es eine »geheime Kommandosache«, die zwischen Ramelow, Dieter Hausold, dem damaligen PDS-Chef in Thüringen, und seiner Vorgängerin und der späteren Bundesvorsitzenden Gabriele Zimmer ausgeknobelt wird. Zu diesem Zeitpunkt ist Ramelow noch kein Mitglied in der PDS und hat auch noch nicht vor, es zu werden. Aber er fängt damit an, sein Leben umzustellen. Seine Gewerkschaftsarbeit macht er weiter, aus der Verdi-Fusionsdiskussion hält er sich aber raus. Der Plan ist, als Parteiloser auf der PDS-Liste in den Landtag einzuziehen. Irgendwann sickert durch, dass ein Gewerkschafter auf einem aussichtsreichen Listenplatz kandidiert. Im Verdacht steht der Thüringer DGB-Chef Frank Spieth. »Keiner wusste, dass ich es war. Umso größer war der Knaller, als ich bekannt gab, dass ich kandidiere.«

Es ging ihm weder um eine Partei- noch um eine politische Karriere, erklärt Ramelow heute. Er fühlte sich sogar wohl bei dem Gedanken, »aus dem Rampenlicht einer Leitungsfunktion zu kommen, aus diesem ›immer alles alleine entscheiden müssen‹. Ich war froh, dass ich dort in einem größeren Laden war. Die Position des Stellvertreters war für mich eine gute Option, und das hab' ich dann ja auch eine Zeit lang durchhalten können.« Der letzte Auslöser dafür, dass Ramelow seine Parteilosigkeit aufgibt, ist der Bundeswehreinsatz im Kosovokrieg, gegen den es zu dieser Zeit viele Demonstrationen gibt, auf denen auch Ramelow marschiert. Die Bombardierung der Brücke von Varvarin in Serbien durch die Nato, bei der viele Zivilisten umkommen, untermauern seine Entscheidung: Im Frühjahr 1999 tritt er der PDS bei.

In Ramelows PDS-Aufnahmeschein steht, dass er der Partei beitrete, um zu helfen, eine gesamtdeutsche Linke, links von der Sozialdemokratie, dauerhaft zu etablieren. »Nicht um die SPD zu ärgern«, erklärt er, »sondern weil ich immer davon überzeugt war, dass die SPD Konkurrenz von links braucht. Und zwar nicht, weil ich sie kannibalisieren wollte, sondern weil sie sich selber auf einen Weg gemacht haben, den ich falsch fand.«

Im Juni 1999 wird er in den Thüringer Landtag gewählt und ist bis 2001 stellvertretender Fraktionsvorsitzender. Er entwickelt einen für Thüringen neuen Politikstil, wie er selbst sagt. Er ist aggressiv und er ist präsent, vor allem in den »neuen Medien«, wie seinerzeit das Internet und die sozialen Netzwerke bezeichnet wurden. Man verpasst Ramelow den Spitznamen »Mister Internet«. Er wird zu einem »Schreckgespenst der etablierten Politik, auch zum Leidwesen meiner Fraktion«. Da sei man häufig »angefressen« gewesen über seine Aktionen. Es gibt Klagen – echte Klagen. Die Rechtsanwaltskosten für die PDS-Fraktion schnellen in die Höhe. Ramelow: »Ich weiß noch, da gab es zwei oder drei Fraktionssitzungen, da wurde gefragt, ob das alles wirklich notwendig wäre, auch wegen der Rechtsanwaltskosten.« Ramelow ist sich sicher, dass in dieser Zeit die Weichen für spätere Wahlerfolge gestellt wurden. »Thüringen war immer das Sorgenkind der PDS, hatte immer schlechte Wahlergebnisse. In dieser Zeit änderte sich das.«

Ein Jahr später verabschiedet sich Gabriele Zimmer in die Bundespolitik. Neuer Fraktionschef wird Werner Buse, allerdings nur für kurze Zeit. Im November 2001 übernimmt Ramelow den Vorsitz der Landtagsfraktion. 2004 kürt ihn seine Partei zum Spitzenkandidaten für die Landtagswahl. Er gewinnt in Erfurt das Direktmandat und wird im neuen Landtag erneut Vorsitzender der PDS-Fraktion. Stieg die PDS bereits 1999 zur zweitstärksten Fraktion im Landtag auf, kann sie das Ergebnis 2004 noch steigern, während CDU und SPD massiv verlieren. Es ist das beste Ergebnis, dass die PDS bei Landtagswahlen bis dato je einfuhr.

Sein Talent für Wahlkämpfe und -siege bringen ihn nach Berlin. Ramelow, inzwischen 48 Jahre alt, wird von Lothar Bisky, damals PDS-Vorsitzender auf Bundesebene, in die nationale Politik gelotst. »Lothar Bisky kam auf mich zu und sagte: ›Also, du musst Bundeswahlkampfleiter werden.‹ Sag ich, ›ich will nicht Bundeswahlkampfleiter werden, ich will auf Bundesebene gar nichts werden‹. Daraufhin Bisky: ›Ja, aber du musst deinen Beitrag leisten, dass sich die Partei wieder stabilisiert.« Ramelows Mission war klar, nachdem die PDS bei den Bundestagswahlen 2002 nicht die Fünf-Prozent-Hürde geschafft hatte: Er sollte die Partei zurück ins Bundesparlament managen.

Das gelingt. Die PDS bekommt mehr als doppelt so viele Stimmen als drei Jahre zuvor. Er selbst zieht ebenfalls in den Bundestag und legt sein Landtagsmandat nieder. In Berlin wird er zum stellvertretenden Fraktionsvorsitzenden gewählt und bekommt eine Aufgabe, für die ihn vermutlich niemand beneidet: Die Zusammenführung von WASG und PDS zu einer neuen gesamtdeutschen Partei. Mehr Parteipolitik geht nicht. Das Risiko, zwischen den äußerst unterschiedlichen Milieus zermalmt zu werden und damit in jeglichem Sinne ein Schaden für immer davonzutragen – menschlich und karrieremäßig – ist hoch. Ein Spiel mit dem Feuer. »Da ich ja sowieso schon Parteivorstandsmitglied und Bundeswahlkampfleiter war, hab' ich gesagt: ›Gut, dann gehen wir mal in die Verhandlungen‹.«

Ramelows Vorteil: Er weiß, wie unterschiedlich die beiden Parteien ticken. Die Partei »Arbeit & Soziale Gerechtigkeit – die Wahlalternative« (WASG) hatte sich 2005 als linke Oppositionspartei gegründet. Getragen wurde sie von enttäuschten Sozialdemokraten, die SPD-Bundeskanzler Gerhard Schröder die Hartz IV-Politik übel nahmen, Altkommunisten aus DKP und MLPD sowie West-Gewerkschafter – ein Milieu also, mit dem Ramelow schon in seiner Marburger Zeit Umgang hatte. Die PDS ist weniger homogen zusammengesetzt. Teilweise besteht sie aus Menschen, »die eine positiv-beschwichtigende Haltung zum untergegangenen SED-Regime vertraten«. Sie spricht aber auch Wähler an, »die sich durch die Negativfolgen des Transformationsprozesses in ihrem Selbstwertgefühl getroffen und gegenüber den ›Wessis‹ zurückgesetzt fühlten«. Insofern konnte die PDS als »konsequente Fürsprecherin des Ostens« auftreten und wurde bis 2005 als »reine Regionalpartei« wahrgenommen.[60]

Die Gespräche sind kraftzehrend. Verhandlungsführer Ramelow nutzt aber einen Vorteil, den er gegenüber fast allen anderen Beteiligten hat: Er versteht die Sprachen aller Teilnehmer, kann sie übersetzen und auch selbst sprechen. So erklärt er Bisky die Verhandlungsgewohnheiten der IG Metaller, die den WASG-Bundesvorstand dominieren: »Der IG Metaller an sich baut erst mal ein riesiges Gebilde auf. Das ist die Drohkulisse. Wenn du mit dem Metaller über Kompromisse reden willst, musst du genauso auftreten. Was mit Kulisse aufgebaut wird, muss auch mit Kulisse bekämpft werden. Und erst danach guckt man hinter den

60 Frank Decker, Etappen der Parteigeschichte der Linken, in: Bundeszentrale für Politische Bildung, 2021.

Vorhang, was geht. Das war für die Kollegen aus dem Osten kulturell was völlig Fremdes. Aber so liefen dann auch die Verhandlungen. Dreimal aufspringen, viermal rausgehen, fünfmal wieder reinkommen, dreimal um den Tisch rennen, zweimal laut blöken, dann wieder das große Ganze beschreiben.«

Die Meinungen gehen in vielen Dingen auseinander, etwa was das Mitregieren und Koalieren betrifft. Die Linke West verhält sich eher dogmatisch, die Linke Ost pragmatischer und kompromissbereiter. Heute, fünfzehn Jahre später, sind die Unterschiede noch zu spüren. Allerdings hat sich auch viel eingeebnet, findet Ramelow und führt die Linken in Bremen als Beispiel an. Parteitage in Bremen seinen immer eine Mischung aus kruden Katastrophen und irren Vorstellungen gewesen. Heute seien die Linken ein verlässlicher Partner in einer rot-rot-grünen Senatsregierung. Im Osten wiederum geht der Einfluss der alten SED-Kader zurück. »Wer in der Wende vierzig war, der ist jetzt siebzig. Die, die fünfzig waren, sind jetzt achtzig.« Inzwischen gebe es im Osten viele junge Leute. Ramelow nennt Susanne Hennig-Wellsow, die Landesvorsitzende der Linken in Thüringen. Sie war in der Wendezeit zwölf Jahre alt. Seit Februar 2021 ist sie Bundesvorsitzende der Linken.

Die Verhandlungen dauern nur wenigen Monate, dann sind die Grundsätze geklärt und sogar die gemeinsamen Wahllisten aufgestellt. »Im großen Ganzen hat meine Rolle auch dazu geführt, dass durch diese Konstruktion die Linke immer mehr gesellschaftliche Akzeptanz fand«, erklärt Ramelow heute selbstbewusst. »Das ganz Hass-Zeug, was ich in Marburg mit der DKP erlebt hatte, war weg. Auf einmal wurden wir zu einem soliden Faktor in der Gesellschaft. Die einen hatten Erwartungen, die anderen das Gegenteil, aber wir waren ein Faktor. Das war ja mein Ziel. Das war es, was ich wollte.«

Vom Augustinerkloster zur Staatskanzlei sind es nur wenige Minuten Fußweg. Der Weg von der Erfurter Erklärung ins Ministerpräsidentenamt war wesentlich länger – und vor allem sperrig. Und als er angekommen war, war dann alles gut?

Präsidentenwerdung

#abgehängt
#Dorf

All the world's a stage,
And all the men and women merely players;
They have their exits and their entrances;
And one man in his time plays many parts.
(William Shakespeare, As you like it)

Bodo Ramelows erste Amtszeit als Ministerpräsident beginnt mit einem klaren Statement. Er entschuldigt sich in seiner Antrittsrede bei Andreas Möller, der während der DDR-Zeit im Stasi-Gefängnis saß und nun, während Ramelows Rede, auf der Tribüne zuhört. Weil die SED – formalrechtlich Vorgängerin der PDS und der Linken – »viel Unrecht über Menschen gebracht« habe. Im Koalitionsvertrag nehmen die Koalitionäre ebenfalls Stellung zu dem Thema. Linke, SPD und Grüne versprechen, »nicht mit Organisationen, die das DDR-Unrecht relativieren, zusammenzuarbeiten«. Wer »direkt oder indirekt mit dem Sicherheitssystem der DDR zusammengearbeitet« hätte, könne keine Position in der Regierung bekommen. »Menschen, die leugnen, dass die DDR kein Rechtsstaat war«, dürften »keine Verantwortung in der gemeinsamen politischen Arbeit für Thüringen wahrnehmen«.

Ramelow war nicht der Erste und wird nicht der Letzte in seiner Partei sein, der sich gezwungen sieht, sich von der SED-Vergangenheit zu distanzieren. Es ist der Klassiker in der politischen Auseinandersetzung mit den Linken, ein Generalverdacht, der Pfahl im Fleische. An seinen poli-

Der Amtseid, Dezember 2014

tischen Taten gemessen ist allerdings die Person Ramelow unverdächtig, und zwar so sehr, dass Kommentatoren der Thüringer Landespolitik ihn auch schon mal als Sozialdemokrat bezeichnen. Mehr noch: Ramelow selbst sieht sich so. Jedenfalls zu 85 Prozent: »Ich bin zu 85 Prozent Sozialdemokrat, zu 95 Prozent grün und zu 92,5 Prozent links und zu 100 Prozent rot-rot-grün«, erklärt er in einem Interview mit dem *Deutschlandfunk*.

Nicht nur der Verfassungsschutz sieht das anders. Auf Demonstrationen in Erfurt gegen die neue rot-rot-grüne Regierung versammeln sich 2014 mehrere Tausend Menschen »im kalten Nebel« vor dem Landtag in Erfurt und skandieren »Stasi raus«, »Wer will uns verraten ...? Sozialdemokraten!« und »Keine Macht den Kommunisten«. Ein Moderator rät Ramelow, der »verirrte Christ müsse seine Sünde mit dem lieben Gott selbst ausmachen«.[61] Die Koalition kommt trotzdem zustande, Ramelow wird Ministerpräsident. Auf der Oppositionsseite steigt Mike Mohring als neuer starker Mann der CDU auf, der die Landesvorsitzende Christine Lieberknecht beerbt und zusätzlich auch noch die Fraktion im Landtag führt. Da sei eine »Koalition der Verlierer« am Werk, schimpft er in einer Landtagsrede im Dezember 2014, die aus »Stalinisten« und »Stasi-Spitzeln« bestünde. Auch er nutzt das Vokabular der Bibel und spricht von einem »Sündenfall« – schweres Geschütz also, wenn man bedenkt, dass beim Ur-Sündenfall die Menschheit ihr ewig glücklich machendes Paradies verloren haben soll.

Doch das Abendland geht nicht unter. »Von Revolution keine Spur« titelt der *Deutschlandfunk* eine Sendung, die eine 100-Tage-Bilanz zieht. Von Beginn an auffällig an Ramelows Amtszeit ist, dass er augenblicklich aus der Rolle des oppositionellen Angreifers heraustritt. Was mit der Antrittsrede beginnt, setzt er kontinuierlich fort. All die Bissigkeit, die er sich selbst und die andere ihm zugeschrieben hatten, legt er zwar nicht komplett ab, aber er geht deutlich gezügelter damit um. Der Blick des Parteipolitikers weitet sich. Der Rundfunkbeitrag urteilt in seinem Erste-Hundert-Tage-Resümee: »An der Regierungsspitze gibt er sich überparteilich-präsidial, so manchen Linken gilt er als zu sozialdemokratisch.« In den Bewertungen der Anhänger liegt ein gewisser Triumph: »Thüringen steht«, sagt Hennig-Wellsow. »Es gibt nicht den Untergang des Abendlandes.« Im Teaser eines anderen Beitrag des *Deutschlandfunks* heißt es:

61 Matthias Meisner, Demonstration gegen Wahl von Bodo Ramelow, in: Tagesspiegel, 4. Dezember 2014, und Ferdinand Otto, Im Lodenmantel gegen Ramelow, in: Der Spiegel, 4. Dezember 2014.

»Er verblüffte viele Beobachter, wie er sich auf den Weg zu einer fast landesväterlichen Figur machte.«[62]

Das deckt sich mit den Urteilen aus dem Vorzimmer des Ministerpräsidentenbüros. »Unser neuer Ministerpräsident ist manchmal noch wie ein großer sympathischer Junge. Witzig und schlagfertig und volkstümlich.« Das Zitat

Proteste gegen Rot-Rot-Grün vor dem Thüringer Landtag im Dezember 2014

stammt aus Landolf Scherzers Buch *Der Rote*, das sich an eine literarische Bewertung der ersten hundert Tage wagt. Scherzer entwirft das Bild eines durch und durch bodenständigen Politikers, dem ab und zu der Kragen platzt, mit dem es aber auch viele gut meinen. Sinnbildlich dafür steht eine Szene, in der Scherzer die Landespolitikerin Ina Leukefeld zitiert. Leukefeld schildert, wie sie Ramelow einen roten Stein aus Norwegen schenkt, vom Wasser geschliffen,

62 Henry Bernhard, Bodo Ramelow – Landesvater und Hoffnungsträger, Deutschlandfunk Kultur, 19. März 2015.

aber mit Schrammen. Er soll ihn in der Jackentasche tragen. »Er wird dir Kraft geben für die Auseinandersetzung. Er wird dich besänftigen, wenn du aufbraust, und er wird dich, solltest du abheben, auf die Erde zurückholen.«[63]

Vielleicht hat es funktioniert. Die statistischen Daten über die Beliebtheit von Politikern im Land, die neben den Sonntagsumfragen in feiner Regelmäßigkeit erhoben werden, signalisieren ihm jedenfalls in feinster Regelmäßigkeit, auf einem guten Weg zu sein. Im Juni 2015, wenige Monate nach seiner Wahl zum Ministerpräsidenten, zeigen sich 54 Prozent der Befragten zufrieden mit seiner Arbeit. Ein halbes Jahr später sind es schon 58 Prozent. Das ist mehr, als die Regierungsparteien an Stimmen bekamen. Er gehört jetzt schon, gemessen an diesen Zahlen, zu den beliebtesten fünf Ministerpräsidenten in Deutschland. So geht es weiter. 71 Prozent der Befragten halten ihn im Januar 2020 für einen guten Ministerpräsidenten. Das ist sehr viel mehr, als die Linke beziehungsweise die Koalitionsparteien bei den Wahlen 2019 an Stimmen bekamen. Das chaotische Coronajahr stoppt allerdings diesen Höhenflug, dennoch ist Ramelow auch noch im Frühjahr 2021 einer Umfrage des *MDR* zufolge mit 51 Prozent der beliebteste Politiker in Thüringen.

Wie hat er das hinbekommen im ländlich geprägten Thüringen? Ramelow, das Schlachtross, der Austeiler, der durchsetzungsstarke Verhandlungsakrobat, der detailbesessene Abarbeiter – das kann es nicht allein gewesen sein. Er wirkt jetzt vielschichtiger. Jetzt ist er auch Ramelow, der Kümmerer, der Landesvater. Tatsächlich lebt er viele Rollen. Shakespeares Wort von der Vielschichtigkeit eines einzelnen Menschen – »one man in his time plays many parts« – trifft auf ihn zu, nur dass er diese Rollen nicht wie in der Textpassage von »As you like it« nacheinander in Lebens-

63 Landolf Scherzer, Der Rote, Aufbau Verlag, Berlin, 2015.

abschnitten spielt, sondern gleichzeitig. Vergleichbar mit einem Ein-Personen-Orchester und seinen vielen Instrumenten. Die Töne wirken allerdings nicht immer aufeinander abgestimmt, es ist mehr Free Jazz als klassische Sinfonie. Als Ministerpräsident kehrt er einige Seiten stärker nach vorne, andere zurück. Der Familienvater, der Zuhörer, der Geschichtenerzähler. Es handelt sich nicht wirklich um eine Metamorphose, es ist eher eine Anpassungsvorgang, den die neue Funktion von ihm erwartet.

Thüringen ist das Bundesland, in dem selbst die Landeshauptstadt Erfurt als größte Stadt mit 200 000 Einwohnern eher beschaulich als großstädtisch wirkt. Die nächstgrößte und aufgrund des hohen Akademikeranteils wohl auch die städtischste Stadt in Thüringen mit 100 000 Einwohnern ist Jena. Danach kommen schon Orte wie Weimar und Gera mit rund 60 000 Einwohnern und viele Kleinstädte mit 10 000 bis 15 000 Einwohnern sowie zahlreiche Dörfer. Die Linke wiederum ist eher eine Partei, die ihre Stimmen in urbanem Umfeld gewinnt. Beispiel Sachsen: In Leipzig, abgesehen von Berlin die großstädtischste Stadt in Ostdeutschland, bekommt die Linke bei der Stadtratswahl 2019 mit mehr als 21 Prozent die meisten Stimmen, während sie, auf das gesamte Land verteilt, bei den sächsischen Kommunalwahlen im Schnitt nur etwa zwölf Prozent erreicht. Auch in Chemnitz und Dresden ist sie gut vertreten – ansonsten dominieren CDU und AfD. Bei den Landtagswahlen in Thüringen ein ähnliches Bild. Die stärkste Wählergruppe der Linken besteht aus Frauen in der Stadt (35 Prozent). Bei der AfD als zweitstärkste Partei im Landtag ist es genau umgekehrt: Es sind die Männer auf dem Land (36 Prozent), die die Alternative für Deutschland wählen.

Aus dieser Stadt-Land-Logik heraus müssten die Linken es besonders schwer haben in Thüringen. So war es auch lange Zeit. Das Bundesland war im Vergleich zu den anderen Ländern in Ostdeutschland schwach aufgestellt, die CDU dagegen tonangebend. Das änderte sich erst in den 2000er Jahren und hat, der Gedanke liegt nahe, etwas mit Ramelow zu tun, der für die Linken das ländliche Thüringen mit den Wanderschuhen eroberte.

Doch bevor jemand mit ihm wandern geht, muss Ramelow ankommen. Ein Gewerkschaftsfunktionär aus dem Westen zu sein, ist nicht unbedingt per se eine Eintrittskarte in die Herzen einer ostdeutschen Gesellschaft. Aber als Interessenvertreter von Arbeitnehmern, die von der Treuhand abgewickelt werden, macht er Punkte. Es geht in den extremen Umbruchsjahren sehr viel um Befindlichkeiten, um Ost-Befindlichkeiten, die im Westen zuweilen verpönt (»Was wollen die denn noch alles?!«), im Osten aber einfach da sind. Ramelow hat ein offenes Ohr dafür und versteht es, die typischen Ost-Sorgen am richtigen Ort zur richtigen Zeit zu artikulieren. Auch in dieser Hinsicht punktet er. Und er tut dies in städtischen Intellektuellenkreisen, wenn er sich für ein Denkmal für Wehrmachtsdeserteure einsetzt und die Erfurter Erklärung unterzeichnet. Dann gibt es noch etwas, was ihn beliebt macht: Ramelow behauptet von sich, jeden Grashalm im Land zu kennen, und er kommt nicht zufällig auf diese Übertreibung. Er reist viel in den 16 200 Quadratkilometern zwischen Eisenach im Westen und Gera im Osten, dem Eichsfeld im Norden und dem Thüringer Wald im Süden. Er macht zahlreiche Termine auf dem Land, in den Städten und Städtchen, in den Betrieben, in den Vereinen. Er hört sich die Geschichten der Leute an und erzählt sie weiter. So wird er eine Art Bürgermeister, nur dass die Grenzen seiner Gemeinde deutlich ausgedehnter sind als die einer Stadt oder eines Dorfes. Er bedient den Stolz der Weimarer, eine Stadt, die zwischen tiefster Provinzialität und erhabener Weltbedeutung schwankt. Er lässt sich auf die Gemächlichkeit der

Landeshauptstädter ein. Und er geht aufs Dorf, immer wieder aufs Dorf, denn das ist die wichtigste soziale Einheit in Thüringen. Seine Ortsbegehungen kosten viel Zeit, dennoch wirken seine Auftritte in der Fläche mühelos. Themen wie das Loch im Dach des Dorfgemeinschaftshauses, der fehlende Arzt im Ort oder die schlechte Anbindung an die nahe gelegene Kleinstadt liegen ihm. Er macht den Eindruck, die Zeit außerhalb der Besprechungsbüros und Versammlungssäle zu genießen. Seine Frau Germana Alberti vom Hofe bestätigt es: Seit er aus Berlin zurück sei, wirke er wesentlich entspannter.

Dabei kommt ihm, Osten hin, Westen her, eins entgegen: »Ich bin auf dem Dorf groß geworden. Ich weiß, was dörfliches Leben heißt.« Wenn er davon erzählt, klingt es fast schwärmerisch. Von dem »harten Hund«, der bei der Fusion von PDS und WASG als Dompteur scharfe IG Metaller aus dem Westen und einst gestandene SED-Parteigänger aus dem Osten am Verhandlungstisch zu Kompromissen zwingt – keine Spur. Ist das wirklich derselbe Mann? »In dem Dorf meiner Kindheit in Rheinhessen gab es noch drei Dorfläden. Das waren tatsächlich Tante-Emma-Läden. Die nannten wir auch Tante. Die hat auch am Sonntag aufgemacht, wenn du geklopft hast, und ein Pfund Zucker rausgegeben.« Ramelows Mutter betrieb dort ein Gasthaus. »Meine Oma hat immer gesagt, wir gehen in alle drei Geschäfte einkaufen, denn wir wollen ja, dass die auch zu uns kommen. Das war dörfliches Leben.« Doch das Ende vom Lied lässt sich bei dieser nostalgischen Erzählung schon denken: »Die drei Läden gibt es nicht mehr, unser Gasthaus gibt es nicht mehr. Unser Dorf hat sich genauso verändert, wie alle anderen Dörfer in Deutschland auch, als sich die Lebensmittel- und Handelsstrukturen verändert haben.« Und damit bündelt Ramelow etwas zusammen, was auf den ersten Blick nicht wirklich zusammengehört: Der Konzentrationsprozess der Handelshäuser ist ein Stück, dass in den Konferenzräumen der Konzerne spielt, der Tante-Emma-Laden hingegen auf der Dorfstraße irgendwo im Nirgendwo. Beide Welten gehören zu seiner eigenen, ganz persönlichen Geschichte und er kann sie unterschiedlichen Menschen auf unterschiedliche Weise erzählend näherbringen.

Ramelow schwelgt gerne in der Erinnerung, bleibt aber nicht dort stehen. Er findet es »spannend und macht sich permanent darüber Gedanken«, wie sich die Welt verändert, »und zwar unabhängig davon, ob mir das als politischer Mensch gefällt oder nicht. Sie verändert sich einfach, und das kann ich nicht aufhalten. Wir verändern uns auch, weil sich unser Nutzungs- und Bestellverhalten mit dem Smartphone verändert.«

Jetzt ist Ramelow nicht mehr im Dorf seiner Kindheit, sondern der Realpolitiker: »Ich guck mir das ganz nüchtern an.« Er wird zum lokalen Problemlöser, zum Schultheiß auf dem Ministerpräsidentensessel. »Wir müssen lernen, die sozialen Räume neu zu definieren. Das machen wir, selbst dann, wenn wir, von der Staatskanzlei unterstützt, Lottomittel einsetzen für Kirchenbauvereine.« Der Kirchenbauverein werde auf einmal zum »Anker«, wo Leute mitmachen, »die eigentlich mit Kirche nichts am Hut haben.«

Vom Geheimdienst über Jahre beschattet, unter Verdacht, das System der Bundesrepublik untergraben zu wollen, Hungerstreik-Unterstützer, Protestler bei vielen verschiedenen außerparlamentarischen Aktionen, Gewerkschaftsfunktionär, Projektleiter einer Parteifusion, Architekt von Rot-Rot-Grün – und jetzt Kirchenbauvereine? In einem Landstrich, wo drei Viertel der Menschen nichts mit Kirche zu tun haben? Aber: Thüringen hat etwas anderes, weiß Ramelow. Die höchste Orgeldichte in Deutschland. Das ist eine Information, aus der sich eine Geschichte spinnen lässt. »Auf einmal kommen Leute, die mit Kirche nichts zu tun haben, und sagen, unsere Orgel ist kaputt.« Natürlich geht es dabei um Orgelmusik. Und Geld. Und um die Kirche – nicht als religiöser, sondern als gesellschaftlicher Ort. Ramelow beschreibt die Neubaugebiete, die keine Verbindung haben zum alten Dorf, weil es keinen verbindenden Ort gibt. Orgelmusik könne zum verbindenden Moment werden, die Kirche zum Zentrum der Gemeinde. »So ein Ort kann eine Magie für das Dorf entfalten, einfach, weil es kein natürliches Zentrum in dem Dorf gibt.«

Verbindung und Gemeinschaft, das sind durchgängig große Themen in Ramelows Leben – politisch wie privat. »Meine Sicht auf kommunales Leben war immer auch eine auf die Gemeinschaft«, sagt er. Nachbarschaft, Gemeinschaft, Netzwerke – das bedeutet ihm viel. Er hat ein kleines Haus im Wald, in das er sich häufig und gerne zurückzieht. Wenn er dort mit seinem Hund spazieren geht, grüßen ihn die Nachbarn. »Nach wie vor verbringe ich eine hohe Zahl meiner Freizeitstunden auf dem Dorf. Immer noch. Wir haben ein Haus auf dem Dorf gesucht. Saalburg ist zwar formal eine Stadt, aber faktisch mein Dorf.«

Der entspannte Umgang mit der Provinz trägt vermutlich dazu bei, dass seine Beliebtheitswerte gut sind. Bei einer Umfrage der *ARD* zu den Wahlen 2019 gibt es kaum Unterschiede im Wahlverhalten in Kleinstädten und großen Städten, was die Linke betrifft. Der Stimmenanteil liegt überall zwischen 33 und 34 Prozent. Allein in den Landgemeinden hinkt Ramelows Partei noch etwas hinterher, aber auch hier holt sie auf.

Was ihm als Ministerpräsident ebenfalls hilft: Spätestens seit Bischofferode ist Ramelow so etwas wie ein Anwalt des Ostens. Um es auch zu bleiben, tut er viel – mehr vermutlich als ein gebürtiger Thüringer tun müsste, um so wahrgenommen zu werden. Im Westen geboren worden zu sein, schadete Bernhard Vogel, einem seiner Vorgänger, nicht, weil er vom Nimbus der CDU und des »Einheitskanzlers« Kohl lebte und Erfahrungen im Führen eines Bundeslandes nachweisen konnte. Als Ramelow auf den Plan tritt, sieht das anders aus. Im Wahlkampf 2009 treibt die Junge Union eine Herkunftskampagne auf die Spitze. Unter dem Slogan »Keiner von uns – keiner für uns« lässt sie Postkarten drucken, die »echte Thüringer« und »falsche Thüringer« zeigen. Das Motiv für die echten zeigt eine Bratwurst, das für die falschen Ramelow mit missmutiger Miene. Eine Kampagne, die droht, nach hinten loszugehen. Auch wenn der 2009er-Kandidat mit Dieter Althaus aus Thüringen stammt – Bernhard Vogel, der für die CDU elf Jahre den Ministerpräsidenten stellte, war es nicht. Der CDU-Landesverband zieht die Kampagne ihrer Nachwuchsorganisation zurück. Die Stoßrichtung aber bleibt: Althaus selbst bezeichnet seinen Kontrahenten »als Glücksritter aus dem Westen«.[64] Das ist auch noch zwei Jahrzehnte nach der Wende die Bezeichnung für Frauen und Männer, die mit wenig Kompetenz und in betrügerischer Absicht aus dem Westen in den Osten kamen, um die dort anfänglich chaotische Situation vor allem in den Verwaltungen und in der Justiz auszunutzen. Mike Mohring nimmt sogar zumindest im Tonfall Teile der späteren Pegida- und AfD-Kampagne gegen Flüchtende vorweg, als er Ramelow rät, zurück in sein Dorf zu gehen: Jemand aus Osterholz-Scharmbeck sei kaum in der Lage, »zu wissen, was gut für diesen Freistaat ist.« Ramelow solle »nach Hause fahren, nach Osterholz-Scharmbeck, und soll dort das Beste aus seinem Leben machen.«[65] Osterholz-Scharmbeck ist Ramelows Geburtsort – es gibt

64 Zitiert nach: Matthias Meisner, JU-Wurst gegen Wessi Ramelow, Tagesspiegel, 1. August 2009.
65 Zitiert nach: Ulrike Greim, Lieber Dieter, hau sie um!, Deutschlandradio, 20. August 2009.

überhaupt keinen Grund, warum Ramelow im Jahr 2009 dorthin zurückkehren sollte.

In dem Wahlkampfspruch »Ein Wessi erklärt uns den Kommunismus«[66] werden sogar gleich zwei vermeintliche Schwächen zusammengebunden: Die Herkunft und die Gefahr, Ramelow wolle das bundesrepublikanische System untergraben. Dazu passen auch Wahlkampf-Behauptungen, Ramelow wolle die DDR-Bezirke wieder einführen und die Gymnasien abschaffen. Diese Teile der JU-Kampagne werden später per Gerichtsentscheid verboten. Sie dürfen nicht länger verbreitet werden, ebenso wie das Fake-Zitat: »Die DDR war kein Unrechtsstaat.«

Ramelow schadet die Kampagne nicht. Dennoch bläst fünf Jahre später Christine Lieberknecht im Wahlkampf 2014 vergleichbare Töne an, wenn auch auf gemäßigte Art und Weise. Sie vergleicht Ramelow mit einem »Wolf im Schafspelz«, unterstellt ihm also unlautere Absichten. Er sei ein linker Ideologe, auf der Landesliste stünden Stasi-Zuträger – das alles könnten die Thüringer kaum wollen. »Die Thüringer wünschen sich Verlässlichkeit und Stabilität. Sie wollen keine Experimente«, verkündet sie in einem Interview mit der *Welt* wenige Wochen vor den Wahlen.

Die Glaubwürdigkeit der Linken in Zweifel zu ziehen, ist ein schwieriges Unterfangen in Thüringen. Als Partei gilt sie zu diesem Zeitpunkt als ehrlich, wenn auch nicht wirklich kompetent. 83 Prozent der Befragten stimmen einer *ARD*-Umfrage zufolge dem Satz zu, die Linke löse zwar keine Probleme, »nennt die Dinge aber beim Namen«.

Was Ramelow besonders gut beschreiben kann, ist das Ostgefühl des Abgehängtseins. Er spricht vielen aus der Seele – auch jenen, die mit den Linken nichts zu tun haben

66 Ulrike Greim, »Thüringer für Thüringen«, Deutschlandfunk, 27. August 2009.

wollen oder sich sogar grundsätzlich vom etablierten Parteiensystem abgewendet haben, zu dem die Linke in diesen Jahren noch nicht ganz, aber schon ein bisschen gehört. In Ramelow erkennen sie einen der ihren, wenn er sagt: »In meinen ersten Jahren war diese westliche Arroganz überall zu erleben.« Mitte der 1990er Jahre habe er Ärger bekommen, »weil ich auf einer Gewerkschaftskonferenz gesagt habe, es wäre einfacher, wenn wir Westdeutsche Kakihosen und Tropenhelme aufhätten. Dann wäre die Besatzungsarmee schneller zu erkennen. Da haben mir drei Gewerkschaftssekretäre Prügel angedroht.« Ramelow erinnert sich an eine Reihe demütigender Situationen. An Vorgesetzte aus dem Westen, die ihren Mitarbeitern sagen, »ihr im Osten müsst erst mal arbeiten lernen«. An Tarifkämpfe, wo ein Geschäftsführer sagt, »wir zahlen euch den halben Lohn, weil ihr nur zur Hälfte denkt«. Irgendwann häuften sich in der Öffentlichkeit die Mahnungen, man dürfe nicht immer nur über Ost und West reden, es gebe wohl ja auch noch andere Themen. »Auch Ostler sagten das. Gleichzeitig kam aber auch sowas: ›Ihr versteht uns nicht.‹ Das ist ein Paradox.« Nicht das einzige: Ramelow spürt in seiner Fahrt durch die Ost-Seele noch einen weiteren Widerspruch auf, der sich sogar statistisch belegen lässt. Seit mehr als zwei Jahrzehnten gibt es den *Thüringen-Monitor*, ein Sozialbefund, der die Einstellungen der Thüringer empirisch erfasst. Dort heißt es Jahr für Jahr: »Mir geht es besser, aber uns geht es schlechter.« Ramelow kann sich keinen klaren Reim darauf machen: »Was schlechter geht, weiß man nicht. Konsumfragen können es nicht sein.«

Wenn Ramelow von Konsum und Einkaufsmöglichkeiten spricht, dauert es nicht lange, dann ist er wieder auf dem Dorf. »Da gibt es etwas, was sich durchfrisst. Im Osten wie im Westen, das ist egal. Es führt aber im Osten zu anderen Erklärungsmustern. Auf einmal ist in den Dörfern nichts mehr los. Früher hatten die Bewohner ihren Dorfkonsum und ihre Dorfgaststätte. Es war alles vom Staat flächendeckend organisiert. Ob gut oder schlecht, spielt heute keine Rolle mehr. Wenn man sich nostalgisch erinnert, sagt man halt, bei uns war es früher besser. Da war mehr los.«

Die DDR-Vergangenheit lässt Ramelow also nicht los, obwohl er persönlich gar keine hat. Sei es, weil er die Verletzungen der Nachwendezeit thematisiert, sei es, weil ihm vorgeworfen wird, auf irgendeine unbestimmte Art und Weise dem SED-System nachzuhängen. Das führt ihn dazu, 2014 ein Drittel seiner Antrittsrede als Ministerpräsident diesem Thema zu widmen. Dass das Thema damit nicht erledigt ist, ist auch klar: Unter den Abgeordneten, die Ramelow gewählt haben, befinden sich zwei, die für die DDR-Staatssicherheit spioniert hatten. Beide distanzieren sich von ihrer Vergangenheit, aber nicht jeder nimmt ihnen das ab. Sie bleiben für viele ein rotes Tuch, selbst bei Anhängern der Regierungskoalition. Erledigt hat sich zumindest dieses Thema dann bei der Wahl 2019, wo sie nicht mehr antreten.

In den fünf Amtsjahren zwischen 2014 und 2019 hat sich die Republik verändert. Themen wie Migrationspolitik und Sicherheit haben sich in Ostdeutschland noch mehr als in den westlichen Teilen des Landes in den Vordergrund geschoben. Ramelow hält sich als Wahlkämpfer zurück und nimmt die präsidiale Rolle des Landesvaters ein. Der Wahlkampf der Linken ist auf ihn zugeschnitten. So gelingt es der Linkspartei, ihr Ergebnis von 2014 noch einmal zu überbieten. Doch es reicht nicht für Rot-Rot-Grün. Mit der AfD ist ein neuer starker Akteur auf der politischen Bühne, der die Parteienlandschaft der vergangenen Jahre durcheinanderwirft. Als sich der FDP-Kandidat Thomas Kemmerich mit den Stimmen von AfD und CDU zum Ministerpräsidenten wählen lässt, schaltet Ramelow in einen anderen Modus:

Wandelt er sich im Verlauf der ersten Regierungsjahre zum Präsidenten-Typ »bodenständiger Landesvater«, kehrt er nun wieder eine Seite hervor, die gar nicht so recht zum wanderlustigen und heimattreuen Geselligkeitsförderer passen will. Jetzt ist er wieder Oppositionspolitiker. Bissig. Angriffslustig. Und Stratege.

Wirtschaftsförderer oder Enteigner

#Batterietechnologie
#Reinhardsbrunn

Interviewer: »Viele befürchteten, das Kapital rennt aus Thüringen weg.«

Ramelow: »Das ist ein Witz. Unternehmer bekommen bei mir schnellstens einen Termin.«

Interviewer: »Also keine Enteignungsangst?«

Ramelow: »Die muss niemand haben – bis auf einen. Das Schloss Reinhardsbrunn, das zum kulturhistorischen Erbe Thüringens gehört, ist in die Hände von Verbrechern geraten. Da laufen strafrechtliche Verfahren. Es besteht die Gefahr, dass Wertvolles zerstört wird. Im Zweifel werden wir das Schloss enteignen lassen.«[67]

Was Ramelow in dem Interview mit der *Magdeburger Volksstimme* 2015 ankündigt, setzt er später tatsächlich um. Ein Ministerpräsident also, der mit der einen Hand das Wirtschaftswachstum in Thüringen vorantreibt und mit der anderen Privateigentum vergesellschaftet?

Die Wirtschaftspolitik gehört zu den scheinbar großen Widersprüchen einer rot-rot-grünen Regierung unter der Führung eines Ministerpräsidenten der Linken – jedenfalls

67 Jens Schmidt, »Ich will beweisen, dass das geht«, Magdeburger Volksstimme, 6. Dezember 2015.

könnte es so aus einer konventionellen Perspektive heraus betrachtet werden. Denn: Ramelow ist nicht nur ein Linker, er ist sogar einer der Erfinder dieser Partei, die an der Überwindung »der ökonomischen Macht derer, die an Ausbeutung und Kriegen verdienen« arbeitet, wie es im Parteiprogramm heißt. Er ist »der Rote«, der vom Verfassungsschutz verdächtigt wird, ein Linksextremist zu sein, der das System unterwandert.

Selbst eine abgemilderte Ramelow-Version sieht aus einem marktliberalen Blickwinkel nicht besonders attraktiv aus: Ramelow kommt aus der Gewerkschaftsarbeit, sozialisiert in einem Gewerkschaftsumfeld, wo die Zusammenarbeit mit DKP-Mitgliedern selbstverständlich war. Als Gewerkschafter liegen ihm zwar die Themen Wirtschaft und Arbeit nah, aber eine ausgeprägte Freundschaft zur Unternehmerschaft lässt sich aus dieser Perspektive nicht ableiten. Vor der Wahl zum Thüringer Ministerpräsidenten 2014 warnt die CDU-Bundeskanzlerin Angela Merkel im *Spiegel*, Karl Marx nicht in die Staatskanzlei reinzutragen.

Als Ministerpräsident, also Repräsentant und Steuermann eines Bundeslandes, gilt es in Deutschland allerdings als selbstverständlich, offen und intensiv marktwirtschaftliche Wirtschaftsförderung zu betreiben. Ein offener Widerspruch, wie es scheint, aus dem das zuweilen abgrundtiefe Misstrauen wirtschaftsliberaler Politiker resultiert. Insbesondere in der Merkel-Generation, wo sich der Antikommunismus des 20. Jahrhunderts mit einer großen Marktgläubigkeit paart.

Was aber, wenn Ramelow und seine Regierung all diese negativen Voraussetzungen ignorieren und wie jede andere Landesregierung grundsätzlich wirtschaftsfreundlich agieren würde? Was, wenn sie – wie alle anderen Landesregierungen vor und neben ihr – jede Ansiedlung feiern würde wie einen Sieg? Das würde es dem politischen Gegner schwierig machen. Die Erzählung von der wirtschaftszerstörenden Kraft der Linken in Thüringen würde nicht länger funktionieren. Andererseits würden auch all jene enttäuscht, die die Erwartungen haben, dass die Regierung Ramelow auf eine andere Sozial- und Wirtschaftsordnung hinarbeitet. Während Merkel zumindest 2014 noch Marx roch, wenn sie an Ramelow dachte, klingt es sechs Jahre später bei einer Gruppierung mit dem Namen »marx21« genau umgekehrt: »Die Linke ist angetreten, um die gesellschaftlichen Verhältnisse zu verändern, nicht um den Status-Quo zu verwalten. Genau das ist aber mit der Partei in Thüringen passiert.« Es sind vornehmlich Kommunal- und Landespolitiker der Linken aus den westdeutschen Bundesländern und Berlin, die es laut marx21 als ihre Aufgabe sehen, die Linkspartei zu stärken und eine politische Alternative zum Kapitalismus aufzubauen. Der Thüringer Koalition teilt die Gruppe ein schlechtes Zeugnis aus. In den wichtigsten Politikfeldern habe die rot-rot-grüne Landesregierung unter Bodo Ramelow nicht geliefert. »Die Regierung konnte an der sozialen Lage der Menschen nichts grundlegend verändern. Genauso wie alle Regierungen zuvor.«

Ramelow lässt von Beginn seiner Ministerpräsidentschaft an keinen Zweifel daran, wie wichtig ihm die Wirtschaft und die dahinterliegende Wirtschaftsordnung ist. In seinem Online-Tagebuch lobt er die »Kühnheit und Forschungsleistung« von Thüringer Unternehmen. »Heute Morgen las ich in der Zeitung, dass Thüringen im Vergleich zu den anderen Bundesländern die prozentual meisten Patente anmeldet. Das zeugt von der großen Innovationskraft, die unser Bundesland seit jeher auszeichnet!«

So zieht es sich durch die gesamte erste Regierungszeit. Kurz vor dem Ende der Legislaturperiode schreibt Ramelow 2018 das Grußwort für den »Großen Preis des Mittelstandes«. Der mittelständischen Wirtschaft in Thüringen sei seit der Wiedervereinigung eine beispiellose Aufholjagd gelungen. Sie nehme »heute einen Spitzenplatz unter den ostdeutschen Ländern ein. Den Thüringer Unternehmen gelingt es auf beeindruckende Weise, national und international neue Märkte zu erobern und zu behaupten.« Thüringen setze auf die Akteure des Mittelstands. »Wir haben und brauchen in Thüringen eine starke Wirtschaft und dynamische Persönlichkeiten unter den Unternehmerinnen und Unternehmern.« Wirtschaftsfeindlich oder antikapitalistisch klingt anders.

Absehbar ist eine solche Entwicklung 2014 nicht unbedingt, und keinesfalls für jeden. Die R2G-Gegner hoffen, dass es Rot-Rot-Grün schnell aus dem Sattel hebt. Oder dass sich die Parteien der Regierungskoalition – vor allem die Linken – unglaubwürdig machen würden vor der eigenen Wählerschaft. Beides tritt nicht ein. In der Folgewahl 2019 verlieren zwar SPD und Grüne weiter an Stimmen, aber nicht die Linke. Sie wird sogar die stärkste Partei im Land. Eine Nuss, die für die Opposition schwer zu knacken ist. Punkten kann im Herbst 2019 neben den Linken nur die marktradikale AfD. Allerdings mit nationalistisch-rassistischen, nicht mit Wirtschafsthemen.

Immerhin wird die CDU 2014 noch Wahlsieger, auch wenn es nicht für eine Regierungskoalition reicht. Sie kann Wirtschaft – einer Umfrage der *ARD-Tagesschau* zufolge ging jedenfalls jeder zweite Befragte davon aus. Es ist zu dieser Zeit aus der Sicht der Befragten die stärkste Kompetenz der CDU. Als zweitstärkste Kompetenz geben die Befragten »Finanzen« an. Bei den Linken tauchen diese beiden Kompetenzen nicht unter den Top Fünf auf. »Wirtschaft« trauen ihr nur zwölf Prozent der Befragten zu. Dennoch zieht eines der Hauptargumente der CDU nicht: Nur 35 Prozent der Befragten glauben 2014, dass der Wohlstand in Gefahr sei, wenn die Linken regierten. Wichtiger scheint ein anderer Gedanke in der Wählerschaft zu sein: Mehr als 60 Prozent erwarten von den Linken, dass sie sich um einen sozialen Ausgleich kümmern wird. Das wiederum ist der wunde Punkt bei der CDU: 64 Prozent glauben, dass sie die Interessen der Arbeitnehmer vernachlässigt.

Eine vergleichbare Umfrage, die die *ARD-Tagesschau* 2019 in Auftrag gibt, kommt zu erstaunlichen Veränderungen. Die Wirtschaftskompetenz der CDU rutscht von 50 auf 37 Prozent ab. Bei allen anderen Parteien spielt diese Fähigkeit eine untergeordnete Rolle. So kommen die Linken bei diesem Punkt lediglich auf 17 Prozent. Doch das Thema ist erneut nicht wahlkampftauglich. Das zeigen die Antworten auf die Frage, was den Wählern wichtig ist. Vorne sind Löhne und Rente, dann kommt die soziale Sicherheit und Bildung. Das Wirtschaftsthema folgt erst auf dem vierten Platz. Die Frage nach den Sorgen ergeben ein anderes Bild, aber auch hier spielen Wirtschaftsfragen eine untergeordnete Rolle.

Sorge Nummer eins ist, dass politisch motivierte Übergriffe und Anschläge weiter zunehmen. Danach kommt der Klimawandel, der über das gesamte Jahr 2019 zu den meistdiskutierten Themen in Deutschland gehört und erst 2020 durch die Coronathematik abgelöst wird. Die Sorge, die Kriminalität könne weiter ansteigen, spielt ebenfalls eine Rolle. Die Furcht, Thüringen könne wirtschaftlich den Bach runtergehen oder sich komplett anders entwickeln als andere Bundesländer, tritt dagegen vollkommen in den Hintergrund. Ramelow weiß das und setzt es auch im Wahlkampf 2019 ein. Dem Magazin *Wirtschaft + Markt* (*W+M*) sagt er: »Die zu Beginn meiner Amtszeit mitunter geäußerten Befürchtungen, dass sich das scheue Reh namens Kapital vom Acker machen werde, wenn in Thüringen ein Linker regiert, sind ganz offensichtlich nicht Realität geworden.«

Wirtschaft ist also zumindest bei der Landtagswahl 2019, bei der Ramelow wieder ins Ministerpräsidentenamt gewählt werden will, kein ausschlaggebendes Thema. Das mag daran liegen, dass die Rahmenbedingungen in ganz Deutschland gut sind und die Arbeitslosenrate niedrig ist. Der Anteil der Landesregierung an diesem Erfolg sei allerdings »mehr als gering«, lässt sich Stephan Fauth vom Verband der Wirtschaft Thüringen im Oktober 2019 zitieren. Wachstum sei stark von nationalen und globalen Faktoren abhängig. Viel wichtiger ist aber eine andere Aussage Fauths. Die Wirtschaftspolitik der rot-rot-grünen Koalition sei im Wesentlichen die verlässliche Fortsetzung der Vorgängerregierung.

Die Frage, wieviel SED und DDR noch immer in den Linken stecke, beantwortet CDU-Mitglied und Politikwissenschaftler Werner Patzelt in einem Gespräch mit der *Deutschen Welle* eindeutig. Die Linken hätten einen großen Anteil daran, »dass die Wiedervereinigung so reibungslos gelungen« sei. Besonders überzeugend sei die Wirtschaftspolitik: Die SED habe mit dem Volkseigentum an Produktionsmitteln die DDR-Wirtschaft stranguliert. Die heutige Linke hingegen verlange überhaupt nicht die flächendeckende Einführung des Volkseigentums. Vielmehr stünde sie in der Tradition der sozialen Marktwirtschaft.

Wenn es darum geht, die eigene Wirtschaftskraft zu loben, steht die Ramelow-Regierung anderen Landesregierungen in nichts nach. Immer wieder werden in Reden die »Leuchttürme« hervorgehoben. Einer davon: Der chinesische Batteriezellenherstellers Contemporary Amperex Technology Co. Ltd. (CATL). CATL verkündet 2018, in das Batteriewerk am Erfurter Kreuz, dem größten Gewerbegebiet in Thüringen, bis zu 1,8 Milliarden Euro investieren und 2000 neue Arbeitsplätze schaffen zu wollen – auch in Forschung und Entwicklung. Mit der Ansiedlung von CATL gelingt Thüringen nach Angaben des Wirtschaftsministeriums die bedeutendste Industrieinvestition der letzten zehn Jahre. Ramelow twittert: »Ein guter Tag für Thüringen. Das chinesische Unternehmen CATL hat sich für Thüringen entschieden und baut seine europäische Produktion bei uns auf. Die chinesischen Entscheider vertrauen auf unsere Standortqualität. Es ist uns eine große Ehre und wir danken für das Vertrauen!« Mit der Ansiedlung ist die Hoffnung verbunden, dass sich um das Großwerk herum weitere Unternehmen niederlassen. »Wir konnten schon einige willkommen heißen«, erklärt Ramelow in einem Interview mit *Wirtschaft + Markt* 2019, »etwa den Turbolader-Hersteller IHI, der seine Fertigung aus Baden-Württemberg zu uns verlegt hat, um in der Nähe von CATL zu sein. Und weitere werden dazukommen.«

Es ist ziemlich deutlich, dass sich Ramelow neben seiner Rolle als Landesvater und Repräsentant des Landes auch als oberster Wirtschaftsförderer begreift. Er lobt den Standort Thüringen, wo auch immer es sich anbietet. »Wir haben 62 Firmen, die in Europa oder weltweit Marktführer sind«, wird er in dem *W+M*-Artikel »Thüringens Ministerpräsident Bodo Ramelow zieht Bilanz« zitiert: »Gemessen an 1000 Einwohnern liegen wir bei Industriearbeitsplätzen auf Platz vier in Deutschland. Wir belegen Platz eins bei kleinen und mittelständischen Betrieben. Unser größtes Problem sind aktuell die Fachkräfte.« Das aber ist kein Thüringer Sonderproblem, sondern eins, mit dem sich alle Industrieregionen weltweit herumplagen.

Was Ramelow allerdings ein Dorn im Auge ist, sind die »verlängerten Werkbänke«, auf die er regelmäßig aufmerksam macht. Opel in Eisenach und das MDC-Motorenwerk in Kölleda seien zwar »modern und wichtig, aber ohne Forschung und Entwicklung«. Zudem zahlten Konzerne wie Opel fast keine Kommunalsteuern, weil dort lediglich die

Finalprodukte vom Band gingen, beklagt er im *Vogtlandspiegel*. Sein Traum wäre, dass die ostdeutsche Wirtschaft – speziell die Thüringer – selbstständiger wird. Wenn er über die ostdeutsche Regionalwirtschaft spricht, fordert er immer wieder, dass die Wertschöpfungskette länger werden müsse. An dieser Stelle spricht er dann wieder als Stimme des Ostens. Diesen Titel gibt es zwar nicht, er würde aber gut zu ihm passen.

Doch Ramelow ist nicht nur ein Ansiedler. In seine Ministerpräsidentenzeit fällt auch ein Ereignis, das viele Klischees erfüllt. Das Vorhaben ist mächtig: Es geht um die Enteignung eines Schlosseigentümers.

Rückblick. Die Ursprünge des Schlosses Reinhardsbrunn werden von Touristikern und Heimatforschern auf das Jahr 1085 datiert. So kommt man auf eine fast tausendjährige Geschichte. Die erste Hälfte dieser Zeit soll dort, am Rande des Thüringer Waldes, ein Kloster gestanden haben. Ab etwa 1600 entstanden erste Gebäude, aber erst 1826 beginnt der eigentliche Bau des neugotischen Schlosses. Zahlreiche architektonische Zitate erinnern an eine gute alte Zeit, die, wenn man von ihr spricht, es nicht mehr gibt oder im Schwinden begriffen ist. Insofern ist das Prunkschloss schon während des Baus aus der Zeit gefallen: Wie ein trotziges Ausrufezeichen gegen die Aufklärung wird es im Vormärz in den Thüringer Wald gesetzt, erlebt seine Geburt, als sich die Adelsherrschaft schon fast überlebt hatte. Eine angeborene Agonie. In seiner Zeit wird das ewig sterbende Schloss zu einer Stilikone, die 1845 ihr bestes Jahr erlebt. Hohe Adlige treffen sich zu einem legendären Jagdausflug, unter anderem die britische Königin Viktoria. Sie besuchte das Schloss mehr als einmal, es war ihr »ans Herz gewachsen«, wie es auf der Homepage des Schlosses zu lesen ist. Nach der Novemberrevolution 1918 war es dann aber aus mit der feudalen Herrlichkeit. Der damalige Besitzer, Herzog Karl Eduard von Sachsen-Coburg, wurde enteignet, bekam seinen Besitz aber ein paar Jahre später per Gerichtsbeschluss noch einmal zurück und wurde 1945 erneut enteignet. Kurz davor, ebenfalls 1945, wurde das Schloss erneut zum Symbol eines Untergangs, der schon besiegelt, nur noch nicht abgeschlossen war: In den letzten Kriegstagen war es als NS-Hauptquartier angedacht, war wohl sogar als Adolf Hitlers letzter Zufluchtsort im Gespräch. Weil er Hitler gehorsam folgte, bekam SS-Mitglied Herzog Karl Eduard von Sachsen-Coburg sogar den Beinamen »Hitlers Herzog«.

In der DDR war das Schloss Feuerwehrschule und Pionierlager, bis 1957 das »Reisebüro der DDR« die Immobilie übernahm und daraus ein Hotel der Extraklasse machte. Gäste internationaler Kongresse wurden hier untergebracht und, wie sich später herausstellte, abgehört. Das »Reisebüro« vermittelte, wie der Name schon sagt, Reisen, es diente aber vor allem dem Ministerium für Staatssicherheit zur Tarnung seiner Auslandsaktivitäten. 1989, als die DDR kollabierte, gab es von der Staatssicherheit einen letzten Besuch. Elisabeth Hügel, Empfangschefin in den 1980er Jahren, sah, wie in der Wendezeit zwei unbekannte Männer große Koffer wegschleppten und mit einem Auto davonbrausten. Als sie erkunden wollte, was da los war, entdeckte sie einen geheimen Raum, von dem sie bis dahin nichts wusste, der nun aber offen dalag: die Abhörzentrale der Stasi für das Hotel.

Auch als es die Stasi nicht mehr gab und auch die DDR Vergangenheit war, blieb das Hotel ein Ort für Menschen mit Geld und Einfluss. Viele der Gäste waren auf verschiedenste Art und Weise an der Transformation der DDR-Gesellschaft und -Wirtschaft beteiligt. Und auch hier findet sich, konzentriert wie unter einem Brennglas, eine bizarre Mischung aus seriösen Experten, Glücksrittern, Betrügern und Treuhand-Managern, von denen niemand so richtig wusste, was sie eigentlich tatsächlich machten, außer Rechnungen zu schreiben.[68]

Die widerspruchsvolle Welt des Bodo Ramelow ließe sich kaum besser skizzieren als im Nebeneinander zweier Bilder, die sich stark unterscheiden und dennoch vergleichbare Muster aufweisen.

Das eine Bild: Bischofferode, 1993, unter der Erde, dunkel, schmutzig, hungrig, proletarische Mühsal. Die Arbeiter sind im Hungerstreik. Sie wehren sich gegen den Ausverkauf durch die Treuhand. Vertreten werden sie gewerkschaftlich von Ramelow.

Schloss Reinhardsbrunn, 1992, hell, luxuriös, feudale Tradition. Die vermeintliche »Wiege Thüringens« mit großem englischen Park und stattlichen Bäumen. Einer, der 1990/1991 dort ein Zimmer hatte, ist Ramelow. Er ist im Auftrag der HBV-Gewerkschaft unterwegs. Das Schloss, in den Jahren vor und nach der Wende ein Nobelhotel, wird gegen den Willen des Landes Thüringen von der Treuhand verkauft. Ein unglückseliger Verfallsprozess beginnt, der lange Jahre lediglich eingedämmt, aber nicht gestoppt werden kann.

In beiden Geschichten, in der von Bischofferode und in der von Reinhardsbrunn, spielt die Treuhand eine unselige Rolle, indem sie einen Verkauf initiiert, der zumindest im Nachhinein in zweifelhaftem Licht erscheint. Und in beiden Geschichten gibt es einen Ritter, der eine Alternative zum Treuhandplan anbietet und chancenlos unterliegt. In Bischofferode ist es der Unternehmer Johannes Peine, der ausgebootet wird. In Reinhardsbrunn trägt die Alternative den Namen Christoph von Berg. Er gehört zu den Gästen, die nach der Öffnung der Mauer eine passable Unterkunft suchen. Zu jener Zeit ist er im Auftrag des Tschibo-Konzerns

68 Christoph von Berg, in: Schloss Reinhardsbrunn – Thüringens verlorenes Paradies, Film von Dirk Schneider, MDR, 2018.

Bodo Ramelow im Gespräch mit Christoph von Berg im Februar 2017

unterwegs, später hat er sich als Rechtsanwalt unter anderem durch die Rückführung von Beutekunst nach Thüringen einen Namen gemacht. Seine Pläne, das Hotel in die Nachwendezeit zu retten, haben jedoch keine Chance. Stattdessen verkauft die Treuhand Schloss und Hotel zusammen mit weiteren Hotels des »Reisebüros« an eine Hotel-Gruppe. Einer Reportage des *Deutschlandfunks* zufolge soll sich die Treuhand-Chefin Birgit Breuel höchstpersönlich bei dem thüringischen Ministerpräsidenten Bernhard Vogel dafür eingesetzt haben, dass es von einer Wunschliste des Landes wieder runterkommt und in einen Pool mit anderen DDR-Hotels gesteckt wird.[69]

69 Henry Bernhard, Thüringen drängt auf Enteignung, Deutschlandfunk Kultur, 21. Juni 2017.

1993 schließt das Schlosshotel. Es soll saniert werden. Das Innere wird bis zur Unkenntlichkeit entkernt. Dann passiert gar nichts mehr. Das Schloss wird zu einem verlorenen Ort, wo erst der Stillstand kommt und dann der Verfall übernimmt. Die Pläne der Hotel-Gruppe scheitern.

Von Berg ist heute noch sauer auf die Treuhand: »Da ist vieles nicht richtig gelaufen«, sagt er in dem *MDR*-Film »Schloss Reinhardsbrunn – Thüringens verlorenes Paradies«. »Ich habe die Treuhand als Anwalt nie vertreten, weil ich das nicht vertreten konnte, was die machten. Weil ich sah, wie Dinge kaputtgemacht wurden, wo man sagte, warum mussten die jetzt eigentlich gerade zu machen. Die hätten doch auch einfach jetzt mal weitermachen können.« Selbstherrlich sei jene Behörde gewesen, die von keinem überwacht wurde. Sätze, wie sie auch in Bischofferode hätten fallen können.

Die Hotel-Gruppe verkauft das Anwesen. Es wechselt mehrfach den Besitzer, zeitweise ist unklar, wem das Schloss überhaupt gehört. Die Werte wechseln: Mal ist es eine Mark, mal ein fünfstelliger, mal ein siebenstelliger Betrag, ohne dass sich am Zustand des Schlosses irgendetwas ändert. Dazu kommt eine millionenschwere Grundschuld. Ramelow spricht auf seiner Homepage von »Hütchenspielern« und »Gaunern«, von einer »eher dubiosen Verkaufsaktion«, vom »Verdacht auf vorsätzliche Insolvenzverschleppung und Geldwäsche«. Tatsächlich gibt es Ermittlungen der Staatsanwaltschaft, die ein Verfahren wegen Betrugs aber einstellt.

Zurück zur Gegenwart: Das Schloss – besser gesagt sein Untergang – ist Dauerthema in Thüringen, der Landkreis muss immer wieder Geld in das Gebäude investieren, um den Verfall zu verlangsamen. Aber erst 2014 wird in Thüringen konkret über eine »Enteignung« nachgedacht. Der Gedanke kommt allerdings nicht aus einer Richtung, die im Verdacht steht, postkommunistischen Enteignungsfantasien nachzuhängen. Zu dieser Zeit regiert unter der CDU-Ministerpräsidentin Christine Lieberknecht eine Koalition aus CDU und SPD. Lieberknecht gibt ein Rechtsgutachten in Auftrag. Der Verwaltungsrechtler Michael Brenner kommt zu dem Schluss, dass es für die öffentliche Hand nicht zumutbar wäre, ständig »Sicherungsmaßnahmen auf eigene Kosten zu treffen, die vom Eigentümer nicht eingetrieben werden können. Das heißt also: Die Zumutbarkeitsgrenze ist hier letztendlich für den Freistaat erreicht. Anders formuliert: Das Tor für eine Enteignung ist durch das bisherige Verhalten des Eigentümers ganz weit offen.«[70]

Sicherlich auch, um die Geltung des Schlosses zu heben, wird es zur »Wiege Thüringens« erklärt. Diese Erzählung wird immer weiter verdichtet. Henry Bernhard, der für den *Deutschlandfunk* über Jahre zu diesem Thema recherchierte, zitiert in einem seiner Beiträge den Landeskonservator Holger Reinhardt: »Reinhardsbrunn ist ohne Zweifel als Werk der Kunst und Natur zusammengenommen jetzt die schönste Anlage im Thüringer Wald, von reizender Wirkung voll Abwechslung und Poesie«, schwärmt der Landeskonservator. Er spinnt die Geschichte weiter, wenn er sagt: »Die Frage steht ja wirklich: Was macht Thüringen aus und welche Geschichtsmerkmale sind da? Insofern steht Reinhardsbrunn durchaus für diese – ich nenn' das jetzt mal: staatliche Identität Thüringens, in historischer Zeit und eben mit diesem idealisierten Herrschaftsanspruch bis in die demokratische Gesellschaft heute.«[71]

Lieberknecht greift die Vorlage des Gutachtens 2014 auf: »Das kann nicht der Wille unseres Rechtsstaats sein, dass

70 Henry Bernhard, Thüringen will Schlossbesitzer enteignen, Deutschlandfunk, 17. August 2016.
71 Henry Bernhard, Subbotnik im Park, Deutschlandfunk, 28. August 2018.

wir sagen, ›Privat!? Achselzucken, geht uns nichts mehr an!‹ Aber wenn man Verantwortung für ein Land trägt, da brauchen Sie jemanden, der jetzt sagt, ›Denk mal jetzt wirklich in längeren Linien und über ein paar Generationen!‹.«[72] Siegesgewiss fasst sie zusammen: »Wir enteignen. Punkt. Aus!«[73] Als Oppositionsführer ist Ramelow noch skeptisch, weil auf dem Schloss der Grundbucheintrag in Millionenhöhe liegt. Es sei nicht sicher, dass mit der Enteignung auch die Verpflichtungen aus dem Grundbuch getilgt werden könnten. Dennoch lässt er in seinem Online-Tagebuch 2013 keine Zweifel aufkommen, dass er für eine Enteignung ist. »Und wie sich jetzt zeigte, kann ich die amtierende Regierung sogar bei dem Plan unterstützen, denn wie mir die Staatsanwaltschaft mitteilte, ist die Besitzerfirma seit Ende 2011 insolvent. Mit diesem Wissen sollte doch die Enteignung erst recht funktionieren.«

Als Ramelow Ministerpräsident wird, treibt er die Enteignungspläne voran, aber allen Beteiligten ist klar, dass es einen langen Atem braucht. Erwogen wird zwischenzeitlich eine gütliche Einigung. Die Eigentümergesellschaft besteht darauf, dass das Land die Grundschuld übernimmt. Doch Thüringen lehnt ab. Begründung: Eine Entschädigung sei bereits gezahlt worden. Das stimmt sogar. Dass sie nur ein Euro betrug, sei rein juristisch unerheblich, findet der Freistaat Thüringen.

2016 ist es dann so weit. Der Chef der Staatskanzlei Benjamin-Immanuel Hoff verkündet im August, das Schloss befände sich »in einem äußerst besorgniserregenden Zustand«. Eine Besserung sei unter den gegebenen Verhältnissen nicht absehbar – »im Gegenteil, es droht weite-

72 Henry Bernhard, Subbotnik im Park, Deutschlandfunk, 28. August 2018.

73 Schloss Reinhardsbrunn – Thüringens verlorenes Paradies, Film von Dirk Schneider, MDR 2018.

rer Verfall, wenn nicht von staatlicher Seite eingegriffen wird.« Die Eigentümerin des Objektes, die BOB Consult GmbH, komme Ihren denkmalrechtlichen Verpflichtungen als Denkmal-Besitzerin nicht nach. Die untere Denkmalschutzbehörde hätte mehrfach zu Notsicherungsmaßnahmen greifen müssen. Der Erwerb des Objektes seitens des Landes sei gescheitert. Über die im Grundbuch eingetragenen Belastungen, wie die eingetragenen Grundschulden von rund neun Millionen Euro, habe keine Einigkeit erzielt werden können. Dann der entscheidende Satz, veröffentlicht auf Hoffs Homepage: »Nunmehr ist daher zur Sicherung des Kulturgutes die Enteignung nach dem Thüringer Denkmalschutzgesetz vorzunehmen.«

Der Vorgang ist einmalig. Mit Rechtsstreitigkeiten und einer sprichwörtlichen Fahrt auf hoher See wird gerechnet. »Da keine Rechtsprechung vorhanden ist, sind die Wege einer rechtlichen Auseinandersetzung über die Enteignungsentscheidung offen«, schreibt Hoff.

Zwei Jahre später, 2018, meldet das Landesverwaltungsamt Vollzug. Schloss Reinhardsbrunn ist enteignet. Es folgt ein Rechtsstreit mit den Gläubigern, die sich dagegen wehren, dass ihre Rechte im Zuge der Enteignung erlöschen. Doch das Landgericht Meiningen bestätigt Ende 2019 die Rechtmäßigkeit der Enteignung. Die Gläubiger legen im Januar 2020 Berufung ein, die im Oktober 2020 vom Oberlandesgericht in Jena als unzulässig verworfen wird. Damit ist das Berufungsverfahren abgeschlossen. Im Januar 2021 gibt die Staatskanzlei schließlich bekannt, dass der Rechtsstreit beendet und das Eigentum an das Bundesland Thüringen übertragen worden sei. Die ersten Maßnahmen der neuen Eigentümerin: Die Türen bekommen neue Schlösser, ein Wachdienst wird engagiert, der das Gelände überwacht.

Gewinner und Verlierer

#Minderheitsregierung
#AfD

Die Linke, mit Bodo Ramelow an der Spitze, gewinnt die Wahl im Oktober 2019 und verliert sie zugleich, weil die rot-rot-grüne Mehrheit wegbricht. Es entwickeln sich dramatische Monate, in denen die Figur des Landesvaters in den Hintergrund tritt. Plötzlich ist wieder der Kämpfer und der politische Stratege gefragt.

Dass es knapp werden wird, ist klar. Als sich Bodo Ramelow am 27. Oktober kurz nach 11 Uhr morgens mit seiner Ehefrau Germana Alberti vom Hofe den Fotografen an der Wahlurne stellt, gibt es nur eine Gewissheit: Es wird ein enges Rennen werden. Sehr viel wird davon abhängen, ob die FDP in den Landtag einzieht. Würde sie es nicht tun, stiegen die Chancen, dass Ramelow mit der rot-rot-grünen Koalition weiterregieren könnte.

Es geht anders aus. Die FDP zieht mit 5,0 Prozent knapp ein. Wenn also Ramelow weiterhin Ministerpräsident bleiben will mit einer Koalition aus Linken, SPD und Grünen, dann muss es eine Minderheitsregierung sein. Eine Option, mit der sich Ramelow bereits Wochen zuvor angefreundet hatte: »Minderheitsregierungen sind für mich kein Schreckgespenst. Ich strebe sie aber auch nicht an.«[74] SPD

74 Johannes M. Fischer, »Die AfD bietet nichts als Empörung«, Eßlinger Zeitung, 7. September 2019.

und Grüne hatten sich bereits klar positioniert: Sie wollen die Koalition fortführen.

Die CDU, bis zur Wahl stärkste Fraktion im Landtag, macht sich bis zum Schluss Hoffnungen auf eine Vierer-Ko-

Das Leid nach der Ministerpräsidentenwahl im Februar 2020

alition aus CDU, SPD, Grünen und FDP – etwas anderes geben die Hochrechnungen auch nicht für sie her. Dabei verfällt sie auf die alte Verhinderungsrhetorik, die, das zeigt das Wahlergebnis, offenkundig nicht funktioniert. Es gehe darum, die Linken abzuwählen und die AfD zu verhindern. Eine sogenannte Simbabwe-Koalition – die Farben auf der Landesflagge des afrikanischen Landes sind identisch mit denen der vier Parteien – würde das vermeintlich gespaltene Land wieder zusammenführen und Regierungsbeteiligungen von Parteien »an den Rändern« verhindern. CDU, SPD, Grüne und FDP stünden für die Mitte der Gesellschaft und könnten die Polarisierung in der Gesellschaft überwinden. CDU-Landeschef Mohring erklärt in einem *Spiegel*-Interview: »Klare Abgrenzung nach links, klare Abgrenzung nach rechts und Kampf um die bürgerliche Mitte – das ist unsere Strategie. Mit der Linken und der AfD, den beiden Parteien an den Rändern der Politik, wollen wir nicht koalieren.«

Noch am Wahltag spricht der Oppositionsführer in ein *ntv*-Mikrofon, die Stimmung im Land sei »echt noch mal umgeschlagen, ist positiv geworden, ist für uns«. Tatsächlich stürzt die CDU ab. Bereits seit einem Jahr dümpelt sie in Umfragen weit hinter ihrem Ergebnis von 2014 und bricht am Wahltag noch ein weiteres Stück ein. Im Ranking wird sie von der Linken und der AfD überholt. Das Desaster ist perfekt. Aber es sollte für die Christdemokraten noch viel schlimmer kommen.

Denn nach der Wahl fährt die CDU einen derart rasanten Schlingerkurs, dass es den Partei- und Fraktionschef Mike Mohring aus der politischen Bahn wirft – und nicht nur ihn. Unmittelbar nach der Wahl interpretiert Mohring das Ergebnis als einen bislang einmaligen Vorgang in Deutschland. Es habe einen deutlichen Einschnitt im politischen System gegeben, die »politische Mitte« – in seiner Deutung CDU, SPD, FDP und Grüne – habe die Mehrheit und deutlich an Vertrauen verloren. Das ist die Lage, wie Mohring sie etwa 24 Stunden lang sieht. Seine Schlussfolgerung: Die CDU sei bereit, Verantwortung zu tragen. Es gehe um stabile Verhältnisse – dafür wolle die CDU ihren Beitrag leisten. Man müsse »bereit sein, Gespräche zu führen. Und ohne was auszuschließen«, sagt er im Interview mit dem TV-Sender *Phoenix*. Das ist vor einer Sitzung des CDU-Bundespräsidiums. Danach bekräftigt Mohring in einer Pressekonferenz sogar, ein Gesprächsangebot von Ramelow annehmen zu wollen, denn »wenn wir unbeteiligt am Rand stehen bleiben, überlassen wir anderen das Wort.« Er zeigt sich bereit, die Vorstellungen Ramelows »auszuloten«. Zudem meldet Mohring vage einen »Gestaltungsanspruch« an. Die damalige CDU-Bundesvorsitzende Annegret Kramp-Karrenbauer nimmt Mohrings Ansinnen, das Gesprächsangebot Ramelows anzunehmen, diplomatisch »zur Kenntnis« – was in der politischen Sprache nichts Gutes verheißt.

Zu dem Zeitpunkt, wo Mohring und Kramp-Karrenbauer vor die Presse treten, kocht die Diskussion innerhalb und außerhalb der CDU schon hoch. Gespräche mit den Linken, womöglich sogar eine wie auch immer geartete Kooperation? Die Meinungen dazu gehen sehr weit auseinander. Nur zwei Beispiele: »Mir sträubt sich wirklich alles, wenn ich an eine Zusammenarbeit der CDU mit der Linken denke«, sagte der baden-württembergische CDU-Landesvorsitzende Thomas Strobl. Schleswig-Holsteins Ministerpräsident Daniel Günther, ebenfalls CDU, nimmt dagegen Mohrings Position ein: Er spricht von Verantwortung, Stabilität und dem Interesse Thüringens. »Von daher ist es richtig, dass Mike Mohring für solche Gespräche jetzt auch die Rückendeckung der CDU Deutschlands hat.« Zustimmung bekommt Mohring außerdem von den CDU-Ostpolitikern Ingo Senftleben und Michael Kretschmer.

Tags darauf tagt der CDU-Landesvorstand und das Blatt dreht sich abermals. Nach der Sitzung rudert Mohring zurück. Von staatsmännischer Verantwortung ist nur noch insofern die Rede, als da er sich der Einladung zum Gespräch nicht entziehen wolle. Ansonsten stellt er klar: »Ich kann mir keine Situation vorstellen, dass die abgewählte rot-rot-grüne Landesregierung durch die Unterstützung der CDU in eine neue Regierungsverantwortung gehoben wird. Das schließt sich aus.« Etwas später bringt er dann wieder die »Koalition der Mitte« ins Gespräch – in Erwartung, dass sich SPD und Grüne von einer Koalition mit den Linken verabschieden und zur CDU hinüberpendeln könnten.

In der CDU-Landespartei werden derweil ganz andere Debatten geführt: Nicht mit den Linken am linken Rand, sondern mit der AfD am rechten Rand sollten Gespräche geführt werden. Das ist umso bemerkenswerter, als da Mohring kurz vor der Wahl noch eine unzweideutige Einschätzung zur Person Björn Höcke abgegeben hatte, dem Fraktionschef der AfD im Thüringer Landtag: »Ich finde: Höcke ist ein Nazi.«[75]

Zuerst prescht sein Vize in der Fraktion vor: Michael Heym, der in seinem Wahlkreis Schmalkalden-Meiningen I eine große Nummer ist: Fünfmal hintereinander gewann er seit 1999 das Direktmandat für den Landtag. Heym rechnet in einem Gespräch mit der *Welt* vor, es gebe eine »bürgerliche Mehrheit rechts«. Die AfD definiert er als eine »konservative Partei«. Die Gespräche müssten nicht unbedingt in einer Koalition münden. Eine von einem CDU-Ministerpräsidenten angeführte Regierung, toleriert von der AfD, sei auch denkbar. Damit nimmt Heym die Ereignisse des 5. Februar 2020 im Prinzip vorweg. Bis auf den feinen Unterschied, dass nicht die CDU, sondern die FDP den Ministerpräsidenten stellen wird.

Heyms Äußerung wird in der CDU eilig als Einzelmeinung abgetan – zu eilig. Anfang November schreiben siebzehn Funktionäre und Mandatsträger aus der CDU, darunter ein weiterer Landtagsabgeordneter, einen offenen Brief, in dem sie Heym den Rücken stärken. Der habe »die Situation sehr treffend analysiert«. Koalitionen mit den Linken und der AfD seien zwar »unmöglich«. Jedoch müsse »alles dazwischen unter Demokraten besprochen werden können« – und zwar ergebnisoffen. Es könne nicht sein, dass fast ein Viertel der Wählerstimmen – gemeint sind die der AfD – außen vor bleiben. Die Briefeschreiber wettern

75 Mohring nennt Höcke einen »Nazi«, Spiegel, 24. Oktober 2019.

auch gegen die Bundesebene: Die »Ausschließeritis« – gemeint ist der Beschluss der Bundespartei, dass es keine Koalition mit der Linken oder der AfD geben darf – habe zu einer »sehr schwierigen Konstellation der Regierungsbildung in Thüringen« geführt. »Gerade die Bundespolitik präsentiert sich hier, genauso wie während des Wahlkampfes, nicht als Hilfe.«

Der Aufschrei in der Partei lässt nicht lange auf sich warten. Marco Wanderwitz, Staatssekretär im Bundesinnenministerium und Chef der sächsischen Landesgruppe im Bundestag, schreibt auf Twitter: »Leute wie Herr Heym haben in der CDU nichts verloren.« CDU-Generalsekretär Paul Ziemiak findet es »irre«, was gerade in Thüringen passierte. Mohring kontert: »Die Mitglieder meiner Partei haben das Recht, ihre Meinung zu äußern. Niemand ist deshalb irre. Ich verwahre mich gegen diese respektlose Äußerung.«[76] Selten ist die Kakofonie größer in der CDU als in diesen Tagen. Schnell zeichnet sich ab, dass nicht nur die Partei insgesamt, sondern auch einzelne Parteifunktionäre Schaden nehmen würden.

In der Zwischenzeit bastelt Ramelow an der neuen alten Koalition aus Linken, SPD und Grünen. Er setzt nicht auf die absolute Mehrheit, wohl aber auf die einfache, die im dritten Wahlgang ausreichen würde. Dieter Althaus, von 2003 bis 2009 CDU-Ministerpräsident in Thüringen, versucht noch einmal einen Brückenschlag zu den Linken und schlägt eine »Projektregierung« vor, die einzelne, zu den Parteien passende Projekte definiert und im Verlauf der Wahlperiode abarbeitet. SPD und Grüne wären in diesem Modell außen vor geblieben. Über diesen Vorschlag wird aber nur kurz diskutiert. Mitte Januar zieht sich die Land-

76 Paul Ziemiak, CDU-Generalsekretär vergleicht AfD mit NPD, Zeit Online, 6. November 2019.

tagsfraktion zu einer Klausur zurück und kommt dort zu dem Ergebnis, dass das Wahlergebnis keinen Regierungsauftrag erkennen lässt. »Die Wählerinnen und Wähler haben keine politische Richtungsentscheidung gefällt.« Mit dem Wahlergebnis ließe sich dennoch konstruktiv umgehen, heißt es weiter in dem Fraktionsbeschluss. Auch wenn es keine gemeinsame Regierung gebe, solle der Thüringer Landtag künftig über Sachfragen und Anträge von Fall zu Fall entscheiden – mit wechselnden Mehrheitsverhältnissen. Insgesamt 22 konkrete Punkte werden aufgelistet, die sich lesen wie ein Verhandlungsangebot an die Linken. Die Fraktion kommt zu dem Schluss: »Dies ist ein Gewinn für die Demokratie.« Der Text endet mit der Notiz: »Stand: 15.1.2020, 11:00«.

Am Tag, an dem der Ministerpräsident gewählt werden soll, sieht es für die meisten Beobachter tatsächlich so aus, als würde es in Thüringen nach 2014 erneut ein Novum für Deutschland geben. Wurde seinerzeit das erste Mal ein Linker ins Ministerpräsidentenamt gewählt, sieht es dieses Mal so aus, als könne es ein erstes Mal auf Länderebene eine Minderheitsregierung aus Linken, SPD und Grünen geben, die gemeinsam mit der oppositionellen CDU Sachfragen – oder Projekte – abarbeitet. Viele politische Beobachter gehen davon aus, dass es so kommt. So mutmaßt der *MDR* nach Unterzeichnung des Koalitionsvertrags zwischen Linken, SPD und Grünen und drei Tage vor der Wahl: »Da der Koalition vier Stimmen zur Mehrheit fehlen, ist sie auf Unterstützung von CDU und FDP angewiesen. Die beiden Parteien lehnen eine fest vereinbarte Tolerierung oder Duldung zwar ab, zeigten sich aber offen, mit Rot-Rot-Grün über die Umsetzung konkreter politischer Projekte zu verhandeln.« Die *Frankfurter Allgemeine Zeitung* analysiert: »Ohne eindeutige Mehrheiten müssen alle Beteiligten bewährte Wege verlassen. Sollte das gelingen, wird sich die

Macht in Thüringen von der Landesregierung deutlich in Richtung Landtag verschieben. Dort wird es dann vor allem auf die Fraktionsvorsitzenden sowie die Parlamentarischen Geschäftsführer ankommen. Sie müssen Gesetzesvorhaben so untereinander abstimmen, dass sie im Parlament eine Mehrheit finden.« Thüringen, »das vor fünf Jahren bereits politisches Neuland mit einer rot-rot-grünen Regierung betrat«, werde »abermals Vorreiter für eine bisher nie dagewesene Regierung sein«.

»Nie dagewesen« – damit sollte der *FAZ*-Autor Stefan Locke recht behalten. Aber anders als gedacht: Erwartungsgemäß erhält Ramelow in den ersten beiden Wahlgängen nicht die geforderte absolute Mehrheit. Im dritten Wahlgang lässt sich neben dem AfD-Kandidaten Christoph Kindervater – ehrenamtlicher Bürgermeister eines 350-Einwohner-Dorfes – Thomas Kemmerich von der FDP aufstellen. Ramelow bekommt 44 Stimmen, also zwei Stimmen mehr, als Linke, SPD und Grüne hätten aufbringen können. Kindervater erhält keine einzige Stimme, weil die AfD für Kemmerich votiert, der außerdem die Stimmen von CDU und FDP bekommt. Und damit die Mehrheit. Es ist das erste Mal, dass in Deutschland ein Politiker mit den Stimmen der AfD in ein Ministerpräsidentenamt gelangt.

Kemmerich weiß, was er tut. Alle anderen Beteiligten auch. Der Journalist Martin Machowecz schildert in der *Zeit*, was sich in der Sitzungspause zwischen dem zweiten und dritten Wahlgang ereignet: »Es zeichnete sich ab, als der linke Ministerpräsident Bodo Ramelow, getragen von einer Minderheitskoalition aus Linke, SPD und Grünen, keine Mehrheit im ersten und zweiten Wahlgang fand. Es zeichnete sich noch mehr ab, als die AfD daraufhin eine Sitzungspause beantragte. Und noch mehr, als ein Journalist nach dem anderen, ein Parlamentarier nach dem anderen in dieser Sitzungspause flüsterte: Das, worüber man sich nicht mal nachzudenken traute, wird doch jetzt nicht wirklich passieren?«

Zwei Interviews mit Kemmerich und ein hochoffizielles Statement der Bundeskanzlerin Angela Merkel unterstreichen, dass die Wahl kein Unfall war.

Das erste Interview führt der *MDR*-Moderator Jörg Schneider einen Tag vor der Wahl. Es geht darum, was die Entscheidung Kemmerichs und der FDP, im dritten Wahlgang anzutreten, bedeuten könnte.

Zunächst begründet der FDP-Politiker seine Kandidatur so: »Wenn es am Ende in Thüringen nur die Wahl gibt zwischen einem Vertreter als Kandidat der extremen Linken und einem Vertreter der extremen Rechten, dann kann die bürgerliche Mitte nicht zuschauen.« Deshalb habe der FDP-Landesparteirat beschlossen, im dritten Wahlgang »über eine mögliche Kandidatur nachzudenken und auch mich, Thomas Kemmerich, ins Rennen zu schicken, um eben auszuschließen, dass die Wahl nur zwischen links und rechts für Thüringen besteht.«

Daraufhin fragt Schneider: »Aber warum dann erst im dritten Wahlgang?«

Kemmerich weicht aus und doziert darüber, dass sich im ersten Wahlgang – »so sieht es die Thüringer Verfassung vor« – nur diejenigen zur Wahl stellen sollten, »die auch eine politische tragfähige Mehrheit haben«. Er stellt fest, dass es diesen Kandidaten nicht gibt. In der Konsequenz würde diese Interpretation der Landesverfassung bedeuten, dass sich niemand zur Wahl stellen sollte und es folgerichtig bei einem solchen Ergebnis keine Ministerpräsidentenwahl geben könnte.

Kemmerich verfolgt den Gedanken aber nicht weiter. Stattdessen geht er auf die AfD ein. »Wir wollen und werden alles deutlich machen, dass wir nicht mit Stimmen der AfD gewählt werden wollen.« Deshalb sei der Entschluss gefallen, im dritten Wahlgang für eine »Konstellation aus der Mitte der Gesellschaft zu werben, wenn nur die Extreme von links und rechts zur Kandidatur« stünden.

Zufrieden ist der Journalist mit der Antwort nicht und verweist an dieser Stelle auf das Szenarium, dass ein Tag später tatsächlich eintritt: »Aber gerade die AfD sagt ja, sie könnte sich im dritten Wahlgang auch vorstellen, einen Kandidaten von CDU oder FDP zu wählen. Also müssen Sie ja sogar damit rechnen, dass Sie Stimmen von der AfD bekommen könnten.«

Selbst für den unwahrscheinlichen Fall, dass Kemmerich trotz aller Beratungen diesen Fall noch nicht in Betracht gezogen haben sollte, spätestens jetzt müsste er es tun. Kemmerich gibt sich unschuldig-naiv: »Die können ja keinen eigenen Kandidaten ins Rennen schicken und dann jemanden anderes wählen.«

Schneider bleibt hartnäckig und erinnert daran, dass die AfD dies sogar angekündigt habe: »Aber Torben Braga hat eben schon angekündigt, also der Parlamentarische Geschäftsführer der AfD, gegebenenfalls einen geeigneten Kandidaten von CDU oder FDP unterstützen zu können. Wie gehen Sie denn damit um?« Kemmerich schweigt einen langen Moment. Er ringt hörbar darum, zurück in den Sprachfluss zu gelangen. Es gelingt ihm nur teilweise, indem er, statt die Frage zu beantworten, eine Formulierung aus den vorangegangenen Antworten wiederholt, die nun wie eine Floskel wirkt: »Mm ... Wir ... Also ... Ich ... Hier wird viel spekuliert. Wir ...« – Pause – »schließen eine Zusammenarbeit mit der AfD aus. In jeglicher Form.«

Einen Tag später – nach seiner Wahl zum Ministerpräsidenten – gibt Kemmerich im *Heute-Journal* der *ZDF*-Journalistin Marietta Slomka ein weiteres vielsagendes Interview. Slomka fragt mit Bezug auf den dritten Wahlgang: »Ahnten Sie da nicht, was auf Sie zukommen würde? Nämlich, dass die AfD diese Gelegenheit nutzt? Davor gab es ja auch ausdrückliche Warnungen.« Kemmerich antwortet, in den Parteigremien sei »sehr detailliert« über die »Kandidatur gegen die Kandidaturen von links und rechts der demokratischen Mitte« gesprochen worden. Dann rutscht ihm ein entscheidender Satz raus, den er in der Folge des Interviews versucht, zurückzunehmen. »Und wir mussten damit rechnen, dass dieses passiert.« Noch während er weiter über eine Politik gegen die AfD und gegen »linke radikalistische Forderungen, Enteignungsfantasien« spricht, hakt Slomka nach: »Moment. Habe ich Sie richtig verstanden: Sie haben damit gerechnet, dass das passiert? Das heißt, Sie waren nicht überrascht? Deshalb haben Sie ja auch schon eine Rede vorbereitet?«

Der Gedanke, dass Kemmerich seine Rede schon vorbereitet hatte, ist nicht abwegig: Er hält sie unmittelbar nach der Wahl – dabei schaut er auf ein Blatt Papier. Doch Kemmerich verneint. Er habe die Rede nicht vorbereitet. Dann geht er in den verbalen Gegenangriff über: »Frau Slomka, Sie brauchen jetzt nicht versuchen, mir das in den Mund zu legen. Ich habe mich einer demokratischen Wahl gestellt.«

Slomka lässt nicht nach: »Das heißt, sie haben sich bewusst in diese Situation hineinbegeben? Noch mal, damit wir das einfach klären. Das war jetzt keine Naivität, sondern sie ahnten, die AfD würde das so machen?« Kemmerich: »Nein, davon bin ich nicht ausgegangen.«

Nun ließe sich spitzfindig ein Unterschied herausinterpretieren zwischen »wir mussten damit rechnen« und »ich bin nicht davon ausgegangen«. Für einen Semantiker wäre es vielleicht auch noch interessant, wie die negative Aussage im kollektiven »wir« aufgehoben wird, während die positive Aussage in der ersten Person Singular fällt. Aber jenseits aller linguistischen Feinheiten liegt es auf der Hand, dass Kemmerich bei der Annahme der Wahl klar gewesen sein muss, dass er gerade mit den Stimmen der AfD gewählt worden war.

Unterstrichen wird dies noch von einem Twitterpost des Thüringer SPD-Landesvorsitzenden Wolfgang Tiefensee. Am 5. Februar, wenige Stunden vor der Wahl, verfasst Tiefensee in dem sozialen Netzwerk eine öffentliche Warnung an Kemmerich: »Sehr geehrter Herr @KemmerichThL, ist es wahr, dass Sie sich mit den Stimmen der AfD zum MP wählen lassen und dann die SPD-Minister zum Bleiben auffordern wollen? Welch ein politischer Dammbruch und welch eine Anmaßung.«

Ein weiteres entscheidendes Zitat kommt von Bundeskanzlerin Angela Merkel kurz nach der Wahl Kemmerichs zum Ministerpräsidenten. Obwohl sie sich auf einer außenpolitischen Mission in Südafrika befindet, nutzt sie entgegen aller diplomatischen Gepflogenheiten eine Pressekonferenz zu einem Thüringen-Statement, das an Eindeutigkeit nicht zu überbieten ist: »Da dies absehbar war, in der Konstellation, wie im dritten Wahlgang gewählt wurde, muss man sagen, dass dieser Vorgang unverzeihlich ist.«

Dennoch waschen Kemmerich, Mohring und andere Abgeordnete nach diesem »Dammbruch«, wie die Wahl landauf, landab in der Politik und in den Medien bezeichnet wird, ihre Hände in Unschuld. Der CDU-Landesverband gibt einen Tag nach der Wahl eine Erklärung ab, in der er trotzig formuliert, die Fraktion sei »nicht dafür verantwortlich, welche Kandidaten andere Fraktionen aufstellen und wie Abgeordnete des Thüringer Landtags aus anderen Fraktionen abstimmen«. Die Wahl sei das Ergebnis eines demokratischen Prozesses in einem Parlament. FDP-Bundesvorsitzende Christian Lindner sagt unmittelbar nach der Wahl, die »überraschende« Unterstützung der AfD sei allein taktisch motiviert. »Wer unseren Kandidaten in geheimer Wahl unterstützt, liegt nicht in unserer Macht.« Kemmerich wiederholt in einer Pressekonferenz monoton: »Es war eine geheime Wahl unter drei Kandidaten. Das ist eine geheime Wahl. Ich habe mich einer geheimen Abstimmung im Thüringer Landtag gestellt. Das ist das gute Recht eines Demokraten.« Gleichzeitig betont er an diesem Tag mehrfach, dass »Brandmauern zu den Extremen« – gemeint sind AfD und Linke – bestehen blieben.

Wie ernst er es tatsächlich meint mit den Brandmauern, zeigt sich Wochen später, als er mitten in der ersten Welle der Coronapandemie in Thüringen ohne Mund-Nasen-Schutz auf einer Demonstration gesehen wird, an der nicht nur krude Verschwörungstheoretiker, sondern auch zahlreiche Rechtsradikale teilnehmen, die die Kundgebung sogar mitorganisierten. Auch hier legt Kemmerich in den Rechtfertigungskommentaren wenig Unrechtsbewusstsein an den Tag und gibt sich unschuldig, was in der FDP-Parteiführung offenbar das Fass zum Überlaufen bringt. Ihn habe die Sorge umgetrieben, dass Teile der Mittelschicht mit ihren Sorgen von der AfD vereinnahmt würden. Dass die als »Spaziergang« deklarierte Demonstration von Extremisten mitorganisiert wurde, habe er nicht gewusst. Die FDP zieht die Notbremse. Nach einer Sitzung des Bundesvorstandes bekommt Kemmerich noch die Gelegenheit, von sich aus sein Amt in diesem Gremium ruhen zu lassen. Das ist die diplomatische Version. Tatsächlich sieht es eher so aus, als wäre er vom Hof gejagt worden, denn er geht unter dem Abgesang böser Lieder. »Ein peinlicher Typ«, ruft ihm zum Beispiel der FDP-Politiker Konstantin Kuhle nach, der ihm auch empfiehlt, die Partei zu verlassen. Ohne Wirkung. Kemmerich bleibt beharrlich Landesvorsitzender in Thüringen, als sei nie etwas gewesen.

Zurück zum Februar: Die Formulierung »das gute Recht eines Demokraten« erinnert im Duktus an den in rechtsradikalen beziehungsweise Pegida-Kreisen beliebten Spruch

»man wird ja wohl noch sagen dürfen«. Beide Aussagen sind für sich allein genommen formal richtig, aber im jeweiligen Kontext bekommen sie eine andere Bedeutung. Natürlich »wird man ja wohl noch sagen dürfen«, denn die Meinungsfreiheit ist im Grundgesetz verankert. Und natürlich ist es das »gute Recht« eines Landtagsabgeordneten, sich zur Wahl zu stellen. Aber die Phrase, »das wird man ja wohl noch sagen dürfen«, kann in einem rassistischen Kontext nur als Hohn gedeutet werden. »Das gute Recht eines Demokraten«, das die Politiker für sich proklamieren, bekommt im Zusammenhang mit der Wahl gleichfalls einen schalen Beigeschmack. Denn dieses Recht wird mithilfe einer Fraktion durchgesetzt, deren Anführer in den Augen des damaligen CDU-Chefs Mohring ein »Nazi« ist.

Kemmerich, der bis dahin kaum über Erfurt hinaus einen Namen hatte, und wenn, dann als Inhaber einer Friseurladenkette und als Karnevalspräsident, hält sich nur drei Tage im Amt, de facto sogar nur etwas mehr als 24 Stunden. Denn bereits einen Tag nach seiner Wahl kündigt er seinen Rücktritt an, den er dann zwei Tage später vollzieht. Die Entrüstung auch in Kemmerichs eigener Partei ist so groß, dass das Hochgefühl, wie aus dem Nichts Ministerpräsident geworden zu sein, im Nichts zerstäubt. Im Folgemonat demonstrieren dann Thüringens Landespolitiker beinahe mustergültig, wie Politik in einer Regierungskrise funktioniert oder eben auch nicht funktioniert. Das Protokoll dazu:

Stufe 1: Neuwahlen?

Eines der häufigsten Stichworte, die gleich nach dem Wahldesaster genannt werden, lautet »Neuwahlen«. Sehr schnell sind sich viele darüber einig. Die Große Koalition aus CDU und SPD in Berlin, die damalige CDU-Vorsitzende Annegret Kramp-Karrenbauer, hochrangige FDP-Politiker.

Auch die Linke als stärkste Partei in Thüringen ist nicht abgeneigt. Der Vizevorsitzende der Linken in Thüringen, Steffen Dittes, sagt: »Es ist nicht die Frage ob, sondern wann es Neuwahlen gibt.« Das Wort »Neuwahlen« fällt auch in der Fragerunde, der sich Bundeskanzlerin Angela Merkel während des Staatsbesuchs in Südafrika stellt.

Stufe 2: Keine Neuwahlen?

Auch wenn er es anfangs nicht wollte: Kemmerich tritt zurück, nachdem FDP-Bundeschef Christian Lindner ihn in Erfurt besucht hatte. Der Weg für Neuwahlen ist damit frei. Voraussetzung: Das Landesparlament wählt einen neuen Ministerpräsidenten. Dessen Regierung würde die Vorbereitungen für die Neuwahlen treffen. Solange das nicht geschieht, bleibt Kemmerich geschäftsführend im Amt. CDU-Chefin Kramp-Karrenbauer reist ebenfalls nach Erfurt und sitzt dort eine ganze Nacht zusammen mit dem CDU-Landesvorstand und der CDU-Fraktion im Thüringer Landtag. Im Anschluss gibt es eine gemeinsame Erklärung, die offenbart, dass sich Kramp-Karrenbauer mit ihrer Forderung nach Neuwahlen nicht durchsetzen konnte: »Wir werden Initiativen, die darauf abzielen, im gewählten Thüringer Landtag eine Regierung zu bilden, nicht blockieren«, lautet etwas verklausuliert die Absage an Neuwahlen. »Die CDU-Fraktion im Thüringer Landtag wird einen von der Linken aufgestellten Ministerpräsidenten entsprechend ihrer Grundsätze nicht aktiv ins Amt wählen.« Eine Option auf Neuwahlen wird im letzten Punkt der Vereinbarung aufgeführt: »Sollte der Thüringer Landtag unter den bestehenden Mehrheitsverhältnissen nicht in der Lage sein, eine neue Landesregierung zu wählen, wird die CDU-Fraktion im Thüringer Landtag den Weg zu Neuwahlen nicht verhindern.« Offenbar herrscht zu diesem Zeitpunkt in der CDU nach wie vor die Vorstellung, eine Minderheitsregierung ohne die zwei größten Fraktionen AfD und Linke bilden zu können. In einer Pressekonferenz münzt Kramp-Karrenbauer ihre Niederlage in eine positive Forderung an die SPD und die Grünen um: »Wir erwarten, dass es eine Bereitschaft von SPD und Grünen gibt, einen Kandidaten oder eine Kandidatin zu präsentieren, der oder die als Ministerpräsident oder Ministerpräsidentin nicht das Land spaltet, sondern das Land eint.«

Damit befindet sich das Erklärungsmuster wieder auf dem alten Stand, auf dem sich ja auch Kemmerich bis zu seinem Rücktritt positionierte: Linke und AfD gelten als extrem und spalten das Land. Angestrebt wird eine Koalition »der Mitte«, gespeist aus den übrigen Parteien. Die Voraussetzungen, dass dieser Plan aufgeht, haben sich nicht geändert: SPD und Grüne müssten von ihrer Koalitionszusage gegenüber den Linken abrücken und sich neu positionieren. Sollten sie es nicht tun, so womöglich das Kalkül der CDU, bekommen SPD und Grüne den Schwarzen Peter.

Stufe 3: Macht sichern, Macht verlieren

Parallel zum Krisenmanagement und inmitten der aufgewühlten Stimmung versuchen die Protagonisten aus CDU und FDP, sich ihrer Macht zu vergewissern. Einige scheitern. FDP-Politiker Kemmerich lehnt etwas mehr als 24 Stunden lang beharrlich einen Rücktritt ab, tritt dann aber nach dem Gespräch mit Lindner als Ministerpräsident zurück. Lindner selbst stellt nach seiner erfolgreichen Thüringen-Reise im FDP-Parteivorstand die Vertrauensfrage und bleibt Parteichef. Mohring stellt im Landesvorstand der CDU die Vertrauensfrage und bleibt ebenfalls Parteichef. Einen Tag später – am 7. Februar – tritt er aber als Fraktionschef zurück. Ebenfalls zurücktreten muss der Ost-Beauftragte der Bundesregierung, Christian Hirte, der zugleich stellvertretender CDU-Chef in Thüringen ist. Auf »Anregung« der Bundeskanzlerin Angela Merkel sagt er. Hintergrund: Hirte hatte Kemmerich zu seiner Wahl gratuliert: »Deine Wahl als Kandidat der Mitte zeigt noch einmal, dass die Thüringer Rot-Rot-Grün abgewählt haben. Viel Erfolg für diese schwierige Aufgabe zum Wohle des Freistaats.« Als Ost-Beauftragter lehnt er sich damit weit aus dem Fenster. In seiner Jobbeschreibung steht lediglich, dass er »bei allen Entscheidungen und Maßnahmen der Bundesregierung dafür zu sorgen hat, dass die spezifischen Interessen der Ostdeutschen angemessen berücksichtigt werden«. Mit seinem Statement schießt er über das Ziel hinaus – zumindest als Ost-Beauftragter. Er erntet viel Kritik. Der CDU-Politiker Ruprecht Polenz etwa zeigt sich entsetzt: »Wie können Sie die Umstände der Wahl ignorieren? Die Kandidatur von Kemmerich war ein Fehler, dass die CDU ihn angesichts des vorhersehbaren Verhaltens der AfD mitgewählt hat, war ein Riesenfehler. Und Sie gratulieren.« Die Grünen-Politikerin Ricarda Lang schimpft: »Sie sollten sich schämen, die Zusammenarbeit mit Faschisten als Koalition der Mitte zu bezeichnen. Widerlich.«

Der nächste Rücktritt zeigt das ganze Ausmaß der politischen Krise, die immer mehr eine der CDU wird. Die CDU-Vorsitzende Kramp-Karrenbauer erklärt drei Tage nach dem Rücktritt Kemmerichs und zwei Tage nach dem Rückzug Hirtes, sich als Bundesvorsitzende zurückziehen zu wollen. Gleichzeitig verzichtet sie auf eine Kanzlerkandidatur 2021. Vier Tage später dann der komplette Rückzug Mohrings: Nach dem Fraktionsvorsitz gibt er auch das Amt des Landesvorsitzenden ab.

Stufe 4: Schachzüge

Um die Krise in Thüringen unter Kontrolle zu bekommen, treffen sich Politiker der Linken, SPD und Grünen mit einer Abordnung der CDU. Elf turbulente Tage sind seit der Kemmerich-Wahl vergangen, als Ramelow mit einem überraschenden Vorschlag kommt, den die CDU auf den ersten Blick kaum ablehnen kann. Damit bringt er sich in eine starke Verhandlungsposition und demonstriert, wie sich Stabilität herbeiführen lassen könnte: durch Verzicht. Die CDU-Politikerin Christine Lieberknecht soll übergangsweise das Amt der Regierungschefin übernehmen – obwohl die politischen Standpunkte zwischen Ramelow und Lieberknecht weit auseinanderliegen, verstehen sich beide auf einer persönlichen Ebene gut.[77] Es ist ein klassisches Ramelow-Verhältnis: Offenkundige Unvereinbarkeiten stehen nebeneinander, ohne sich gegenseitig auszuschließen.

Was Ramelow aber auch weiß: In der Thüringer CDU war Lieberknecht, selbst von 2009 bis 2014 Ministerpräsidentin von Thüringen, in parteiinterne Machtkämpfe verstrickt, aus denen sie nicht immer als Siegerin herauskam. Was ihr in der eigenen Partei Freunde und Feinde verschaffte. Ramelow verknüpft den Vorschlag mit folgendem Szenarium: Lieberknecht sollte eine Übergangspräsidentin werden und ein Kabinett mit drei Ministerien leiten. Innerhalb von 70 Tagen sollte dann neu gewählt werden – so wie es die Landesverfassung vorsieht, sofern das Landesparlament mit einer Zweidrittelmehrheit dies so will. Mit diesem Vorschlag scheint der gordische Knoten zerschlagen. Doch erneut ist es die Landes-CDU, die nicht mitspielt. Sie würde Lieberknecht akzeptieren, aber nur mit einer vollständigen »technischen Regierung des Übergangs«, die unter anderem einen Haushalt für 2021 vorlegt. Erst dann, wenn der Landtag diesen Haushalt verabschiedet hätte, sollte es Neuwahlen geben. In der Konsequenz würde dies für die CDU bedeuten, dass sie Zeit gewinnt. Die sie braucht: Die Irrun-

77 Dieses Bild zeichnet auch Martin Debes in seiner Lieberknecht-Biografie: Christine Lieberknecht, Klartext Verlag, Essen, 2014.

gen und Wirrungen der vergangenen Tage hatte nicht nur die FDP, sondern auch die CDU in Wahlumfragen tief stürzen lassen, während die Linke zulegte. Doch auch dieser Plan geht nicht auf. Das Desaster der Thüringen-CDU setzt

Die Freude nach der Ministerpräsidentenwahl im März 2020

sich fort: Lieberknecht lässt wissen, dass sie für den Ramelow-Vorschlag bereitgestanden hätte, nicht aber für den aus der eigenen Fraktion.

Stufe 5: Über einen Umweg ins Amt

Es ist der 21. Februar, gut zwei Wochen nach der Wahl Kemmerichs zum Kurzzeit-Präsidenten. Sehr viel zerbrochenes Porzellan liegt in den Fluren der Thüringer Landespolitik. Der Dreierbund aus Linke, SPD und Grünen findet mit der CDU eine Lösung, die man schneller und mit weniger Schaden hätte haben können: Die CDU würde die Wahl Ramelows zum Ministerpräsidenten einer rot-rot-grünen Minderheitsregierung zulassen. Etwa ein Jahr später, im April 2021, sollte es Neuwahlen geben. Die Abstimmung findet am 4. März 2020 statt. Dieses Mal läuft alles nach Plan und der erste Teil der Abmachung wird erfüllt: Bodo Ramelow erhält in allen drei Wahlgängen 42 Stimmen, was der Zahl der Abgeordneten aus den Fraktionen der Linken, SPD und Grünen entspricht. Da sich die CDU weitgehend enthält und die FDP nicht mitstimmt, reicht das aus. So wird Ramelow im dritten Wahlgang mit einfacher Mehrheit und mit den Gegenstimmen der AfD zum Ministerpräsidenten gewählt. In seiner Antrittsrede fasst er die Ereignisse staatsmännisch zusammen: »Wir haben vor vier Wochen den Beginn einer Krise erlebt, die zu einer Situation geführt hat, dass der Freistaat Thüringen in ganz Deutschland, ja in der ganzen Welt bekannt geworden ist. Ich glaube, im Sinne aller zu sprechen, dass wir auf diese Form der Bekanntheit gerne verzichtet hätten.«

Der zweite Teil der Abmachung allerdings wird sich nicht erfüllen, weil die Coronapandemie dazwischenkommt. Im Januar 2021 verständigen sich die Parteien Linke, SPD, Grüne und CDU, dass erst am 26. September zusammen mit der Bundestagswahl gewählt werden soll.

Nachspiel

Eine bizarre Pointe, die für sehr viel Verblüffung sorgte, gibt es einen Tag nach der Wahl Ramelows zum Ministerpräsidenten. Der AfD-Politiker Michael Kaufmann wird zu einem der Vize-Präsidenten im Landtag gewählt. Unter den 45 Ja-Stimmen befindet sich auch die Ramelows, der tags zuvor in seiner Antrittsrede die AfD noch als Brandstifter bezeichnet hatte. Warum? Ramelow spricht von einer Erpressungssituation. Die AfD würde die Berufung von Richtern und Staatsanwälten verhindern, wenn ihr die Position des Vize-Präsidenten verwehrt bliebe. »Damit Richter und Staatsanwälte wieder berufen werden können, habe ich als Ministerpräsident und als Abgeordneter eine Entscheidung getroffen, die nicht jeder akzeptieren kann. Das verstehe ich«, schreibt Ramelow auf Twitter. Tatsächlich erntet er aufgrund dieser für einen Linken sehr untypischen und in sich widersprüchlichen Entscheidung heftige Kritik, auch von seiner politischen Wegbegleiterin, der damaligen Landes- und heutigen Bundesvorsitzenden der Linken, Susanne Hennig-Wellsow. Immerhin schlägt sie auf Twitter – im Gegensatz zu vielen anderen – einen moderaten Ton an: »Ich habe seine Begründung zur Kenntnis genommen. Meine Position ist eine andere: keine Stimme für die AfD.«

Die Corona-Präsidentschaft

#Lockdown
#Öffnungsschritte

Kaum gewählt, kommt Corona. Mit der Pandemie sind so gut wie alle anderen Themen, mit denen sich Ministerpräsidenten in Deutschland sonst so beschäftigen, wie weggewischt – zumindest von der öffentlichen Agenda. Im Verlauf der darauffolgenden Monate bis ins Jahr 2021 hinein ändert sich daran nichts mehr. Bodo Ramelow geht es dabei wie vielen anderen auch, die in der Gesundheitskrise an irgendeiner entscheidenden Stelle Schaltknöpfe drücken: Er macht Politik ins Blaue hinein, ohne auf irgendwelche Erfahrungen oder zuverlässige Analysen zurückgreifen zu können. Wie viele andere schwankt auch er in seinen Handlungen. In seinem Fall ließe sich auch sagen: Es sind starke Schwankungen. Und wie viele andere Menschen an den Hebeln der Macht muss auch er feststellen, wie das Vertrauen der Bevölkerung in das Coronamanagement und deren Akteure schwindet. Seine persönlichen Umfragewerte sind nach wie vor gut, aber sie sinken.

Rückblick. Ende Januar 2020 wird der erste Coronavirus-Fall in Deutschland bekannt. Niemand macht sich Sorgen. Gesundheitsminister Jens Spahn: »Die Gefahr für die Gesundheit der Menschen in Deutschland durch die neue Atemwegserkrankung aus China bleibt nach Einschätzung des Robert-Koch-Instituts (RKI) weiterhin gering.«

Das Gesundheitsministerium empfiehlt: »Halten Sie beim Husten Abstand und waschen Sie regelmäßig die Hände.« Einen Monat später, Ende Februar, konstatiert Spahn: »Corona ist als Epidemie in Europa angekommen.« Die Regierung setzt einen Krisenstab ein. Die Nachfrage nach Desin-

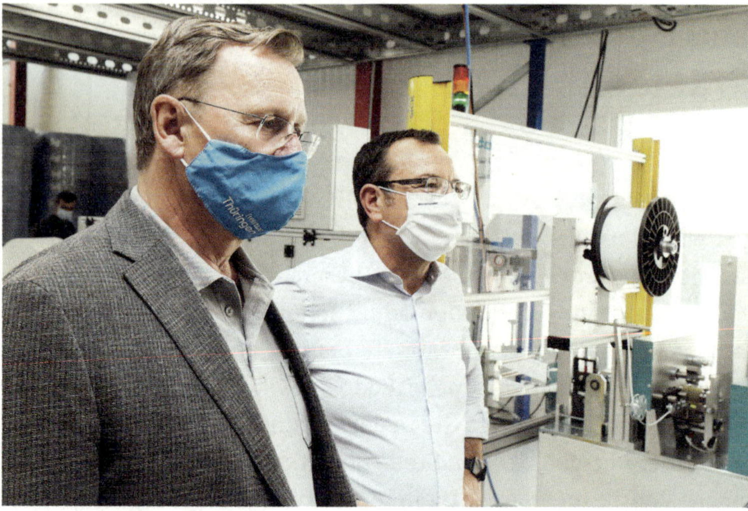

Bodo Ramelow mit Peter Schreiber, dem Geschäftsführer des DRK Thüringen, im Juli 2020

fektionsmitteln steigt. Am 10. März empfiehlt der Krisenstab, Großveranstaltungen, die mehr als 1000 Teilnehmer haben, abzusagen. Diese Empfehlung war abzusehen, dennoch lässt nur ein Tag zuvor der VFB Stuttgart ein Fußballspiel mit mehr als 50 000 Zuschauern zu. Am 11. März findet in Mönchengladbach das erste Geisterspiel in der Bundesliga ohne Zuschauer statt. Diese beiden Veranstaltungen zeigen, dass sich das Bewusstsein, dass die Situation dramatisch sein könnte, in unterschiedlichen Geschwindigkeiten durchsetzt. Ab Mitte März steigt der Druck. Immer mehr Theater und Konzerthäuser schließen, Fabriken fahren die

Produktion runter. Am 18. März wendet sich die Bundeskanzlerin zur besten Sendezeit an die Bevölkerung: »Seit der deutschen Einheit, nein, seit dem Zweiten Weltkrieg gab es keine Herausforderung an unser Land mehr, bei der es so sehr auf unser gemeinsames solidarisches Handeln ankommt.« Der Umgang mit der Coronakrise erklärt sie zu einer »historischen Aufgabe«. Ab 22. März dann der erste Lockdown: Außerhalb des eigenen Haushalts dürfen sich nicht mehr als zwei Menschen treffen. Cafés, Kneipen, Restaurants und Friseure schließen. Die ersten Hilfspakete für die Wirtschaft werden beschlossen. Ende April kommt die Maskenpflicht im öffentlichen Nahverkehr und in Märkten. Anfang Mai öffnet sich die Gesellschaft wieder schrittweise, es folgt ein relativ gelöster Sommer. Die meisten Menschen in Deutschland gehen davon aus, dass die Krise überwunden ist. Sie fahren in Urlaub, treffen sich, feiern. Auch die Gastronomie atmet durch. Doch der Schein trügt. Mitte Oktober steigen die Zahlen wieder mit zunehmender Geschwindigkeit, am 28. Oktober beschießt die Bundesregierung einen sogenannten Lockdown light, der wenige Tage später in Kraft tritt. Kitas und Schulen bleiben offen. Mitte Dezember fährt die Gesellschaft das gesellschaftliche Leben dann erneut runter und befindet sich im »harten Lockdown«. Gleichzeitig ein Hoffnungsschimmer: Die ersten Impfstoffe kommen auf den Markt. Medienwirksam werden Ende Dezember alte Menschen, die besonders bedroht sind, geimpft. Allerdings wächst in den folgenden Wochen der Unmut, weil Deutschland und die EU insgesamt im weltweiten Vergleich nur zögerlich impfen. Es ist nicht genug Impfstoff da, die Verhandlungsstrategie der EU mit den Impfstoffherstellern gerät zunehmend in die Kritik. Ende Januar wird auch das Maskengebot verschärft: In Kaufhäusern und im Nahverkehr werden medizinische Masken zur Pflicht. Zunächst sinkt die Zahl der Infizierten, doch gleichzeitig machen sich weltweit Mutationen breit, deren Ansteckungsrisiko deutlich höher liegt als die Ursprungsvarianten des Coronavirus. Anfang März werden zahlreiche Beschränkungen schrittweise zurückgenommen, auch die Schulen öffnen wieder. Doch die Zahl derer, die sich mit dem Virus anstecken, steigt wieder an. Regeln werden auf regionaler Ebene verschärft. Die psychologischen Auswirkungen der sozialen Isolation treten immer stärker zutage. Zugleich passiert das, was in Ausnahmesituationen oft passiert: Die Glaubwürdigkeit der Politik wird durch Korruptionsskandale erschüttert, die unter anderem mit der Coronakrise unmittelbar zu tun haben. Die Regierungspartei CDU strauchelt. Was aber über all die Monate stetig bleibt, ist die Unsicherheit, wie es weitergeht.

Während der ersten Phase im Frühjahr 2020 stehen die östlichen Bundesländer vergleichsweise gut da. Als die Zahlen im Sommer sinken, die Pandemie vorbei zu sein scheint, lebt Ramelow wie andere Ost-Ministerpräsidenten in der Gewissheit, vieles richtig gemacht zu haben. So ist Thüringen im Juni das erste Bundesland, das die Kontaktbeschränkungen aufhebt. Statt eines Verbots gilt die Empfehlung, sich nicht mit mehr als einem weiteren Haushalt oder zehn weiteren Menschen zu treffen.

Angedeutet hatte sich dieser Schritt wenige Wochen zuvor, als Ramelow ankündigt, aus dem »Krisenmodus in den Regelmodus übergehen« zu wollen. Es gehe nicht darum, immer neue Verordnungen zu erlassen, sondern in kleineren regionalen Einheiten das Geschehen zu überwachen. Dabei sollte den Gesundheitsämtern vor Ort eine zentrale Verantwortung zukommen. Amtsärzte sollten entscheiden können, ob Veranstaltungen stattfinden oder nicht. Dies sei unproblematisch, wenn sie mit genügend Abstand und guter Durchlüftung beziehungsweise im Freien abgehalten werden könnten. Letztlich setzt Ramelow zu diesem Zeitpunkt auf die Einsicht der Bürger, sich auch ohne lästige Gebote selbst zu schützen. Ähnlich reagiert das Nachbarland Sachsen. »Wir haben mehr Lockerung, wir haben mehr Freiheiten als jedes andere deutsche Bundesland«, rühmt sich der sächsische Ministerpräsident Michael Kretschmer Ende Mai. Nur wenige Monate später stehen Thüringen und Sachsen im Vergleich mit anderen Bundesländern mit Abstand am schlechtesten da.

Im Oktober schien aber noch alles gut zu sein. Diskutiert wurde damals über das sogenannte Beherbergungsverbot. Es war eine der Light-Maßnahmen, die schon vor dem 28. Oktober diskutiert und beschlossen wurden – allerdings nicht einheitlich. Hotels in Gebieten mit besonders hohen Infektionszahlen sollten keine Touristen mehr aufnehmen dürfen. Ramelow hat eine klare Meinung dazu: »Das, was heute beschlossen worden ist, ist Unsinn.«

Das Bild verändert sich dann im Verlauf des Oktobers. In Ostdeutschland steigt die Zahl der Infizierten schneller und höher als im Westen. Am 28. Oktober, das ist der Tag, an dem der Lockdown light verkündet wird, passiert etwas mit Ramelow. Es ist ein Tag der Erkenntnis und der Wandlung. An diesem Tag erfährt er, wie er sagt, einen »der schärfsten Einschnitte auch in meinem Leben«. Mit anderen Ministerpräsidenten und Bundeskanzlerin Angela Merkel sitzt er in einer Videoschalte, als ihn die Meldung erreicht, dass sich die Infektionswerte in Thüringen extrem verschlechtern. Diese Entwicklungen habe ihn »demütig« gemacht. Es klingt wie ein Geständnis, wenn er in einer *ZDF*-Fernsehsendung mit Markus Lanz sagt: »Ich habe mich von Hoffnungen leiten lassen, die sich jetzt als bitterer Fehler zeigen.« Er habe noch genau im Ohr, dass die Bundeskanzlerin vor stark steigenden Zahlen warnte. »Und ich muss sagen, sie hat recht gehabt und ich habe unrecht gehabt.« Er sei die Monate zuvor von der Hoffnung getrieben worden:

»Wir werden gut durch die Entwicklung kommen.« Tatsächlich fand er sich dann im Herbst in einer Situation wieder, die er sich im Sommer nicht habe vorstellen »wollen«.

Nimmt es mit Humor: Wie viele Politiker macht Bodo Ramelow schmerzhafte Erfahrungen während der Coronakrise 2020/2021

Ramelow spricht bewusst von »wollen« und nicht »können«. »Können? Ja. Aber wollen? Nein.« Die Zahlen hätten vorgelegen, aber seine Interpretation sei offenkundig zu optimistisch gewesen.

Ramelow wandelt sich angesichts der extremen Zahlen in Thüringen vom Saulus zum Paulus. Als die Inzidenzzahlen, die der Politik als Maßstab für ihre Maßnahmen dienen, trotz des Lockdowns im Dezember auch im Januar sehr langsam sinken, prescht Thüringens Ministerpräsident vor. Er fordert einen kompletten Lockdown auch für die Wirtschaft. Und auch in diesem Interview mit dem *MDR* gibt er sich reumütig: »Ich habe mich zu lange davon leiten lassen, dass es eine leichtere Methode geben könnte. Und merke jetzt, dass die leichteren Methoden leider zu einer dauernden Verlängerung geführt haben.« Die ganze wirtschaftliche Last werde von Gastronomen, Einzelhändlern, Schaustellern und Kulturschaffenden getragen, »weil wir nicht den Mut hatten zu sagen, wir müssen insgesamt die Wirtschaft anhalten. Ich sehe derzeit keine Alternative.«

Refugien

Grenzen und Grauzonen

#Wessi
#Ossi

Gottgläubigkeit, eine gewisse Biederkeit, die sich zuweilen auch in der Kleidung von Ramelow ausdrückt, ein bisschen bourgeoises Boheme-Verhalten, etwas Revoluzzertum, und manchmal blickt auch noch der Gewerkschaftsmensch hervor. Detailverliebt, politisch korrekt, zuweilen bürokratisch-hölzern im Stil, dann wieder fabulierend, verschnörkelt und pointiert. Ein Netzwerker vor dem Herrn, ein Kommunikator, voller Charme, aber auch ein Haudrauf mit viel Wut und einer, der sich schnell mal mitreißen lässt und sich dabei vergaloppiert. Ein Witziger und ein Beleidigter, ein Nachdenklicher und ein Plauderer. Ein großes Gefäß weltoffener Religiosität mit einem starken Schuss pietistischen Fleißes. In Ramelow wohnen sehr viele Personen. Wäre er eine Lebensform, dann sicherlich keine Wohngemeinschaft Gleichgesinnter. Wenn, dann eher eine Großkommune, deren Mitglieder auf dem Land ihr eigenes Biogemüse züchten und Brot backen, in der nahe gelegenen Großstadt fleißig Handel betreiben, sich aber auch prächtig zu amüsieren wissen – und sich politisch einmischen. Er ist nicht der Mann ohne, sondern einer mit vielen Eigenschaften, die sich jedoch nicht immer ganz einig sind. Oft verschwimmen die Grenzen zwischen den verschiedenen Charakterausformungen. Übrigens auch die Grenze zwischen Privat-

und Berufsleben. Obwohl er sich viel Mühe gibt, beides zu trennen, es klappt nicht wirklich.

Wenn es in den nächsten Kapiteln um den privaten Ramelow geht, dann, weil es diesen tatsächlich gibt und er großen Wert darauf legt, diesen persönlichen Raum gegen die Übermacht des Öffentlichen zu verteidigen. Aber es ist wie in seiner Regierungskoalition: Es geht nicht ohne Kompromisse. Ministerpräsidenten, vor allem wenn sie polarisieren, benötigen Personenschützer. Morddrohungen gegen Ramelow und seine Familie gehören sogar fast schon zum Alltag. An diesem Punkt dringt das politische Leben sehr tief in das private ein, ohne dass Ramelow dagegen irgendetwas tun könnte. Dennoch versucht er, etwa wenn er in seinem Ferienhaus am See weilt, diesen Umstand auszuschalten. Umgekehrt machen die Personenschützer das, was sie gelernt haben. Sie halten sich, soweit es irgendwie geht, im Hintergrund. Abends bringen sie ihr Schutzobjekt bis zur Haustür, morgens holen sie es wieder ab. Ramelow wohnt mitten in der Stadt, in einer typischen Stadtwohnung, umgeben von Nachbarschaft. Die fand das Prozedere des Hinbringens und Abholens anfangs seltsam, inzwischen hat sie sich an die dunklen Autos und ihre Insassen gewöhnt. Auf öffentlichen Versammlungen wie Parteitagen sind die Personenschützer sowieso präsent, da wundert sich eigentlich niemand mehr, aber auch auf netten dörflichen Vereinsbesuchen und Wandertouren stiefeln sie mit. Und bei Edeka oder Norma: Manchmal, wenn Ramelow noch schnell was einkaufen will, »dann stürzen wir da mal zu dritt durch das Kaufhaus. Aber ich würde kein Großeinkauf machen wollen, das wäre mir viel zu unangenehm.« Wenn er aber tatsächlich mal ohne Schutz unterwegs sein sollte, gibt es strenge Regeln. Die oberste lautet: keine Regelmäßigkeit. »Sie dürfen nie zur selben Zeit denselben Weg laufen und sie dürfen nicht angekündigt sein. Sobald ich irgendwo angekündigt bin, sind die Personenschützer dabei. Also wenn Dritte die Chance geboten bekommen, dir aufzulauern, wird das gesichert.«

Auch die Zeit seiner Politisierung ist sehr persönlich. Weder Vater noch Mutter spielen in der aktiven Politik eine Rolle, auch nicht in der Kommunalpolitik. Der politische Blick sickert über die Geschwister in sein Leben. Die Familie lebt damals auf dem Dorf. Sein Bruder verweigert den Wehrdienst, was bis in die 1980er Jahre hinein vor allem in ländlichen Gegenden von der Nachbarschaft misstrauisch beäugt wurde und die Ausnahme war. Bis 1983 müssen junge Männer, die nicht zur Bundeswehr wollen, eine schriftliche Begründung abgeben und sich einer mündlichen Anhörung unterziehen. Viele lassen sich beraten – auch Ramelows Bruder. »Der Berater kam aus Darmstadt. Darmstadt war für mich eine Weltreise. Ewig weit weg von unserem rheinhessischen Dorf. Also da kommt einer von weit weg. Und dann hat der Flugblätter, da stand drauf, wie teuer ein Panzer ist und wie viel Geld für Rüstung ausgegeben wird, all so was. Ich konnte das damals als Kind alles nicht einordnen.« Er bringt auch Schriften der DFU mit, einer von der SED mitfinanzierten Partei, die von Gegnern spöttisch »Die Freunde Ulbrichts« genannt wird. »Das war das einzige Mal, das ich mit sowas als Kind Berührung hatte«, erinnert sich Ramelow. Erst Jahre später in Marburg lernt er »richtige« DKP-Kommunisten kennen.

Auch in Marburg vermischt sich Politisches mit Privatem. In seinem Bekanntenkreis spielt die Frage, »ob du Kommunist oder keiner bist«, keine Rolle, »sondern die Frage, ob du Marburger oder nicht Marburger bist. Das war die Identität.« Geschmiedet unter anderem auf der »Kommunistenkirmes«, wo die veranstaltende DKP die Internationale zu einem Art Dorffest zusammenschmolz. Drei Tage Halligalli in einem Festzelt. »Offiziell ist da keiner hin

– aber heimlich unter der Plane durchgekrochen sind sie alle. Das Zelt war immer brechend voll.« Die wichtigsten Fragen: »Warst du im Zelt? Hast du die Gruppe gesehen?« Bots, Puhdys und Rodgau Monotones waren die Bands, die zu jener Zeit die Jugendkultur begleiteten. In ihren Liedern steckte immer etwas Gesellschaftskritik, aber »die adelnde Unterscheidung« war eine andere: »Warst du hinter der Theke oder vor der Theke?« Hinter der Theke stehen die coolen Kids. Oder Parteimitglieder und Unterstützer, die das Hinter-der-Theke-Privileg genießen dürfen.

Ramelow hat in diesen Jungmännertagen mit Parteipolitik noch nichts am Hut. Er ist Gewerkschafter. Ein typischer Funktionär? Die Frage geht an Leonie Ramelow, selbst Tochter eines Gewerkschafters und über mehrere Jahre Ehefrau Ramelows und Mutter der beiden gemeinsamen Söhne. »Was ist ein typischer Gewerkschafter?«, fragt sie zurück. Natürlich, eine dumme Frage. Es sind ja nur Klischees. Etwas hölzern, etwas bürokratisch, sehr stark an einer Linie ausgerichtet, stets von sich und seinen Aufgaben überzeugt – so was vielleicht? Der Sohn, Philip Ramelow, beantwortet die Frage so: »Nein, ein typischer Funktionär war er nie. Eher der, der was organisiert hat. Der gesagt hat: Karl-Heinz, du musst mitmachen, sonst kriegen wir das nicht hin.« Und Leonie Ramelow ergänzt: »Bodo lädt gerne ein. Komm doch mal vorbei …«

Zu Hause ist er im Osten wie im Westen, aber weder ist er ein richtiger Ossi noch ein richtiger Wessi. Martin Machowecz von *Die Zeit* hat es gut zusammengefasst: »Er ist ein Wessi, der sich ostdeutscher nicht präsentieren könnte.« In Ostdeutschland »erlebte er die Abwicklung der DDR-Wirtschaft so heftig mit, dass es ihn völlig ossifizierte.«[78]

78 Martin Machowecz, Das ewige Ommmmm, Die Zeit, 9. Oktober 2019.

Die Etappen und Episoden, die Ramelow zurücklegt und durchlebt, erklären sich nicht unbedingt von selbst, erscheinen mitunter fast zufällig. Es passieren Dinge, es kommen Anstöße von außen, und auch der Zeitgeist bläst in seine Biografie. Es muss irgendeinen unsichtbaren Kompass geben, der ihn durch das Zeitgeschehen navigiert. Allerdings zeigt die Nadel nicht immer in dieselbe Richtung: Mal ist es die Liebe, mal die Gerechtigkeit – oder ihr Gegenteil, die Ungerechtigkeit. Mal ist es Empörung, mal väterliche Sanftmut. Mal der Spaß am Geschichten erzählen, mal die Legasthenie und wieder ein anderes Mal eine gewisse Detailbesessenheit. Oft ist es der Sinn für Familie und der Wunsch nach Zusammenhalt. Mal ist es die Sehnsucht nach Heimat und Natur, mal ist es eine Art Pioniergeist und Fernweh, die Lust, Grenzen zu übertreten oder auszuweiten. Später ist es auch die Partei, die ihn um- und antreibt. Und manchmal ist es ein religiöses Gefühl, dass den Ausschlag auf dem Kompass gibt.

Der private Ramelow weist viele verschiedene Schattierungen auf, je nach Perspektive entsteht ein anderes Bild. Es könnte ein multiperspektivisches, ein kubistisches Bild sein. Auf alle Fälle sind es viele verschiedene. In einem.

Wie es hätte kommen können

#Bäcker
#Lokomotivführer

Es hätte auch alles ganz anders laufen können. In welche Richtung es für Bodo Ramelow auch hätte gehen können, was er alles hätte sonst noch werden können, wenn er an irgendeiner Stelle irgendeine andere Abbiegung genommen hätte, zeigen die folgenden Geschichten.

Von solchen Wegzweigungen, die einen einzelnen Menschen unwiederbringlich in die eine oder andere Richtung manövrieren, gibt es vermutlich mehr als man denkt. Richtungsentscheidungen folgen mitunter einem winzigen Impuls, an den man sich schon nach wenigen Metern nicht mehr erinnern kann. Im Nachhinein bastelt man sich dann eine Geschichte, warum es genau dieser und nicht irgendein anderer Weg geworden ist. Der eigentliche Auslöser ist aber längst in Vergessenheit geraten. Oft sind es Stimmungen, die den Ausschlag geben. Geht es rauf oder runter? Lockt die Höhe oder sind die Beine müde und es geht bergab? Wird es heller oder dunkler, enger oder breiter? Stehen die Sinne nach etwas Grusel oder strebt das Gemüt nach Licht und Durchblick? Im Grunde genommen ist es egal, wie die Wahl ausfällt. Schon bei der nächsten Biegung sieht sowieso alles wieder ganz anders aus.

Die erste Geschichte

Eine kleine hässliche Straße mit kleinen schmutzigen Straßenkindern. Bodo Ramelow ist Teil einer Rasselbande, die im Rinnstein spielt. Ein Hauch von Charles Dickens liegt in der Luft. »Ich kann mich erinnern, dass ich als Kind unter Armutsbedingungen groß geworden bin. Da aber alle Nachbarkinder genauso gelebt haben, hat mich das nicht gestört und es hat mich auch bis heute nicht beklemmt.«[79] Der Junge ist bereits Halbwaise, die Mutter kämpft sich durch das Leben. In der Schule läuft es nicht. Die Lehrer halten ihn zwar für ein aufgewecktes Kerlchen, aber seine Rechtschreibung ist sensationell schlecht – besser als 6 wird es selten. Die Diagnose der Lehrer: Der Junge ist faul. Die Reaktion der Mutter: Verzweifelt. Manchmal schlägt sie ihn. Aber Bodo Ramelow könnte doch Bäcker werden – ein guter Beruf! Denn in Nieder-Wiesen in Rheinhessen hat die Familie noch einen kleinen Besitz. Ein Gasthaus und eben die Bäckerei.

Doch aus den Bäcker-Plänen wird bekanntlich nichts. Bodo Ramelow hat eine Mehlstauballergie. Nun hätte er ja andere das Handwerk machen lassen und selbst das Management übernehmen können, doch dafür ist die Bäckerei in Nieder-Wiesen viel zu klein. In der dörflichen Größenordnung hätte es nur für einen Ein-Mann-Betrieb gereicht.

Die zweite Geschichte

Bodo Ramelow entdeckt eine andere Leidenschaft, die gar nicht so weit entfernt vom Bäckerhandwerk ist: Nicht Brot soll es sein, sondern Wein. Den Beruf lernt er bei einem seiner Ferienjobs kennen. »Am tollsten war es bei den Weinbauern. Du hast hart gearbeitet und hast ein ordentliches Geld gekriegt, drei oder vier Mark die Stunde. Und das

79 Gespräch mit Tilo Jung, Jung & naiv, Folge 252.

Schönste war eben das gemeinsame Essen am Feldrand, das war für mich der Höhepunkt des Tages.« In dieser fast schon euphorisch beschriebenen Idylle der Bodenständigkeit hätte der neue Plan, Winzer zu werden, reifen können.

Ramelow wird aber kein Winzer. Seine Wirbelsäule macht nicht mit.

Bodo Ramelow wäre gerne Lokführer geworden. Bei der Einweihung der Hochgeschwindigkeitsstrecke München–Erfurt–Halle im Dezember 2017 wurde der Traum zumindest für ein paar Minuten wahr

Die dritte Geschichte

Bodo Ramelow, ein Lokomotivführer? Geboren ist er in der Bahnhofstraße von Osterholz-Scharmbeck, unweit vom Bahnhof. Er weiß, wie sich ein Zug anhört. Auf die Fragen eines Journalisten, welchen Beruf er gerne in seiner Kindheit ergriffen hätte, braucht er nur ein Wort: »Lokomotivführer.« Diesen Kindheitstraum hat er, wie wir wissen, nicht wahr gemacht. Doch legendär und voller Symbolik zugleich ist das Foto, auf dem er aus dem Fenster eines ICE die Kelle hält. Es erinnert an den Traum der Kindertage.

Es ist nicht irgendein ICE. Für die Bahn ist es ein historischer Tag, für Ramelow vermutlich auch. Im Dezember 2017 wird das *Verkehrsprojekt Deutsche Einheit 8* vollendet, die Bahnstrecke von Berlin nach München. Neben der Bundeskanzlerin Angela Merkel, mehreren Ministerpräsidenten und zahlreichen weiteren prominenten Gästen ist auch Ramelow dabei. Und zwar genau dort, wo er hingehört: Im Führerstand! Ein Jahr später wird eine erste Bilanz gezogen. Sie ist überwältigend. Der Zug wird zur sinnvollen Alternative zum Flugzeug, zudem bindet das Zehn-Milliarden-Projekt die vergleichsweise kleine Stadt Erfurt an den Rest der großen Welt an. Für Thüringen, das sich selbst gerne das »grüne Herz« der Republik nennt, ein großer Meilenstein. »Thüringen wird Deutschlands schnelle Mitte. Wir werden mit diesem Standortfaktor massiv werben«, kündigt Ministerpräsident Ramelow an. Er hätte es vermutlich genauso gesagt, wenn er tatsächlich der Lokführer gewesen wäre.

Aber neben den großen Rädern gibt es ja auch noch sehr viele kleine Räder, die wichtig sind. Was der großen Welt der ICE, das ist den Leuten von Gera die Parkeisenbahn. Ramelow unterstützt diesen Verein. Er darf einen Scheck überreichen, den die Gewerkschaft Deutscher Lokomotivführer (GDL) ausgestellt hatte. Ramelow bekam den Scheck für eine Vermittlung in einem Arbeitskampf und reichte ihn weiter. Ein Film des Fördervereins dokumentiert den Besuch. Alles ist nett. Freude, Stolz, Ehrgefühl und natürlich eine Runde mit der kleinen Bahn – an dem Tag kommt so ziemlich alles zusammen, was den Kosmos eines Parkeisenbahnvereins ausmacht. Ramelow darf eine Rede halten und spricht die »Symbolkraft« der kleinen Eisenbahn an. »Das, was ein Land bewegt, braucht auch Leute, die bewegen, was das Land bewegt. Dazu gehört Disziplin, Pünktlichkeit, sich einzulassen, auch sich einzubringen. Deswegen ist es mir eine Freude, jetzt den Förderscheck zu übergeben.« Es sind fast 10 000 Euro. Für den Verein ist das sehr viel Geld. Mit den anderen »Eisenbahnern« darf er eine Runde drehen, im Video untermalt mit Country-Klängen. Wieder mal steht er im Führerstand. Das Leben kann so schön sein. Wenn man Lokomotivführer ist.

Doch auch daraus ist bekanntlich nichts geworden. Die Termine an der ICE-Strecke und in Gera nahm er zwar wahr. Allerdings nicht als Lokführer, sondern als Ministerpräsident.

Das Familiengeheimnis

#Kriegsfolgen
#Geschwisterexpedition

Bodo Ramelows Eltern gehören zu einer Generation, die im Hitler-Regime aufwuchsen und schon in jungen Jahren den Krieg kennenlernten: Anstatt hoffnungsfroh in eine spannende Zukunft aufzubrechen, lebten sie im permanenten Ausnahmezustand. Nicht der Traum von einem erfüllten Leben trieb sie vordergründig an, sondern die Gewissheit einer ständigen Bedrohung.

Erwin Ramelow kommt aus ärmlichen Verhältnissen. Aufgewachsen in Salzwedel im heutigen Sachsen-Anhalt, gehört er zu einem jener unglückseligen Jahrgänge, die in der Nazizeit ihren Wehrdienst antraten und, nachdem sie damit durch waren, gleich zum Kriegsdienst eingezogen wurden. Auf dem Weg in den Frankreichfeldzug wird Erwin Ramelow als Jungoffizier im Gasthaus der Familie Fresenius einquartiert, wo er Anni, Bodo Ramelows Mutter, kennenlernt.

Anni Fresenius stammt aus einer bekannten protestantischen Familie mit großer Vergangenheit. Mit ihrer Familie lebt sie in Nieder-Wiesen, einem kleinen Ort in Rheinhessen, wo die Familie eben dieses Gasthaus und eine Bäckerei betreibt.

Auf den Frankreichfeldzug folgt für Erwin Ramelow Russland, wo sich die anfänglichen Erfolge der Wehrmacht ins Gegenteil verkehren. Nach 1945 taucht Erwin Ramelow dann wieder auf dem Familienbesitz der Fresenius' auf, um, so Ramelows Erzählung, »seine Liebe anzubaggern, die er auf dem Feldzug kennengelernt hatte«. Was er verschweigt: Dass er bereits zwei Mal verheiratet war und Kinder hat. Eine Ehe wurde schon vor dem Krieg geschlossen, die andere während des Krieges in Frankreich. Die ganze Wahrheit erfährt die Braut erst nach der Heirat, als per Brief eine Alimentenforderung aus der DDR ins Haus flattert.

Die Ehe mit Anni steht aber aus einem anderen Grund unter keinem guten Stern: Wie viele andere Soldaten kehrt auch Vater Erwin körperlich angeschlagen und traumatisiert aus dem Krieg zurück. Seine Leber arbeitet nicht einwandfrei, eine Gelbsucht ist nicht auskuriert. Er trinkt. Heimlich. Die Flaschen vergräbt er im Garten. »Wir haben dann bei der Gartenarbeit immer wieder Flaschen gefunden.«

Die sechsköpfige Familie lebt zu dieser Zeit nicht mehr in Nieder-Wiesen, sondern im niedersächsischen Osterholz-Scharmbeck. »Als Kind habe ich mir aus den leeren Kartons vom Softeisstand die Waffelreste rausgeholt. An den Läden, die Fernseher im Schaufenstern stehen hatten, lauschte ich mir den Ton ab. Ich weiß, was es heißt, kein Stück Wurst zu haben, für einen Groschen Kuchenrand zu kaufen«, beschreibt Ramelow die Zeit. Die Armut habe er nicht als Makel erlebt, erinnert er sich. Weil alle gleich arm waren. »Da alle Nachbarkinder genauso gelebt haben, hat das mich nicht gestört.«[80] Mehr noch: »Es existierte unter uns so eine Art stille Solidarität, ja, fast ein gemeinsamer Stolz. Eine Standeskraft, die unterschwellig wirkte. Wie ein Geheimnis oder ein Geheimbund. Die ökonomisch Starken

80 Gespräch mit Tilo Jung, Jung & naiv, Folge 252.

schienen in der Minderheit zu sein. Merkwürdig, man fühlte sich nicht ausgegrenzt.«[81]

Irgendwann zwingt Ramelows Mutter Anni ihren alkoholkranken Mann in eine Selbsthilfegruppe der Guttempler zu gehen. Diese Gemeinschaft bringt die Suchtproblematik in einen gesellschaftspolitischen Zusammenhang und hat nach eigenen Angaben die »Vision« von einer Welt, in der alle Menschen »unbeeinträchtigt von Alkohol ihr volles Potenzial ausschöpfen können«. Die gesamte Familie wird in die Therapie mit einbezogen. Diese Zeit wird Bodo Ramelow in guter Erinnerung behalten – »eigentlich meine schönste Zeit als Kind«.

Für den Vater bedeutet es einen allerletzten Aufschwung. Mehrere Jahre schafft er es, trocken zu bleiben. In einer für ihn typischen Bildhaftigkeit beschreibt Bodo Ramelow die Dramatik, die, so schön die Zeit auch im Gedächtnis geblieben ist, der verbesserten Lage beigemischt war: »Aber da war der Körper schon so angegriffen, die Leberzersetzung fraß den Körper einfach auf.«

Die Schwäche des Mannes weiß Anni auszugleichen: Bodo Ramelow beschreibt seine Mutter als »unglaublich stark«. Sie erlebt, wir ihr Ehemann »drei Mal hintereinander einen Lebensmittelladen in die Insolvenz« führt, und sie muss über viele Jahre hinweg zusehen, wie er gesundheitlich abbaut. Später ist sie es, die das Geld verdienen muss, um die vier Kinder großzuziehen, ihnen eine Berufsausbildung zu ermöglichen.

Im Jahr 1967 gibt es einen einschneidenden Bruch in der Familiengeschichte. Dem Vater geht es schon seit vielen Monaten nicht gut. Der Plan der Mutter ist, zurück nach Nieder-Wiesen zu gehen, um dort den Familienbetrieb der Fresenius zu übernehmen. Über die vielen Generationen hin-

81 Schütt, 2006.

weg und den zahlreichen Umwälzungen in der Geschichte ist davon allerdings nicht mehr viel übrig geblieben. Eigentlich kommt die Mutter »aus stabilen bürgerlichen Verhältnissen«, doch »der Zweite Weltkrieg hat die Grundlagen dieser Familie zerstört«.[82] Bodo Ramelow spricht von einer Unternehmerfamilie, die »den Niedergang erlebt hat, bis von dem ganzen Unternehmensvermögen nichts mehr da war«.[83] Zu jenem Zeitpunkt, Mitte der 1960er Jahre, gibt es aber noch eine Gaststätte, eine Bäckerei und etwas Landwirtschaft. Später wird Anni Ramelow den Rest von dem verkaufen, was sich über viele Generationen an Besitz angehäuft hatte und dann wieder abgeschmolzen war.

Just, als sich Anni Ramelow auf dem Weg nach Rheinhessen macht, um den Umzug vorzubereiten und die Geschäfte des dörflichen Betriebs in die Hand zu nehmen, stirbt ihr Mann. Der elfjährige Bodo Ramelow ist zu diesem Zeitpunkt allein mit dem Vater zu Hause und erinnert sich noch gut daran: »Alle waren weg, ich war der Einzige, der zu Hause war, als er starb. Er starb in meinen Armen.«[84]

Es ist seine erste unmittelbare Erfahrung mit dem Tod. Es würde nicht die letzte bleiben.

Die Erinnerungen an seinen Vater sind voller Kontraste. Glück und Unglück liegen dicht beieinander. Sie zeichnen »einen kräftigen, starken Vater, unglaublich musikalisch, der mit der Gitarre oder mit der Waldzither immer fröhlich und am Singen war. Die andere Erinnerung ist ein ewig kranker Mann, den ich immer im Krankenhaus besuchte und der dann irgendwann todkrank nach Hause kam, der austherapiert war.«[85]

82 Schütt, 2006.
83 Marcus Lanz, ZDF, 15. Januar 2019.
84 Ebd.
85 Ebd.

Später findet die Familie im Umzugsgut einen Zettel des verstorbenen Mannes. »Nur über meine Leiche.«[86] Erwin Ramelow hatte geahnt, dass er bei der Rückkehr nach Nieder-Wiesen nicht mehr dabei sein würde, und natürlich lassen sich diese Zeilen auch so interpretieren, dass er es gar nicht wollte und sein Lebenswille erloschen war.

Dass die Familie nach Nieder-Wiesen zieht, um den Familienbesitz wieder selbst zu bewirtschaften, hat zum einen mit der Kündigung des dortigen Pächters zu tun, der den Betrieb nicht länger halten konnte. Aber auch mit dem Tod eines Onkels, der ursprünglich den Betrieb übernehmen wollte.

Dieser Onkel gehört zu den Letzen, die aus russischer Kriegsgefangenschaft zurückkommen. Bodo Ramelow erlebt ihn als »vierschrötig, das heißt, er hat nie den Mund aufgemacht. Ich glaube, ich habe mit dem im ganzen Leben nicht mehr als drei Worte geredet.«

Tragisch endet das Leben eines anderen Onkels. Es war ein freiwilliger Tod und zugleich ein weiteres Familiendrama: Er nahm Schlaftabletten. Ramelow ist sicher, dass sein Onkel »sich auf Grund seiner traumatischen Kriegserinnerungen das Leben genommen«[87] hatte. Der Tod des Onkels wird zum dunklen Familiengeheimnis, das so gut gehütet wurde, dass es sich für den Sohn erst viele, viele Jahre später lüftete. Er lernt seinen Vater nicht kennen, weil er erst nach dessen Tod zur Welt kommt. Seine Mutter erzählt ihm, er sei mit dem Motorrad verunglückt. Bodo Ramelow und dessen Geschwister hingegen kennen die wahre Geschichte. »Wir Kinder wussten alle, es ist gelogen, nur er wusste es nicht. Und wir sind eisern bedrängt worden von unserer Mutter, das Geheimnis nicht zu verraten. Weil wir der Tante nicht in den Rücken fallen durften.«

86 Marcus Lanz, ZDF, 15. Januar 2019.
87 Schütt, 2006.

Der Cousin erfährt die Wahrheit erst 1989, in der Nacht, in der die Mauer fiel. Er ist zu diesem Zeitpunkt bei Bodo Ramelows Bruder in London. Beide sehen sich das Ereignis in Berlin im Fernsehen an. »Im emotionalen Überschwang der historischen Stunde hat der ihm alles erzählt. Als ob er mit dem sich abzeichnenden Ende des Kalten Krieges auch der Moment gekommen sah, privat, im Kleinen einen Schlussstrich unter die Kriegs- und Nachkriegsgeschichte zu ziehen.«[88] Es ist ein Schock für den Cousin. Er bricht zusammen, hat viele Monate mit dieser Nachricht zu kämpfen. »Weil er auf einmal die Dimension begriffen hat, was das bedeutete, dass wir es alle immer schon wussten, was los ist. Dass er über so eine lange Zeit von allen immer belogen worden war.«

Es ist nicht das einzige Tabu, mit dem Bodo Ramelow in seiner Kindheit und Jugend über Jahre hinweg zu tun hatte. Ein weiteres betrifft ihn selbst; ihn und seine Geschwister – und Halbgeschwister.

Doch zunächst zurück nach Nieder-Wiesen, wo Anni und ihre Kinder drei Jahre in bescheidenen Verhältnissen verbringen. Es sollte ein neuer Anfang werden. Bodo Ramelow wurde auserkoren, nach dem Tod des Vaters und des Onkels den Betrieb zu übernehmen, sobald er in der Lage dazu sein sollte. Im Nachhinein erweisen sich diese Jahre in Rheinhessen aber nur als ein Übergang, ein Abwickeln des Alten – der eigentliche Neubeginn sowohl für die alleinerziehende Mutter Anni und ihren Sohn findet später statt.

Wie schon zuvor in Osterholz-Scharmbeck leben die Ramelows auch in Nieder-Wiesen in relativer Armut. »Taschengeld musste ich mir immer selber erwirtschaften. Jeder Pfennig wurde mehrfach umgedreht, und als wir nach dem Tod des Vaters nach Nieder-Wiesen gezogen waren, da

88 Schütt, 2006.

gehörte es zu den Selbstverständlichkeiten, dass man als Schulkind in der Landwirtschaft arbeitete.«[89] Bei einem solchen Job offenbart sich auch, dass Bodo Ramelow eine Mehlstauballergie hat und deshalb nicht geeignet für den Bäckerberuf ist. Wie aber sollte er den kleinen Familienbetrieb übernehmen, wenn er gesundheitlich gar nicht in der Lage dazu war? Es wäre nicht gut ausgegangen, davon ist Ramelow heute überzeugt: »Und dann hat der liebe Gott eine Entscheidung getroffen und mir eine Mehlstauballergie verpasst, die mir den Leidensweg erspart hat.«[90]

Dieser Satz sorgt – aus dem Zusammenhang gerissen – für eine Weile für Aufregung in den sozialen Netzwerken. Die CDU twittert: »Bodo Ramelow versetzt dem Handwerk mit seiner Aussage einen Schlag ins Gesicht. Wir wollen junge Leute fürs Handwerk begeistern.« Der Tweet selbst ist nicht mehr im Netz zu finden, wohl aber eine Antwort auf die Vorwürfe. Ramelow scheibt: »Mit einer Mehlstauballergie eine Bäckerei zu übernehmen ist doch ein Leidensweg, wenn niemand mehr da ist, der helfen oder mitarbeiten kann. Steht klar im Text drin. Vater verstorben. Was ist daran nicht zu verstehen?«

Ohne Bäckerhandwerk kein Betrieb. Denn der ist zu klein dafür, als dass sich der Chef einen Angestellten in der Backstube hätte leisten können, ohne sich selbst dort einzubringen. Während eines Ferienjobs kommt die Idee auf, Winzer zu werden, doch das macht seine Wirbelsäule nicht mit.

In diesen Jahren nimmt er das erste Mal wahr, dass jemand aus der Familie aktiv politisch handelt. Ramelow erinnert sich an zwei Vorfälle mit seinen Geschwistern: Einmal ist es der Besuch des Mannes von der Deutschen Frie-

89 Schütt, 2006.
90 Benedict Neff, »Wir müssen die Leute nicht abschieben«, Neue Zürcher Zeitung, 20. September 2018.

densunion (DFU); er trägt ein Peace-Zeichen auf der Brust und bringt Bodo Ramelows Bruder, der den Wehrdienst verweigert, Argumentationsmaterial mit. Es ist der erste Kontakt mit einem Menschen, der, wenn nicht selbst Kommunist, dann doch mit solchen zu tun hat. Denn etliche Mitglieder der 1956 verbotenen KPD finden zumindest vorübergehend in der DFU eine neue politische Heimat, viele von ihnen mit guten Kontakten in die DDR.

Die zweite Erinnerung betrifft seine Schwester. Sie hat gerade den Führerschein gemacht und nimmt ihn auf eine Autofahrt mit. »Da fuhr sie aus dem Dorf hinaus und hupte den Takt des damaligen Demo-Dauerchores ›Ho-ho-ho-chi-Minh!‹«

Derweil kämpft die alleinstehende Mutter ums tägliche Brot: Das Erbe ihres verstorbenen Mannes besteht aus Schulden. Es kommt der Punkt, an dem sie gezwungen ist, Haus und Hof in Nieder-Wiesen zu verkaufen, um ins Reine zu kommen. Zunächst schlägt sie sich in der Spülküche eines Hotels durch, bis sie einen besseren Job findet, der die Familie erneut zum Umzug zwingt. Sie sind fast die Letzten des berühmten protestantischen Geschlechts der Fresenius im Dorf, als sie es verlassen. Die allerletzte Fresenius, die noch einige Jahre länger bleibt, ist Bodo Ramelows Tante Maria. Als auch sie wegzieht, endet eine 250-jährige Familiengeschichte in Nieder-Wiesen. »Mit dem Wegzug meiner Tante ging der letzte Vertreter unserer Familie weg«, schreibt Ramelow in seinem öffentlichen Tagebuch.

Mit vierzehn landet Ramelow in Hessen. In den USA ist Richard Nixon an der Macht, in Deutschland gründet sich die Rote Armee Fraktion (RAF), die Beatles gehen auseinander und der Begriff »Entspannungspolitik« taucht im öffentlichen Diskurs auf. Die Jahre vergehen, das Jahrzehnt vergeht. Der Vietnam-Krieg geht zu Ende und mit ihm einer der Auslöser der globalen Bürgerrechtsbewegung. Der chinesische Machthaber Mao Zedong stirbt, nach dem ein Ismus benannt wird, der heute noch Anhänger hat.

Das neue Jahrzehnt, die 1980er Jahre, schlägt gleich zu Beginn neue Kapitel auf, die allesamt noch nicht zu Ende geschrieben sind: In Deutschland gründen sich die Grünen, die sich vierzig Jahre später Chancen ausrechnen, ins Kanzleramt zu ziehen. Sowjetische Truppen marschieren in Afghanistan ein und erleben ein Fiasko. Der erste Golfkrieg bahnt sich an und damit ein Chaos im Nahen Osten, das sich über die Jahrzehnte verfestigt und dem internationalen Terrorismus und der Flüchtlingskrise einen enormen Schub gibt. In den 1980ern kündigen sich dann epochale Veränderungen an, die in der Zeitenwende 1989/90 münden. Die Streiks der polnischen Gewerkschaft Solidarność, Friedensdemonstrationen in Bonn, Glasnost und Perestroika in der Sowjetunion.

Ramelow ist inzwischen kein Teenager mehr. Er lebt bereits sein eigenes Familienleben. Er ist verheiratet, hat einen Job und baut ein Haus. Dennoch holt ihn die Vergangenheit wieder ein, aus der eine sehr private Mission erwächst, die ihn in den »anderen Teil« Deutschlands führt. Er fahndet nach seinen Halbgeschwistern in Sachsen-Anhalt. Es ist das große Tabu der Kindheit, auch nach dem Tod des Vaters. »Wir Kinder wuchsen immer mit dem Verdacht auf, der Vater hätte was Schlimmes gemacht. Wir wussten, da gibt es Kinder, aber wir wussten nicht wo, und wir wussten auch nicht, wie die heißen.«

Eines Tages ist Ramelows Schwester mit dem Kirchenchor in der DDR unterwegs. In der SED-Zeitung *Neues Deutschland* liest sie einen Bericht über das Berufsverbotsverfahren gegen den Postboten und DKP-Kommunalpolitiker Herbert Bastian, das sich in den 1980er Jahren über mehrere Jahre hinzieht und 1987 zu einem Berufsverbot führt. Bodo Ramelow gehört zu jenen, die dies scharf kritisieren und Bastian unterstützen. In dem Zeitungsbericht wird Ramelow erwähnt. Seine Schwester sieht darin ein Zeichen. »Sie sagte, der liebe Gott will uns damit was sagen, wenn ich als deine große Schwester von dir in der DDR etwas lese.« Die Geschwister halten »Kriegsrat« und kommen zu dem Ergebnis, diesen unsichtbaren Teil der Familie sichtbar zu machen. Dabei verhalten sie sich wie Detektive: Sie schreiben sämtliche Pfarrer in der Region rund um Salzwedel an, dem Ort, aus dem ihr Vater kam. Aus Kalbe an der Milde erhalten sie dann tatsächlich eine Antwort. Einer ihrer Halbbrüder arbeite in einer LPG (Landwirtschaftliche Produktionsgenossenschaft), sein Zwillingsbruder bei der Volkspolizei. Eine weitere Halbschwester bleibt verschollen. Es gibt lediglich Hinweise darauf, dass sie in die USA auswanderte.

Ramelow wird von seinen Geschwistern beauftragt, auf Geschwisterexpedition zu gehen. »Dann stand ich irgendwann vor dieser Frau, der Mutter meiner Halbgeschwister, und die guckte mich an und fing an zu heulen, weil ich offensichtlich meinem Vater so ähnlich sehe. Was ich gar nicht wusste.« Auch einen seiner Halbbrüder würde er bald kennenlernen: den Landwirt aus der LPG. Der Pfarrer, der bei der Entdeckung hilft, rät ihm allerdings davon ab, den anderen Halbbruder zu besuchen. Es könnte ihm schaden. »Bitte nicht«, sagte der Pfarrer. »Das könnte das Ende seiner Karriere als Polizist bedeuten.« Ramelow hält sich daran. Doch zumindest zu einem der beiden Brüder sollte sich bereits vor der Wende ein persönliches Verhältnis entwickeln, und ab 1990 auch zu dem anderen.

Die 1980er Jahre und die Reisen in die DDR hängen mit seiner familiären Vergangenheit zusammen. Gleichzeitig sind sie, nachträglich betrachtet, ein Fingerzeig in die Zukunft. »Das war schon ein Annähern an etwas, was mir fremd war, was mich neugierig machte«, beschreibt Ramelow diesen Zeitabschnitt im Nachhinein. Auch wenn er erst in den 1990er Jahren merkt, »dass ich zwar in der DDR Urlaub gemacht habe, Essen und Trinken verstanden habe. Aber was mit mir geredet wurde, habe ich oftmals gar nicht verstanden.«

Der spezifische DDR-Code, die besondere Kommunikation zwischen offener Affirmation und geheimem Nichteinverständnis, der politische Witz, die sprachlichen Feinheiten – all das eröffnet sich dem »Wessi« Ramelow erst im alltäglichen Umgang mit den Menschen, die 1990 von einem Tag auf den anderen das komplette Programm Bundesrepublik übergeholfen bekommen.

Kaum einer hat irgendeine Ahnung, wie diese Bundesrepublik im Innersten funktionierte und wie man sich in diesem System erfolgreich verhält.

Schreibfeler

#Legasthenie
#Setzen6

Wie es sich anfühlt, von einer Struktur abzuhängen, ohne eine Ahnung zu haben, wie sie funktioniert, weiß Bode Ramelow. Er kennt das Gefühl der Ohnmacht, wenn auch in einem unpolitischen Zusammenhang.

Es ist ein dunkler Punkt in der Biografie, der ihm über eine lange Zeit zu schaffen macht. Seine Legasthenie. Oder genauer: Seine unerkannte Legasthenie, die erst dann ihren Schrecken verliert, als sie erkannt wird. Doch das dauert. Bis dahin lastet sie auf den Schultern des Schülers, der mündlich oft eine Eins bekommt, im Diktat aber fortlaufend Sechsen. Auch bei den Aufsätzen läuft es nicht gut. Aufgrund der hohen Fehlerquote steht hier oft die Vier. »Wenn ich Glück hatte. So hab' ich dann meinen Hauptschulabschluss geschafft«, erzählt er freimütig in der *MDR*-Talksendung *Riverboat*.

Ramelow geht später als erwachsener Mann sehr offen mit dem Thema um und es kümmert ihn auch nicht so sehr, dass er beim schnellen Schreiben etwa auf Twitter noch immer ab und zu kleine Fehler produziert – in sozialen Netzwerken ohnehin nicht so unüblich und von Nutzern in der Regel toleriert. Dennoch lese er ab und zu eine Bemerkung wie: »Ein Ministerpräsident, der nicht schreiben kann!«. Als Antwort tippt er dann solche Sätze ein: »Stimmt. Staatlich anerkannter Legastheniker.« Für diese Anekdote bekommt er Beifall aus dem Publikum der Talksendung und zustimmendes Lachen. Aber natürlich war das nicht immer so lustig.

»Meine Legasthenie hat in meiner Jugend viel mit mir angestellt«, berichtet er geradeheraus. »Leider« habe sie ihm »auch ziemlich viel Prügel eingebracht. Weil man meiner Mutter und mir nie erklärt hat, dass ich Legastheniker bin. Und die Botschaft der Schule war immer: Er ist hochintelligent aber stinkend faul. Die Frage, ob man viel mit v oder f schreibt, das hab' ich nie gewusst. Ob hinter das i ein e kommt oder ein h noch dazu kommt, ob lang gedehnt oder kurz – das weiß ich nicht. Das hab' ich alles später erst trainieren müssen. Und hätte man das gleich mit mir als Kind gemacht, wäre mir vielleicht einige Prügel erspart geblieben.«

Dennoch nimmt Bodo Ramelow seine Mutter in Schutz. Die Schläge habe er eingesteckt, weil er irgendwann damit angefangen habe, die Unterschriften auf den Diktaten zu fälschen. Als er in einer anderen Talkrunde mit Markus Lanz auf die »Gewaltexzesse« angesprochen wird, verwehrt er sich gegen den Begriff: »Das wäre eine völlige Übertreibung. Aber ich hab' ziemlich Prügel gekriegt.«

Täuschen und tarnen, mit diesen Mitteln versuchte Ramelow der Schmach seines vermeintlichen Versagens zu entgehen. Zu Hause und auf der Schulbank. Wenn er schreibt, hält er die Hand davor, nicht etwa als Streber, der nicht will, dass Mitschüler von seinem Wissen profitieren, sondern um seine Schwäche zu verdecken. »Und wenn es hieß, wer geht vor an die Tafel und schreibt was hin, ich war es nicht. Weil ich nicht wollte, dass die lachen über mich.«[91] Die Konsequenzen dieser unerkannten Legasthenie waren also weitreichend, bis dahin, dass er inhaltlich womöglich

91 Riverboat, MDR, 25. Januar 2019.

vielversprechende, aber orthografisch lächerliche Liebesbriefe nie abschickte.

Wie mit dieser Schwäche umzugehen sei, erfährt er später, als er sich nach seiner Ausbildung, nun als Erwachsener, auf den zweiten Bildungsweg begibt. Es kam zunächst, wie es kommen musste: Sobald er schreiben sollte, war er blockiert. Von den zwei Möglichkeiten, die ihm blieben, wählte er die vernünftige: Sollte er »weglaufen oder nach vorne gehen und zur Lehrerin sagen: Ich kann nicht schreiben.« Die Lehrerin schickte ihn zum Schulpsychologen. Der fragte ihn nach alten Schreibheften. »Da guckt er rein und sagt: ›Wieso hat Ihnen nie jemand gesagt, dass Sie Legastheniker sind?‹ Da hab' ich gesagt: ›Was ist das?‹ Da hab' ich das erste Mal das Wort gehört.«[92] Ramelow beschreibt diesen Moment auch als Erlösung. Ab diesem Zeitpunkt geht es beruflich aufwärts, auch mit den Noten. »Auf einmal merkte ich, wie es für mich eine Befreiung war, wie meine Seele sich öffnete, dass ich Fehler machen darf, und dass ich daran nicht schuld bin, sondern dass da was in meinem Kopf durcheinanderpurzelt.«[93]

Ramelow befindet sich übrigens in bester Gesellschaft. Der Kölner Arbeitskreis LRS & Dyskalkulie e. V. hat ein paar Namen von Persönlichkeiten zusammengetragen, die ebenfalls an Legasthenie litten. Darunter der Physiker und Nobelpreisträger Albert Einstein, die Schriftstellerin Agatha Christie, der Filmemacher Alfred Hitchcock, der Verleger und Politiker Benjamin Franklin, US-Präsident Franklin D. Roosevelt, der Unternehmer David H. Murdock, der zeitweise sogar in bitterer Armut lebte und obdachlos war, der Schauspieler Jack Nicholson. Und selbst Johann Wolfgang von Goethe soll unter einer Lese- und Rechtschreibstörung gelitten haben.

92 Riverboat, MDR, 25. Januar 2019.
93 Marcus Lanz, ZDF, 15. Januar 2019.

Eine ganz normale Familie

#Ehe
#Waldenserkirche

In dem Moment, als Ramelow das Stigma des dummen oder faulen Schülers loswird, eröffnen sich ihm neue Bildungs- und Kommunikationschancen. In der frühen Zeit seiner beruflichen und gewerkschaftlichen Entwicklung verändert sich auch familiär vieles. Als 20-Jähriger lernt er Leonie Schwarz kennen, die er auch heiraten wird. Leonie nimmt den Nachnamen des Partners an. Das Ehepaar hat zwei Söhne: Philip und Victor, die 1983 und 1986 auf die Welt kommen. Sie bauen ein Haus in einem Dorf in der Nähe von Marburg.

In beiden Elternhäusern des Paares spielt mütterlicherseits der evangelische Glaube eine Rolle, insofern, als dass er »einfach da« war. Die Schwiegereltern verstehen sich nach Aussage von Leonie Ramelow gut und besuchten sich, auch ohne dass die Kinder dabei sind. Anni Ramelow »war eine gute Schwiegermutter«.

Leonie Ramelows Vater ist Gewerkschafter – so wie der Mann, mit dem sie sich verheiratet. Mit sieben Jahren erlebt sie ihre erste Erste-Mai-Kundgebung. Später wird sie dieses Gen an ihre Kinder weitergeben und dabei die eigenen Eltern übertreffen: Philip erlebte seine erste Kundgebung, da ist er gerade mal vierzehn Tage alt. Er fährt in dem Kombi mit, auf dem der Lautsprecher angebracht worden war.

Es wurde ihm also in die Wiege gelegt: Die Kundgebung am Ersten Mai haben für ihn heute noch »dieselbe Bedeutung wie der Gottesdienst für Christen am 24. Dezember.«

Die politische Einstellung, das gewerkschaftliche Engagement – vieles passt also zusammen, was einer linksgerichteten bürgerlichen Ehe dauerhaft einen Rahmen geben könnte. Doch ein Jahr nach der Geburt Victors geht die Ehe 1987 in die Brüche: Bodo und Leonie Ramelow trennen sich. Als Ehepaar. Die Hälfte der Zeit, die Bodo Ramelow und Leonie Schwarz gemeinsam erleben, bilden beide ein klassisches Paar – mustergültig für eine Privatkoalition aus zwei Personen. Auch die zweite Hälfte verläuft typisch: Heirat und Kinder; dazwischen der Bau des eigenen Hauses.

In den Kreisen, in denen sie verkehren, ist ein verheiratetes Paar nicht der Standard. »Die wenigsten von uns waren verheiratet. Erst beim dritten Kind heirateten sie, um sich abzusichern«, meint Ramelow. Die Ehe hatte zu diesem Zeitpunkt, also in den 1980er Jahren, noch sehr viel stärker den Charakter einer sozialen Absicherung. Erst ab den 1990er Jahren steigt die Zahl der berufstätigen Frauen deutlich an. Leonie Ramelow ist an ihrem Hochzeitstag eine Studentin – insofern dürfte der Absicherungsgedanke auch hier eine Rolle gespielt haben.

Als die Ehe auseinandergeht und damit das Konstrukt der dauerhaften Liebe zu zweit zerbricht, zieht Bodo Ramelow in einen Vorort von Gießen, während die Kinder bei der Mutter in einem Dorf bei Marburg bleiben. In der Erinnerung Ramelows geht er weit genug weg, um Distanz zwischen sich und der Vergangenheit zu gewinnen, und bleibt doch nah genug, um seine Kinder regelmäßig zu sehen. Es ist dieses sowohl als auch, dass Ramelows Lebensweg insgesamt kennzeichnet. Ein In-der-Waage-Halten von Handlungsoptionen, die sich eigentlich ausschließen. Der Versuch, Unvereinbares zu vereinbaren.

Es ist ein Leben in Kompromissen, was im praktischen Alltag mit Abstrichen und der Zurücknahme eigener Wünsche einhergeht. Zwar gibt es in der Scheidungsphase einen Punkt, wo Bodo Ramelow am liebsten seine »Gefühle über einen Rosenkrieg abgearbeitet« hätte. Doch als er sich »dabei erwischt, habe ich mich selbst entwaffnet«. Er sei zum Anwalt gegangen und habe gesagt: »Je mehr ich darüber grübele, umso mehr raffinierte Schachzüge fallen mir ein, und umso mehr raffinierte Schachzüge mir einfallen, umso schlimmer wird's.« Im Ergebnis bleiben beide noch eine Weile verheiratet, handeln einen Ehevertrag aus, klären die Einkommens- und Vermögensverhältnisse und minimieren das materielle Risiko für die künftig alleinerziehende Mutter.

Anstatt diesen Teil des Lebens auszuklammern, integrieren beide ihn in ihr neues Leben. Aus der Ehe wird eine Freundschaft, verbunden durch »einen unheimlich guten Draht«, wie beide betonen. Man trifft sich regelmäßig auf Familienfeiern. Als Leonies Vater neunzig wird, kommt Bodo, um zu gratulieren. Umgekehrt besucht sie ihn mit den Söhnen in Thüringen. Auf dem Wochenendgrundstück von Bodo Ramelow und seiner heutigen Frau Germania Alberti vom Hofe wächst ein Apfelbaum von ihr. »Sie ist die Mutter meiner Kinder und ihre Familie ist die Familie meiner Kinder«, sagt Ramelow.

Oft sind es kleine Details, die zeigen, ob und wie eine Beziehung funktioniert, auch wenn es keine Eheverbindung mehr ist. Längst sind beide geschieden, als Bodo Ramelow als Neuling in die Welt der Talkshows eintritt. Seine Ex-Frau sitzt am Fernseher und schickt ihm kurz vor Sendebeginn eine Kurznachricht. »Um zu testen, ob das Handy aus ist.« Es war aus.

Es wäre ein Leichtes, Ramelows Weg ins Erwachsenenleben linear darzustellen: Aus einer wackligen Kindheit heraus – der frühe Tod des Vaters, die alleinerziehende Mutter, mehrere Umzüge, Armut, Legasthenie, gescheiterte Berufspläne – entwickelt sich eine Resilienz, sodass Bodo Ramelow als Jugendlicher und junger Erwachsener eine stabile Lage erreicht. In den gleichfalls ökonomisch weitgehend stabilen 1970er und 1980er Jahre erlangt er über den zweiten Bildungsweg die Fachhochschulreife, macht eine Ausbildung und eine Weiterbildung, engagiert sich ehrenamtlich in der Gewerkschaft, wird Gewerkschaftsprofi, dazwischen Ehe, Kinder, Eigenheim. Selbst die Scheidung ließe sich noch in diesem System darstellen: Eine Scheidung ist in den späten 1980er Jahren statistisch gesehen nicht weniger ungewöhnlich als heute.

In Wirklichkeit lässt sich eine solche Linearität nur im Nachhinein konstruieren. Tatsächlich verläuft Bodo Ramelows Biografie in Sprüngen; verschiedene Entwicklungen überlappen und widersprechen sich sogar. Seine Laufbahn als Gewerkschafter war keineswegs vorgezeichnet, im Gegenteil. Sein Vater war Händler, ein Unternehmer, ein Einzelkämpfer. Es gibt keinerlei gewerkschaftliche Vorprägung, auch nicht seitens der Mutter. Eine Karriere in der Politik zeichnet sich ebenfalls nicht ab. Er interessiert sich für gesellschafts- und weltpolitische Fragen wie viele andere Menschen auch, aber mit Parteipolitik will er vorerst nichts zu tun haben.

Ramelow heiratet insgesamt drei Mal. Der wiederholte Versuch, in einer bürgerlich verbrieften Zweierbeziehung sein Glück zu finden, deckt sich nicht unbedingt mit dem Aufbegehren gegen festgefahrene Strukturen in der Gesellschaft, wo er fast immer aus der Opposition, aus einer Außenseiterposition heraus agiert. Seine Beziehung zur Religion und insbesondere der Kirche ist alles andere als kontinuierlich, sondern stark abhängig von Ereignissen und Handlungen der jeweiligen Ortskirche. Seine dörfliche Sozialisation schlägt immer wieder durch. Seine Sympathie für die sprichwörtliche Kirche im Dorf, für das Kleine, für Vereine und Schmalspurbahnen könnten auch als kleinbürgerlicher Impuls interpretiert werden und lassen sich nur schwer vereinbaren mit der kosmopolitischen Idee eines internationalen Sozialismus, die eher in der Stadt zu Hause ist. Am Ende der Tages bindet Ramelow die verschiedenen Enden dann aber doch fast immer irgendwie zusammen. Sinnbildlich: Als Ministerpräsident in Thüringen bezieht er eine städtische Wohnung mitten in Erfurt, seinen Garten aber hat er in einer Wochenendsiedlung auf dem Lande.

Nachdem die Eheleute die Unübersichtlichkeit einer Scheidung geordnet hatten und Ramelow sich in seiner neuen Rolle als Single wiederfindet, zieht es ihn weiter. »Die kleine Ehewelt gab es nicht mehr, die Kinderbeziehung war in Ordnung, inzwischen würde Distanz keine beeinträchtigende Rolle mehr spielen.« Eine Situation, in der »klar wurde, ich müsste mal wieder etwas anderes machen. Ich entschied mich, wieder in Richtung Norddeutschland zu gehen. Das war um 1988 herum.« Ramelow steht vor der klassischen Lebensabschnittsfrage: Wie jetzt weiter? Wohin soll es gehen? »Mitten in diese Frage hinein platzte die Wende.«[94]

Dass es ihn 1990 nach Thüringen verschlägt und er dort seine neue Heimat findet, hat mit seinem Beruf als Gewerkschafter zu tun – als solcher bekommt er das Angebot, dort zu arbeiten. Zunächst für drei Monate, um ein gewerkschaftliches Beratungsbüro aufzubauen. Aber dass er auf dieses Angebot eingeht, könnte ebenso als das zufällige Zusammenpassen privater und familiärer Puzzleteile dargestellt werden. Es gibt eine Reihe von Bezugspunkten, die Ramelow mit Ostdeutschland verbinden, aber keiner davon ist

94 Schütt, 2006.

so stark, dass sich daraus eine zwingende Kausalität konstruieren ließe im Sinne von: Ja, diese Entscheidung konnte gar nicht anders fallen. Was sich aber deutlich erkennen lässt, ist das Zusammenfließen zweier widersprüchlicher Motive zu einer Handlung: Der Drang, weiterzuziehen einerseits, der Wunsch, irgendwo anzukommen, andererseits. Letzteres wird immer dann deutlich, wenn Ramelow von Thüringen als seiner Heimat spricht.

Aus der Marburger Zeit heraus ist Ramelow bereits geübt darin, sich als Gewerkschafter politisch einzumischen. Der Arbeitskampf in Bischofferode wird zum Politikum, das Denkmal für den Wehrmachtsdeserteur in Erfurt sowie die Erfurter Erklärung ist per se ein solches. Die Häutung zum Politiker passiert in diesen 1990er Jahren. In seinem Privatleben aber ziehen dunkle Wolken auf. Die Jahre um die Jahrtausendwende gehören zu den tragischsten in seinem Leben.

Als Politiker hat er von Anbeginn Erfolg. 2004 lässt sich Ramelow von dem damaligen PDS-Größen Gregor Gysi und Lothar Bisky überreden, als Wahlkampfleiter der PDS nach Berlin zu gehen. In dieser Zeit lernt er Germana Alberti vom Hofe kennen, die er 2006 zunächst standesamtlich und sechs Jahre später kirchlich heiratet. Zwischen der Scheidung mit Leonie Ramelow und der Heirat mit Germana Alberti vom Hofe liegt eine zweite Ehe in Erfurt, die aber nur von kurzer Dauer war. Sie sorgte insofern für Aufsehen, als dass sich Ramelow öffentlich in der Kirche trauen lässt, was sowohl in seiner eigenen politischen Umgebung für Irritationen sorgt als auch in der Kirche, denn die Überschneidungsmenge von Mitgliedern der PDS und der Kirche ist denkbar gering. Ebenfalls für Stirnrunzeln sorgt die CDU-Politikerin und Pfarrerstochter Christine Lieberknecht, die später Ministerpräsidentin werden wird. Sie wird auf der kirchlichen Hochzeit des politischen Gegners entdeckt und muss sich für dieses »Vergehen« in der eigenen Partei rechtfertigen.

»Vom Hofe« klingt in deutschen Ohren aufgrund der Präposition höfisch, tatsächlich ist Germana Alberti vom Hofe kein Adlige. Der Name ist ein Überbleibsel aus der ersten Ehe, auch ihre Tochter – gleichfalls aus erster Ehe – heißt so. Der Geburtsname ist Alberti.

Es gibt Ähnlichkeiten in der Familiengeschichte der Ramelows und der Albertis aus Italien. Der Vater von Germana Alberti vom Hofe war ein Händler, so wie es Bodo Ramelows Vater gewesen war. Und er war Kommunist, wie es einige Freunde von Bodo Ramelow waren oder noch sind. Als die italienischen Faschisten Überhand gewannen, errichtete ihr Großvater in Parma Barrikaden. Auch mütterlicherseits waren Verwandte im Widerstand.

Als ihr Mann 2014 zum Ministerpräsidenten gewählt wird, stellt sie sich einem Interview mit der *Thüringischen Landeszeitung*. Gleich im Vorspann fragt die Zeitung: »Wer ist die neue First Lady? Wie will sie dieses Amt ausüben? Und was wird sie tun, wenn sie nicht an seiner Seite repräsentiert?«[95]

Tatsächlich ist sie alles andere als eine First Lady, sie hat kein Amt und sie repräsentiert nicht an der Seite ihres Mannes. Germana Alberti vom Hofe ist keine klassische Präsidentengattin alter Prägung. Was wiederum etwas über ihren Ehemann aussagt, der nicht erwartet, dass sie diese Rolle spielt. In der politischen Öffentlichkeit ist sie eher selten zu sehen. »Wenn ich nur lächeln soll, bleibe ich lieber zu Hause. Es würde mich nicht glücklich machen, als Frau das fünfte Rad am Wagen zu sein. Sowenig es mich glücklich machen würde, Hausfrau zu sein.« Wenn es aber einen

95 Gerlinde Sommer, Thüringens »First Lady« ist eine Frau mit vielen Berufen, TLZ, 11. Dezember 2014.

Bodo Ramelow, Germana Alberti vom Hofe und der Hund Attila auf dem Weg zum Wahllokal im Oktober 2019

für sie interessanten Termin gibt, auf dem sie ihn begleiten kann, ist sie schon mal dabei. Oft fehlt dazu aber die Zeit. Als Supervisorin, Organisationsberaterin, Psychodramatikerin, systemische Therapeutin sowie als Heilpraktikerin für Psychotherapie ist ihr Terminkalender gut gefüllt.

Seit Mitte der 1980er Jahre lebt Germana Alberti vom Hofe in Deutschland. In den 2000er Jahren arbeitet sie bei der Rosa-Luxemburg-Stiftung in Frankfurt am Main und engagiert sich als Kreisvorsitzende für die PDS. Bodo Ramelow wird als Gastredner zu einer Veranstaltung eingeladen. Dort begegnen sie sich das erste Mal. 2006 heiraten beide in Berlin, Ramelow ist zu dieser Zeit Bundestagsabgeordneter und erlebt eine hektische und harte Zeit. »In Berlin hatte er fünf Jobs auf einmal«, analysiert Germana Alberti vom Hofe rückblickend. »Es war aber nicht die Arbeit, die ihn an seine Grenzen brachte, sondern die damit verbundenen Spannungen.« Ost-Linke, West-Linke, Reformer, Fundamentalisten – die Partei war zu dieser Zeit noch deutlich heterogener als zehn, fünfzehn Jahre später. Erst mit der Rückkehr nach Thüringen 2009 sei sein Leben deutlich entspannter verlaufen. Eine Beobachtung, die auch seine Familien in Marburg teilt. Nach dem Bundestagsausflug nach Berlin beginnt nun ein neuer Lebensabschnitt – erneut in Thüringen.

Irgendwann entscheiden Alberti vom Hofe und Ramelow, kirchlich zu heiraten. Zelebriert wird die Verbindung in Parma, allerdings auf eine Art, die nicht nur den konfessionellen Rahmen sprengt, sondern auch den christlichen. Germana Alberti vom Hofe ist getaufte Katholikin, aber nicht Mitglied der Kirche. Als sie sich erkundigt, wie die katholische Trauung in der Taufkirche ablaufen könnte, bekommt sie einen zwanzigseitigen Fragebogen zugeschickt. Damit war für sie, so die Erinnerung von Ramelow, der Plan erledigt. Dann kommt die Idee auf, es in Parma mit einer Waldenserkirche zu probieren. »Die haben wir dann gefunden«, erzählt Ramelow. »Das war sehr fröhlich. Es war eine Pastorin, das hat meine Frau gefreut. Die Waldenserkirche war ganz glücklich, so eine illustre Hochzeitsgesellschaft zu haben. Unsere jüdischen Freunde waren auch dabei, unser Rabi hat uns den Segen gesprochen.«

Für das Ehepaar spielt die Einhaltung überkommener Normen keine übergeordnete Rolle, das Nebeneinander verschiedener Kulturen ist ihnen eine Selbstverständlichkeit. Das Ritual an sich aber bedeutet offenkundig beiden etwas. Und zumindest für Ramelow hat auch das Kirchlich-Christliche eine Bedeutung. Aber welche?

Der Taufpate Goethes

#Fresenius
#Storytelling

Als die Familie Ramelow 1970 Nieder-Wiesen verlässt, ist Bodo Ramelow vierzehn Jahre alt. Seine wenigen Jahre in dem Dorf bleiben stark in Erinnerung. Er mag die Redewendung, er sei »einer vom Dorf«. Auf seiner Hompage gibt es eine Rubrik mit dem Titel »Biografie«. Dort ist gleich im zweiten Satz zu lesen, seine Familie entstamme »dem alten protestantischen Geschlecht der Fresenius«. Es wird auf ein Dokument verlinkt, das Ramelow »Meine Herkunftsfamilie – Die Fresenius« nennt. »Viel Spaß beim Lesen des Textes«, fügt er lapidar an.

Die Seiten, zu denen der Link führt, stammen aus der Broschüre »Die Geschichte Nieder-Wiesens, der Pfarrei und seiner Kirchen« von Tobias Kraft, der in dem Dorf als Pfarrer arbeitet. Der Autor geht tief zurück in die Historie, die in Bezug auf Ramelows Familiengeschichte erst ab dem Jahr 1704 interessant wird, als Johann Wilhelm Fresenius Pfarrer in dem rheinhessischen Ort wird. Ein Jahr später, 1705, kommt sein Sohn Johann Philipp auf die Welt, der 22 Jahre später, 1727, das Amt seines verstorbenen Vaters übernimmt. Johann Philipp wird von Kraft als ein Mann »aus einer lutherischen Pfarrfamilie bürgerlich-ländlicher Prägung mit pietistischer Sozialisation« skizziert. Nachkommen von ihm gründen jene Unternehmen, für den der

Name Fresenius heute vor allem steht: den Gesundheitskonzern aus Bad Homburg und das Laborinstitut aus Taunusstein. Mit den beiden Großunternehmen hat Ramelows Familienzweig allerdings nichts zu tun.

Sieben Jahre lang ist Johann Philipp Pfarrer von Nieder-Wiesen, dann muss er den Ort verlassen, weil er in einen Konflikt mit der katholischen Geistlichkeit gerät. Kraft verweist auf die Ortschronik, der zufolge er sich mit »Irrgläubigen viel zu schaffen« machte, womit Juden und Katholiken gemeint sind.

Über ein paar Umwege landet der Theologe und Pfarrer in Frankfurt, wo er sich einen großen Namen macht und zum »Senior« aufsteigt. Er ist jetzt Oberhaupt der lutherischen Kirche in Frankfurt, was, so Kraft, mit viel Einfluss und Ansehen verbunden ist. Er verfasst zahlreiche Streitschriften und Erbauungsbücher. Einen dauerhaften Bekanntheitsgrad über die Grenzen der Theologie hinweg aber verdankt er Johann Wolfgang von Goethe, der ihn in seiner Autobiografie »Dichtung und Wahrheit« erwähnt. Nicht zufällig: 1749 wurde Goethe von Johann Philipp getauft. Ein Jahr zuvor traut Johann Philipp die Eltern Goethes. Goethe schreibt über den Vorfahre Ramelows, er sei ein »sanfter Mann von schönem, gefälligem Ansehen« gewesen, der »von seiner Gemeinde, ja, von der ganzen Stadt als ein exemplarischer Geistlicher und guter Kanzelredner verehrt ward«. Bei »den abgesonderten Frommen« hingegen habe er nicht den besten Ruf gehabt. Kraft ordnet Johann Philipp als einen Mann ein, der die pietistische Frömmigkeit nicht als Einengung, sondern als »revolutionär auftretende schöpferische Unruhe« empfunden und gleichzeitig nie das Interesse an der theologischen Schulwissenschaft als Erbe der lutherischen Orthodoxie verloren habe.

All diese Hinweise sagen nun nichts über Ramelow aus, der zwei Jahrhunderte später in einer komplett anderen Zeit als Landespolitiker wirkt. Sie sagen auch nichts über den Grad seiner Frömmigkeit aus oder den der Mutter, und sie geben keine Auskunft darüber, inwiefern sich Ramelow für theologische Fragen interessiert und wie er sie für sich beantwortet. Dass aber Ramelow einen derart deutlichen Hinweis auf einer reichweitenstarken Internetseite gibt, und dass er diesen Hinweis mit der Broschüre von Tobias Kraft verlinkt, das ist dann aber doch schon eine Botschaft. Nur welche?

Womöglich ist es ganz einfach: Zum einen sind ihm die Kategorien »Familie« und »Religion« etwas wert - er wurde eben religiös erzogen. Zum anderen hat Ramelow seine eigenen Erinnerungen an das Dorf, in dem er beinahe Bäcker geworden wäre und einen Teil seiner Kindheit verbracht hatte. Heute noch besucht er es ab und zu.

Der Titel des Portals lautet: »Die Linke. Bodo Ramelow«. Das ließe vermuten, dass es Informationen über die Partei und die Person verbreitet. Tatsächlich steht die Person im Vordergrund, die vorwiegend politischen Reden und öffentlichen Tagebücher. Deshalb lässt sich dem deutlichen Hinweis auf die Fresenius-Tradition eine weitere Funktion zuordnen: Betrachtet man die Internetseite so, als sei sie eine crossmediale Story rund um die Person Bodo Ramelow, dann ist der Fresenius-Eintrag eine klassische Mise en abyme, eine Geschichte in der Geschichte, die in sich weitere Verästelungen enthält, insbesondere die von Johann Philipp. Ramelow mag grundsätzlich Geschichten, sein Sohn Philip nennt ihn - postiv konnotiert - »einen Geschichtenerzähler«. Die Geschichte seiner Familie mütterlicherseits hat so viele Spannungsmomente und Verästelungen, dass ein guter Geschichtenerzähler, wie Ramelow einer ist, von allen dichtenden Geistern verlassen sein müsste, würde er auf sie verzichten.

Schließlich macht die Heraushebung der Fresenius-Linie auch medienpolitisch Sinn: Bodo Ramelow ist ein Aushängeschild für seine Partei in Thüringen und weit darüber hinaus. In der Strategie der »Linken« für die Landtagswahlen 2019 spielt der Ministerpräsident eine Hauptrolle. Auf einem Strategie-Parteitag im Oktober 2018 gibt die Landesvorsitzende Susanne Hennig-Wellsow am Rednerpult die personalisierte Losung aus: »Ramelow oder Barbarei«. Im Verlauf des Nachmittags wandelt sich der Spruch in die poetisch anmutende und zugleich persönliche Nähe suggerierende Alliteration »Bodo oder Barbarei«. Auf eine ebenso einfache wie wirkungsvolle Weise bringt die Parteichefin einen wesentlichen und für eine stark ideologiegeprägte Partei einen keinesfalls selbstverständlichen Wahlkampfschwerpunkt durch: die Konzentration auf die Person Bodo Ramelow. Wenn die Strategie aufgehen soll, muss diese Person in vielfachem Licht erscheinen. Schädlich ist es sicherlich nicht, wenn in diesem Lichtraum auch Namen wie Fresenius und Goethe auftauchen. Sie senden Signale an Menschen, die sich jenseits der politischen Tagesordnung der Linken auch mit Literatur oder Religion beschäftigen.

Ein Wolf im Reich Gottes

#Bibel
#Kirche

Mitglieder der Partei Die Linke gelten nicht gerade als religions- oder kirchentreu. Das bedeutet nicht, dass sie nicht gerne das Thema diskutieren. So sehr die Säkularisierung der Gesellschaft auch vorangeschritten sein mag, es bedarf keiner großen Anlässe, um eine religionskritische Debatte in Gang zu setzen. Selbst auf Parteitagen wird das Thema nicht ausgespart.

Bodo Ramelow rollt die Augen. »Selbst auf Parteitagen.« Für ihn ist es ein großes Thema und zugleich ist es keins. Er diskutiert es nämlich selten, solange er nicht darauf angesprochen wird. »Privatsache«, sagt er. »Das will ich auch nicht auf Parteitagen debattieren, weil mir das zu blöd ist. Also diese Antworten, wir sind im Weltraum unterwegs und wir haben keinen Gott gesehen – das ist alles so ein Kinderkram.«

Dass er ständiger Gast des Gebetskreises ist, der sich einmal im Monat vor Beginn der parlamentarischen Woche trifft, geschieht eher im Verborgenen. Dort trifft er unter anderem auf Christine Lieberknecht, die als CDU-Frau zwar eine politische Konkurrentin ist, von Ramelow aber sehr geschätzt wird.

Wenn Ramelow dann aber doch zum Thema Religion befragt wird, etwa in Talkshows oder auf Parteitagen, spricht er offen und unbefangen über Gott und die Welt. Er nimmt in solchen Fällen keinen theologischen Standpunkt ein, und er geht auch nicht auf Grundsatzfragen und Beweisführungen ein, etwa ob es einen Gott gibt oder nicht. Wohl aber redet er über seinen persönlichen Bezug zum Glauben, stets verbunden mit Geschichten, die ihn entweder von der Kirche weggetrieben haben oder ihn näher an sie heranrücken ließen.

Das alles geschieht im Duktus der Selbstverständlichkeit. Seinen Glauben hat Ramelow, so jedenfalls erscheint es nach außen, in sein privates und öffentliches Leben integriert.

Außenstehende würden den Politiker, der sich dazu bekennt, ein höheres Wesen anzubeten, wohl eher in einer CDU oder bei der CSU sehen, vielleicht auch noch den Grünen oder einer SPD zuordnen. Aber eine kirchliche Heirat oder ein öffentliches Bekenntnis in einer Talkshow – Privatsache hin, Privatsache her – das macht ihn unter Links-Genossen auffällig, um nicht zu sagen verdächtig. Welche Merkmale auch immer dem Typus »Mitglied der Linken« zuzuweisen wären – das eines Kirchgängers, der an Gebetskreisen teilnimmt und Bibelstunden hält, gehört sicherlich nicht dazu.

Dennoch dürfte die bekennende Religiosität Ramelows für die meisten Zeitgenossen eine eher »normale« Verhaltensweise sein. Die Toleranz in Glaubensfragen ist in Deutschland relativ groß. Studien wie der Religionsmonitor der Bertelsmannstiftung zeigen dies. Es gibt auch keine großen Unterschiede zwischen West- und Ostdeutschen.

»Normal« ist in all seiner Vagheit auch ein geeigneter Begriff, mit dem sich das Verhalten des christlich gesinnten Linken-Politiker umschreiben ließe. Er versteckt nichts, er missioniert aber auch nicht. Er schwebt in der Mitte. Läge darin eine PR-Absicht, wäre sie gelungen. Sitzt er in der

Kirchenbank, verschwindet zumindest vorübergehend jenes Paria-Merkmal, das seiner Partei teilweise immer noch anhaftet.

Das ist auch seinen politischen Gegnern nicht entgangen, die dagegenhalten. Es ist kein Zufall, dass sie zur interpretierenden Situationsbeschreibung Bibelzitate nutzen. Kernaussage: Der sanfte Ramelow sei nicht wirklich so.

Immer wieder gern genutzt im politischen Alltag ist die Metapher vom Wolf im Schafspelz, mit der Ramelow vor und nach der Landtagswahl 2014 bedacht wurde. Als er in seiner Antrittsrede nach der Wahl zum Ministerpräsidenten die Aufarbeitung der SED-Geschichte in Thüringen verspricht, will nicht jeder ihm das abnehmen. Ramelow sei ein Wolf im Schafspelz, verkündet der CDU-Bundestagsabgeordnete Tankred Schipanski kurz nach der Wahl im *Deutschlandfunk*. Auch Lieberknecht, die Wahlverliererin 2014 in Thüringen, bemüht im Wahlkampf den Wolfsvergleich. Sie treibt die biblische Anleihe sogar noch auf die Spitze: Eher zöge »der Wolf im Schafspelz seine Artgenossen nach sich, als dass noch junge, kreative Menschen kommen würden!«[96] Lieberknecht ist bibelfest und wie Ramelow bekennende Christin. In früheren Jahren war sie Pfarrerin. Auf fast schon groteske Art und Weise spielt sie gleich mit zwei abgewandelten Bibelzitaten: »Hütet euch vor den falschen Propheten, die in Schafskleidern zu euch kommen!« Und, nur wenige Sätze später: »Eher geht ein Kamel durch ein Nadelöhr, als dass ein Reicher in das Reich Gottes kommt!« Ramelow als Wolf im Reich Gottes – ein geradezu apokalyptisches Bild.

Tatsächlich ist die Apokalypse nicht eingetreten. Thüringen ist, entgegen einigen Prophezeiungen, nicht unter-

96 Henry Bernhard, Die SPD in der Zange, Deutschlandfunk, 11. September 2014.

gegangen. Bei den Wahlen 2019 legt die Linke sogar zu, nicht zuletzt aufgrund der großen Beliebtheit Ramelows auch in anderen Parteien. Die Partei ist offenkundig nicht mehr »des Teufels«.

Ramelows Glaube entspringt weder einem Erweckungserlebnis, noch ist es das Ergebnis intensiver Studien. Wie die meisten religiösen Menschen wird er von seinem Elternhaus und seiner Umgebung geprägt, insbesondere der Mutter. Wie bereits beschrieben, stammt diese aus einer bekannten protestantischen Familie. Ramelow bezeichnet sich selbst als »sozialisierter Protestant«. Die Kindergottesdienste in seinem niedersächsischen Geburtsort Osterholz-Scharmbeck seien »schon was ganz Besonderes« gewesen. Ebenso »das Zusammenleben in der Gemeinde. Das war schon was, was uns Kraft gegeben hat. Und da mein Vater zu der Zeit schon schwer krank war, war es gut, immer noch so ein Raum zu haben, in dem man auch Entspannung gemeinsam durch Gemeinschaft erlebt hat.«[97] Sein Fazit: »Ich habe eine warme Erinnerung an unsere Kindergottesdienste, davon zehre ich immer noch.«[98]

Der Tod des Vaters ändert nichts an den religiösen Gewohnheiten. In Nieder-Wiesen, wohin die alleinstehende Mutter mit ihren Kindern zieht, wird Ramelow 1969 konfirmiert. Auch als die Familie ins hessische Nordeck zieht, gehören religiöse Handlungen zum Alltag. Bodo Ramelow erinnert sich an die Anfänge in Nordeck: »Da bin ich noch ein regelmäßiger Kirchgänger gewesen.« Sein Engagement geht aber darüber hinaus. Schon damals ist er – auch wenn er den Begriff zu dieser Zeit vermutlich noch nicht kennt – ein guter Netzwerker. Die Kirche bietet ihm dazu die Plattform. Unter anderem mischt er in der kirchlichen Jugend-

97 »Ich hatte mit Gottes Bodenpersonal großen Krach«, Video, chrismon.evangelisch.de, 5. Mai 2017.
98 Früher galt ich als Waden-Beißer, Bild, 16. Februar 2016.

arbeit mit. Dabei kommt es auch zu einem ersten Bruch mit der Kirche.

Es sind die 1970er Jahre, die verstaubten Vorhänge der Nachkriegszeit stehen in Flammen und überall, auch auf dem Dorf, verändern sich die Verhaltensweisen radikal. Die Gesellschaft wird in Teilen offener, zugleich polarisiert sie sich aber auch. In einer Atmosphäre, wo Mahner des Bestehenden und Treiber des Noch-nicht-Entstandenen ihre Kämpfe austragen, wächst die Generation der Babyboomer auf, die ihre Freiräume sucht. Die Kultur der Diskotheken und Clubs ist noch nicht da beziehungsweise kaum sichtbar, wohl aber ihre Vorboten: Es ist die Zeit der Partykeller.

Gemessen an den heutigen Möglichkeiten der Freizeitindustrie erscheint der Party-Keller der 1970er Jahre klein und bescheiden. Gemessen an der ernsten, autoritätserzogenen, auf materiellen Lebenserhalt getrimmten und teilweise kriegstraumatisierten Elterngeneration ist der Sprung in ein Leben, das nach individuellem Vergnügen strebt und Grenzübertretungen zulässt, groß. Anleitungen für ein bunteres Leben voller Wahlmöglichkeiten sind rar, Internet gibt es noch nicht und zwischen den emanzipatorischen Wünschen der Nachkriegsgeneration auf der einen Seite und dem starren Aufbau- und Überlebenswille der Elterngeneration liegen Welten.

Deswegen ist die Einrichtung eines Partykellers in den frühen 1970er Jahren auch für die Jugendlichen von Nordeck ein bedeutsames Ereignis. Ramelow erinnert sich, wie sich die Gruppe aufmacht, um den Pfarrer von der Idee eines Jugendclubs in der Kirchengemeinde zu überzeugen. Tatsächlich bekommen sie die Erlaubnis. »Wir sind dann überall rumgelaufen und haben uns das Zeug zusammengebettelt, haben Schwartenbretter besorgt. Damit haben wir den Kellerraum als Bar ausgebaut. Das war unsere Vorstellung von einem Jugendclub.« Ramelow betont auch: »Er hat nicht gefragt, was wollt ihr machen, und hat auch nicht gesagt, was wir nicht machen sollen. Also haben wir einfach gemacht.« Fertig wird der »Keller« während der Urlaubszeit des Pfarrers. Als der zurückkommt, sieht er sich das Werk an. Sein Urteil ist eindeutig: »So einen Puff akzeptiere ich nicht.« Der Aufbruch der Dorf-Jugend in die kleine Partykeller-Freiheit endet abrupt. Heute noch ist der Ärger spürbar, wenn Ramelow seine Anekdote kommentiert: »Das ist doch nicht fair!«

An sich keine große Geschichte, wenn sie sich nicht in Ramelows Gedächtnis eingebrannt hätte. So erhält sie ihre Bedeutung auch für andere Situationen, in denen Ramelows Gerechtigkeitsgefühl verletzt wird. Nachdem er den Eindruck gewonnen hat, reingelegt worden zu sein, handelt er konsequent: Er geht nicht mehr zum Gottesdienst in Nordeck. Mehr noch: Er verzichtet komplett auf eine heimatliche Kirchengemeinde und vagabundiert. »Ich ging immer dort in die Kirche, wo ich gerade war.« Nur nicht in Nordeck.

Diese Episode zeigt schon recht deutlich, in welche Richtung Ramelows Religiosität tendiert. Die Kirchengemeinde Winnen, zu der auch Nordeck gehört, ist Teil der Evangelischen Kirche von Kurhessen-Waldeck. Der Wechsel von der »weltoffenen« Kirche in Nieder-Wiesen zu der in Nordeck sei »ein Schock« gewesen. Den damaligen Pfarrer schätzt er im Nachhinein als »evangelikal« ein. »Jedenfalls habe ich mir das später so erklärt.« Ramelow steht in einer anderen, der liberalen Tradition des Protestantismus, und seine Gläubigkeit ist schon früh mit gesellschaftlichem Engagement verbunden. Das wird sich sehr viel später zeigen, wenn er »seine Kirche wiederfindet«.

Wesentlich an der Episode ist, dass Ramelows Entfernung von der Kirche keine grundsätzliche ist, sondern von persönlichen Erlebnissen bestimmt wird. Er sei nicht »mit

Gott über Kreuz« gewesen, betont er. »Vielmehr hatte ich mit Gottes Bodenpersonal ein tiefergehendes Zerwürfnis.« Seine Abkehr von der Kirche ist nicht mit Glaubenszweifeln verbunden. Die hat er, soweit er sich erinnern kann, niemals gehabt. »Es ist diese konstante Art, diese Selbstverständlichkeit, mit der ich in Glaubensfragen sozialisiert wurde. Deswegen habe ich, als ich mit der Kirche überkreuz war, mein Gottvertrauen nicht verloren.«

1978, also noch vor seiner Festanstellung bei der HBV als Gewerkschaftssekretär, macht Ramelow den entscheidenden Schritt und erklärt seinen Austritt. Zu jener Zeit ist er mit Leonie Ramelow verheiratet, die nach dem Austritt ihres Mannes Kirchgeld bezahlen sollte, eine Art Ortskirchensteuer, die erhoben werden kann, wenn nur der Hauptverdienende aus der Kirche austritt. Es entsteht eine »glaubensverschiedene Ehe«, heißt es im Juristendeutsch. Leonie Ramelow findet das empörend und zieht nach. »Am Reformationstag bin auch ich ausgetreten.«

Es sollten viele weitere Jahre vergehen, bis Ramelow seine Kirche »wiederfindet« – an einem ganz anderen Ort, unter ganz anderen Bedingungen, mit einer neuen Lebenspartnerin. Es ist eine andere Ära, die, als er Ende der 1970er Jahre die Kirche verlässt, nicht einmal im Ansatz sichtbar ist. Es sind die Jahre 1989/90, die Jahre des Mauerfalls und der Wiedervereinigung. Menschen aus Ostdeutschland verlassen scharenweise ihre Heimat, deutlich weniger gehen den umgekehrten Weg. Einer von ihnen heißt Bodo Ramelow. Der Osten wird ihn verändern.

Das erste wichtige Ereignis auf dem Weg zurück in die protestantische Kirche passiert in einer katholischen Enklave: im Eichsfeld, dem nordwestlichen Zipfel Thüringens. Wie schon in einem anderen Zusammenhang erzählt, gehört der brutale Arbeitskampf in Bischofferode zu den entscheidenden Wegmarken Ramelows. Er bringt nicht nur den Gewerkschafter Ramelow aufs politische Gleis, sondern bewegt sein Leben auch in religiöser Hinsicht. Als die Bergleute im April 1993 das von der Schließung bedrohte Kali-Werk besetzen und im Sommer in den Hungerstreik treten, gibt es an jedem Morgen eine ökumenische Morgenandacht. Ramelow ist sich sicher: »Ohne die Andacht hätte der Arbeitskampf keine Chance gehabt, so lange durchgehalten zu werden. Es war seelischer Beistand. Das hat die Bergleute sehr berührt.«

Auch in anderen Situationen trifft er auf eine Kirche, die politisch aktiv ist. Diese Haltung überschreibt die Irritationen, die er als Jugendlicher und junger Mann erfuhr und die ihn hatten aus der Kirche austreten lassen. »Hey«, sagt er sich jetzt, »das ist ja eine Kirche, wie ich sie verloren habe!«

Bruder Heino

#Wahlverwandtschaft
#Micha4

Die sehr persönliche und existenzielle Beschäftigung mit dem Tod einerseits, das öffentlichkeitsrelevante soziale Engagement andererseits sind die Koordinaten, die Ramelows Bezug zu Glaube und Kirche sichtbar machen. Die Wiederentdeckung »seiner Kirche« lässt sich aber auch an einer einzelnen Figur festmachen, die fast dreißig Jahre älter, doch Ramelow nicht ganz unähnlich ist. Der Bürgerrechtler und Pfarrer Heino Falcke taucht in verschiedensten Situationen zu verschiedenen Jahrzehnten in Ramelows Leben auf. Das erste Mal, als Ramelow 27 Jahre alt ist. Die Begegnung ist einseitig: Falcke sitzt erhöht auf einem Podium und blickt in eine Kundgebungsgesellschaft, Ramelow hält sich in der zuhörenden Masse auf und blickt auf das Podium. Viele Jahre später wird er ihn näher kennenlernen. Sie stehen sich seither so nah, dass er ihn heute »lieben Bruder« nennt. Offenbar gibt es Gemeinsamkeiten, die weit über das hinausgehen, was Menschen sonst so – etwa an politischer Ausrichtung oder Hobbys – gemeinsam haben können. Bei einer näheren Betrachtung könnte Ramelows Sympathie für den Theologen sehr viel mit seinem eigenen dialektischen Lebensentwurf zu tun haben.

Falcke gehört zu jenen Menschen, die zwischen den Stühlen sitzen. Wie Ramelow ist er ein Wanderer, der zwischen sehr verschiedenen Welten rochiert. Der 1929 geborene Theologe studiert in den 1940er Jahren in Basel, Berlin und Göttingen. In Basel arbeitet er als studentische Hilfskraft für den politisch engagierten Theologen Karl Barth. Barth hatte sich wie nur wenige andere Kirchenleute vehement gegen den Nationalsozialismus gestemmt. Er war maßgeblich an der Formulierung der Barmer Theologischen Erklärung beteiligt, die zur Grundlage für die Bekennende Kirche in der NS-Zeit wurde. Dort heißt es unter anderem: »Wir verwerfen die falsche Lehre, als gebe es Bereiche unseres Lebens, in denen wir nicht Jesus Christus, sondern anderen Herren zu eigen wären, Bereiche, in denen wir nicht der Rechtfertigung und Heiligung durch ihn bedürften.« In der Kurzformel: Die christliche Lehre gibt die Lebensweise vor, nicht die nationalsozialistische Ideologie. Jesus statt Hitler.

Das lässt verstehen, warum sich Barths Schüler Falcke in den 1950er Jahren zu der Überzeugung bekennt, »die Theologie sei in den Kirchen, die unter kommunistischer Herrschaft und von ihr bedrängt waren, besser am Platz.« In diesem Fall also: Jesus statt Lenin. 1952 beschließt Falcke, einem trotzenden Impuls folgend, in die DDR umzusiedeln. 1958 promoviert er dort über die »Gesellschaftslehre Friedrich Schleiermachers«, 1961 folgt die Habilitation. Er entscheidet sich dann aber gegen eine Festanstellung als Professor durch den DDR-Staat; stattdessen wird er Pfarrer. Von 1973 bis zu seinem Ruhestand 1994 ist er Probst des Kirchensprengels Erfurt.

1974 wird Falcke Mitglied im Ökumenischen Rat der Kirchen und bekommt deshalb die Möglichkeit, ins Ausland zu reisen. Zu diesem Zeitpunkt ist er dem DDR-Regime schon suspekt, unter anderem weil er 1972 vor der Synode des Bundes der Evangelischen Kirchen in der DDR den Hauptvortrag »Christus befreit – darum Kirche für andere« hält. Es ist ein Plädoyer für die Freiheit des Einzelnen vor staatlicher Bevormundung und damit eine heftige Kritik am DDR-System und der führenden Rolle der SED. Der Autorität der Partei, die nach SED-Lehre das »entscheidende Instrument« bei »der Gestaltung des entwickelten gesellschaftlichen Systems des Sozialismus« sein sollte, setzt Falcke der Tradition der Bekennenden Kirche folgend die Autorität Gottes entgegen. Gott wolle zu »mündiger Weltverantwortung« befreien, was »gesellschaftliche Konsequenzen« habe. Er setze seine Autorität ein, um »Autor unserer Freiheit und Mündigkeit zu sein«, und weil Gott das tue, müsse sich alle Autorität in Kirche, Familie und Gesellschaft daran messen lassen, »ob sie (die Kirche) Autorschaft von Freiheit ist und zur Mündigkeit hilft«. Alle Autorität – also auch die der politischen Machthaber. Dass dem ZK der SED so etwas nicht gefiel, liegt auf der Hand.

In diesem Ton geht Falckes Text weiter. Speziell prangert er das Überwachungsklima an, das in der DDR in Teilen der Gesellschaft herrscht. »Gott gehören aber heißt in großem Vertrauen und angstfreier Offenheit sprechen zu können.«

Spätestens nach dieser Rede wird Falcke nach eigener Einschätzung zum Staatsfeind. Seine Mitgliedschaft im Ökumenischen Rat der Kirchen aber öffnet ihm den Weg ins osteuropäische und später auch ins westeuropäische Ausland. »Mit knirschenden Zähnen« habe er die Reisefreiheit bekommen, weil die DDR nach dem Mauerbau bemüht gewesen sei, ihr schlechtes Image zu überwinden. Dabei kommt Falcke vermutlich zugute, dass er gleichzeitig den Antikommunismus in der westlichen Gesellschaft kritisiert. So wird sein Leben eines zwischen den Stühlen Ost und West: »Hier war ich Staatsfeind und im Westen erregte ich Befremden, weil ich ausreisen durfte und nach meiner Reise auch wieder reindurfte.« Falcke gehört in den 1980er Jahren zu den Kirchenvertretern, die der Bürgerrechtsbewegung den Weg ebneten. In der DDR-Friedensbewegung spielt er eine wichtige Rolle. Mit seinen Reden, Schriften und Mahnungen liegt der frühere Probst quer zum SED-System und wandelt ständig auf dünnem Eis.

Eine seiner West-Reisen führen ihn 1983 in den Bonner Hofgarten. In beiden Teilen Deutschlands herrscht eine diffuse Kriegsangst, was sich eindrucksvoll in dem Begriff »Kalter Krieg« spiegelt. Die Aufrüstung beginnt bereits Mitte der 1970er Jahre, als die Sowjetunion ihre auf Westeuropa gerichteten Mittelstreckenraketen modernisiert. Der damalige Bundeskanzler Helmut Schmidt von der SPD fordert vehement Gegenmaßnahmen. In einer Rede im Londoner *International Institute for Strategic Studies* beschreibt er die Situation als einen »schmalen Grat, der Friedenshoffnung und Kriegsgefahr« trenne. Im Dezember 1979 fasst die NATO den sogenannten Doppelbeschluss, der sowohl Verhandlungen als auch, sofern diese scheitern sollten, eine starke atomare Aufrüstung vorsieht. Die USA legt dann unter US-Präsident Ronald Reagan tatsächlich ein gigantisches Aufrüstungsprogramm auf.

Zurück in die 1980er: Die Kriegsängste bestehen in beiden Teilen Deutschlands, sowohl in der Bundesrepublik als auch in der DDR entsteht die sogenannte Friedensbewegung. In der DDR gehört die evangelische Kirche zu den treibenden Kräften. Das Symbol »Schwerter zu Pflugscharen« erobert als Aufnäher die Straße: Ein Mann, der ein Schwert zu einem Pflug umschmiedet, dazu eine Buchstaben-Zahlenfolge. »MICHA 4« ist ein Hinweis auf ein Bibelzitat: »Sie werden ihre Schwerter zu Pflugscharen und ihre Spieße zu Sicheln machen. Kein Volk wird gegen das andere das Schwert erheben, und sie werden fortan nicht mehr lernen, Krieg zu führen. Ein jeder wird unter seinem Weinstock und Feigenbaum wohnen, und niemand wird sie schrecken.« Die Partei- und Staatsführung geht gegen die Träger des Symbols vor, aber es dauert seine Zeit, bis dass es aus dem Straßenbild wieder verschwunden ist. Einige tragen jetzt an der Stelle, an der sie vormals den Aufnäher trugen, einen weißen Kreis oder, noch markanter, ein Loch im Stoff.

Das Symbol ist auch 1983 im Bonner Hofgarten zu sehen, als sich dort 500 000 Menschen versammeln, um gegen das

Heino Falcke zwischen Willy Brandt und Petra Kelly im Bonner Hofgarten im Oktober 1983

Wettrüsten zu protestieren. Heino Falcke trägt es. Er steht auf der Rednerliste, stellvertretend für die Friedensbewegung in der DDR. Falcke ist oben auf dem Podium, sitzt zwischen dem langjährigen SPD-Vorsitzenden und Ex-Bundeskanzler Willy Brandt und Petra Kelly, bekannte Friedensaktivistin und Mitgründerin der Grünen. Falcke erinnert sich noch gut daran: Zwischen den beiden herrschte dicke Luft. Kelly warf Brandt auf der Kundgebung »Verrat« vor, weil er sich nicht klar genug von NATO und Doppelbeschluss distanziere. Falcke: »Sie setzten mich dazwischen, damit sie nicht miteinander reden müssen.« Der Platz ist fast symbolisch: Geboren im Westen, übergesiedelt in die DDR, Anti-Kommunist im Osten und Anti-Kapitalist in der Bundesrepublik. Und auch als Gast auf dieser Veranstaltung wird ihm ein Platz dazwischen zuteil – zwischen Brandt als Vertreter einer Generation, die einen Großteil ihrer politischen Identität aus der Gegnerschaft zum Faschismus zieht, und Kelly als Vertreterin der Nachkriegsgeneration, die sich anschickt, aus dem West-Ost-Antagonismus auszubrechen, beladen mit der Sorge um Zukunftsthemen. Mit Klimawandel, Umweltschutz und Nachhaltigkeit besetzen die Grünen, so auch Kelly, Themen, die in den Folgejahrzehnten – bis zum heutigen Tag – die öffentliche Diskussion, später auch das soziale und ökonomische Leben beherrschen sollen.

Die Massendemonstration führt Falcke und Ramelow das erste Mal an einem Ort zusammen, auch wenn sich beide nicht direkt begegnen. Ramelow ist beeindruckt von Falcke, und er ist bewegt von dem »Schwerter zu Pflugscharen«-Symbol. »Das hat mich geprägt. Das war für mich ein Denkanstoß, so ein Aha-Erlebnis. Da sitzt einer da oben mit diesem Signet. Das ist es doch, was uns eigentlich umtreibt, wenn wir von Frieden reden.« Zum 90. Geburtstag Falckes im Mai 2019 hält Ramelow eine Rede, wo er schildert, wie er das Hofgarten-Ereignis erlebte. »Schließlich drangen wir zur großen Hauptbühne vor, auf der alles, was Rang und Namen hatte, versammelt war. Ich sah, neben vielen anderen, Willy Brandt und Petra Kelly und zwischen ihnen sitzend Propst Heino Falcke aus Erfurt und sein Transparent mit der Aufschrift ›Schwerter zu Flugscharen‹. Natürlich konnte er mich nicht sehen, denn ich stand mit 500 000 weiteren Menschen vor der Bühne. Ohne, dass Heino Falcke und ich uns darüber hätten austauschen können, war er doch derjenige, der bei mir mit seinem Plakat einen wesentlichen Impuls ausgelöst hat. Neugierig durch das Signet stieß ich auf die Bibelstelle des Propheten Micha und auf das Mahnmal, das die Sowjetunion den Vereinten Nationen geschenkt hatte. Dieser Widerspruch zwischen der Aussage des geschenkten Mahnmals der Sowjetunion und dem Verfolgungseifer der DDR-Sicherheitsorgane, aber auch der DDR-Oberen gegen diejenigen, die sich dieses Signet auf den Parka nähten, gab mir einen weiteren Denkanstoß der besonderen Art.«[99]

Es ist die erste politische Berührung mit dem Teil der Kirche im Osten Deutschlands, die in kritischer Distanz zum DDR-Staat steht. Zehn Jahre später trifft Ramelow den Probst von Erfurt erneut in einer politischen Ausnahmesituation: 1993, als Bergarbeiter in der thüringischen Stadt Bischofferode ihren Betrieb besetzen und in Hungerstreik treten. Die DDR gibt es nicht mehr; Ostdeutschland befindet sich in einer Transformation von der Staats- zur Marktwirtschaft. Die sozialen Verwerfungen sind enorm.

Für beide wird Bischofferode ein Ereignis, dass sich tief ins Gedächtnis gräbt. Im Gegensatz zu Ramelow, der von Beginn an als Gewerkschafter aktiv in den Arbeitskampf involviert war, gerät Falcke fast zufällig in das Geschehen. Denn Bischofferode liegt außerhalb seines Verantwortungsbereichs. Doch sein Kirchenkollege ist auf Dienstreise in Afrika, als die Lage eskaliert. So landet Falcke in dem »Drama«, wie er es selbst nennt. Mit einem katholischen Priester feiert er einen ökumenischen Gottesdienst und hält die Predigt. »Als ich in die Gesichter schaute – das war hochemotional.« Das Engagement Ramelows und seine beharrliche Kritik an den zweifelhaften Verträgen, die Thüringen mit der Treuhand geschlossen hatte, rechnet der Theologe seinem »Bruder« hoch an.

Zwei Jahre später, 1995, sitzen Falcke und Ramelow erneut in einem Boot, ohne dass sie es vorher abgesprochen

99 Rede Ramelows zum 90. Geburtstag Heino Falckes.

hätten, und wieder geht es um Politik und wieder ist die Aufregung groß, zumindest in der Stadt Erfurt. Beide gehören zu einer Initiative, die Wehrmachtsdesserteuren in Erfurt ein Denkmal setzen wollen. Neben teilweise prominenten Politikern und Literaten spielen Akteure aus den Gewerkschaften und der Kirche eine tragende Rolle. Ramelow erinnert sich an einen »wunderbaren Pfarrer, der uns unterstützt hat. Da hab' ich zum ersten Mal wieder richtig gespürt, hey, das ist meine Kirche.« Der wunderbare Pfarrer ist Martin Rambow, der in der DDR wie Falcke in der »Schwerter zu Pflugscharen«-Bewegung aktiv war. Das Denkmalprojekt erfährt erbitterten Widerstand, die Thüringer Landes-CDU und der damalige CDU-Ministerpräsident Bernhard Vogel stemmen sich dagegen, und auch der damalige Oberbürgermeister von Erfurt, Manfred Otto Ruge, gleichfalls Christdemokrat, erweist sich nicht als großer Freund des Denkmals. Doch auch interne Differenzen behindern das Projekt. Pfarrer Rambow vermittelt erfolgreich in einem Streit zwischen der Initiative und dem Künstler, »der sich völlig in seinen Schaffensprozess verstrickt« hatte und »darüber brüten und brüten« wollte, sodass das Projekt Gefahr lief, zu scheitern. Interessant auch hier, was Ramelow an dem Kirchenvertreter gefällt: Es sind keine theologischen Gedanken, sondern der politische Akt, der ihm imponiert.

So ist es dann auch bei der Erfurter Erklärung 1997, bei der Ramelow und Falcke erneut aufeinandertreffen und beide auf der Liste der Unterzeichner stehen. Oberstes Anliegen der Initiative ist ein grundsätzliches Umsteuern in der Politik, die in der Bundesrepublik seit fünfzehn Jahren – und im vereinten Deutschland seit sieben Jahren – von Helmut Kohl maßgeblich bestimmt wird. Die Erklärung prangert eine »gnadenlose Ungerechtigkeit«, »Sozialverschleiß« und »fehlende Perspektiven« an und fordert zum Schluss ein neues Politikbündnis aus SPD, Grünen und PDS, das sich siebzehn Jahre später dann tatsächlich in Thüringen unter Führung von Ramelow zu einer Landesregierung zusammenfindet. Interessant in diesem Zusammenhang ist aber die Nähe von Sozialpolitik und Ostkirche, die Ramelow sichtlich beeindruckt. Das lässt sich zum einen festmachen an der Unterzeichnerliste, auf der viele Theologen und Pfarrer stehen, auch wenn es sich um ein rein politisches Thema handelt. Zum anderen findet die Konferenz, an deren Ende die Erklärung verabschiedet wird, im Erfurter Augustinerkloster statt, ein für die evangelische Kirche wichtiger historischer Ort. Martin Luther studierte hier zu Beginn des 16. Jahrhunderts sechs Jahre lang die Bibel. »Die Kirche war proppenvoll«, erinnert sich Falcke an den Tag, an dem die Erklärung erstmals verlesen wurde. Er erinnert sich auch an die Ordensschwestern der Communität Casteller Ring, die gerade in Erfurt eingetroffen waren und fünfzehn Jahre lang im Kloster bleiben sollten. »Sie waren doch sehr irritiert, das so etwas in einem Kloster passierte.«

Hinter den politischen Aktionen, denen sich Ramelow seit Beginn der 1980er Jahre anschließt oder die er mitorganisiert, steckt oft noch mehr als der bloße Wunsch nach einem gerechten Gesellschaftsleben. Es geht fast immer auch um existenzielle Fragen: Die Angst vor einem Atomschlag im Kalten Krieg. Der Hungerstreik, wo die Arbeiter des Kaliwerkes ihr eigenes Leben als allerletztes Argument in die Waagschale werfen. Das Denkmal für die Wehrmachtsdeserteure, von denen 20 000 während des Zweiten Weltkriegs hingerichtet wurden. Selbst die Erfurter Erklärung hat einen existenziellen Hintergrund. Begriffe wie »Notstand«, »Dramatik der Lebenssituation«, »Massenarbeitslosigkeit« und »Massenarmut« unterstreichen das Ausmaß der existenziellen Bedrohung, die die Unterzeichner des Textes zu jener Zeit empfunden haben. Auch der »schönste Tag« in Ramelows Leben hat einen existenziellen Hintergrund.

Der schönste Tag im Leben

#Flüchtlingskrise
#Neonazis

Es ist schon ein wenig herbstlich, Ramelow steht in einem Bahnhof an den Gleisen. Er hat Tränen in den Augen und spricht in ein Megafon: »Ehrlich gesagt, das ist der schönste Tag meines Lebens.« Jubel. Er lässt auch das arabische Wort »Inscha Allah« fallen, das so viel bedeutet wie »So Gott will«.

Die Szene wurde am 5. September 2015 mehrfach aufgenommen und ist heute noch als Video auf YouTube abrufbar. Auch die Kommentare dazu, die sich allerdings überhaupt nicht »nach schönstem Tag im Leben« anhören. »Was erzählt der? seines Lebens??? Ist der etwa total auf Droge oder was???« Oder: »Die neue Definition der Linkspartei: Drecksscheiße.« Oder: »Das sind solche naiven Gutmenschen-Trottel.« »Allahu Akbar hat er vergessen zu sagen!« Und so weiter und so fort.

In den sozialen Netzwerken des Internets grassieren noch weitaus heftigere Kommentare. Es ist der Beginn der sogenannten Flüchtlingskrise und zugleich der Beginn einer sehr langen und sehr hitzigen Debatte, die so gut wie in jedem Haushalt, jeder Kneipe und zu jedem gesellschaftlichen Ereignis geführt wird.

Es ist der Tag, an dem die ersten Sonderzüge aus Ungarn in Deutschland ankommen. Seit 2011 tobt in Syrien ein brutaler Krieg, der als Bürgerkrieg begann und in einen Stellvertreterkrieg mit vielen Beteiligten mündete. Die Terrorgruppe IS spielt eine gewichtige Rolle, die Armee des Diktators Baschar al-Assads sowie lokale Milizen, die gegen al-Assad kämpfen; die USA, Russland, die Türkei, Iran, kurdi-

Bodo Ramelow an seinem »schönsten Tag des Lebens«, Saalfeld, im September 2015

sche Verbände und Israel ebenfalls. Viele Millionen Syrer sind auf der Flucht, von denen es rund sechs Millionen gelingt, das Land zu verlassen. Auch aus den von Kriegen geschundenen Regionen Iraks und Afghanistan drängen nach wie vor Flüchtlinge nach Europa, ebenso aus Kriegs- und Armutsgebieten Afrikas. Über das Mittelmeer oder über die sogenannte Balkan-Route versuchen viele, sich nach Europa durchzukämpfen. Hunderte ertrinken, weil die wackligen und überfüllten Boote sinken. Auch auf der Balkanroute herrscht Chaos, es entwickelt sich eine menschliche Katastrophe.

Auf dem Ostbahnhof in Budapest sammeln sich Tausende, um von dort nach Deutschland weiterzureisen. Die deutsche Bundeskanzlerin Angela Merkel sagt in der Nacht vom 4. auf den 5. September dem damaligen österreichischen Regierungschef Werner Faymann zu, Deutschland werde die Flüchtlinge aus dem Budapester Bahnhof auch dann aufnehmen, wenn sie sich nicht ausweisen könnten. Eine Entscheidung mit Folgen, denn aus einigen Tausend Flüchtlingen werden im Verlauf des Jahres Hunderttausende.

Der 5. September ist ein Tag, an dem viele Menschen entweder tief gerührt oder furchtbar erschrocken sind. Während die einen erleichtert sind, dass ein reiches Land endlich Hilfe anbietet, befürchten die anderen, dass mit den Menschen aus Syrien Kriminalität und Terror nach Deutschland kommen. Ramelow gehört zu der ersten Gruppe, aber die Aussage vom »schönsten Tag im Leben« ist für einen Mann, der schon sehr viel, auch viel Gutes und Besonderes in seinem Leben erlebt hat, außergewöhnlich. Es ist allerdings keine reflektierte Aussage, die sich auf irgendeine Art und Weise beweisen ließe. Es ist der Ausdruck einer tiefen Gerührtheit. Nicht mehr, nicht weniger. Eine Szene zeigt ihn, wie er sich an den Gleisen stehend eine Träne wegwischt und auf die Frage eines Reporters sagt: »Ich habe den ganzen Tag schon geheult.« Verständlich wird dieser sich auflösende Stressmoment durch die Vorgeschichte dazu, das Kriegs- und Flüchtlingselend, aber auch aufgrund einer besonderen Herausforderung, der sich Ramelow an diesem Tag gegenübersieht und einer Geschichte in der Geschichte, die etwas Überraschendes offenbart: Ramelows Schicksalsgläubigkeit.

Ramelow regt sich heute noch über die Kritik und Häme auf, die ihm entgegenhagelte. »Das Ganze wird reduziert auf Asyl und Asylanten und Asylmissbrauch und Blablabla, aber darum ging es überhaupt nicht.« Um was aber ging es?

An dem Tag, an dem die Züge kommen, ist Ramelow als Ministerpräsident von Thüringen auf der Bundesgartenschau in Brandenburg unterwegs. Er bekommt die Nachricht, dass einer der Züge auch nach Thüringen rollen soll. Aber: »Wir wissen nicht wann, wir wissen nicht wo, wir wissen auch nicht, wie wir uns vorbereiten sollen. Also alles nicht so lustig.« Deswegen werden verschiedene Einrichtungen wie das Technische Hilfswerk und das Deutsche Rote Kreuz alarmiert und in Bereitschaft gesetzt.

Irgendwann im Laufe des Vormittags bekommt Ramelow dann die Meldung, der Zug komme in Saalfeld an. Das war für ihn das Signal, seine Dienstreise abzubrechen. »Ich musste zurück, denn ich wollte nicht, dass die Nazis die Ersten sind, die da sind, wenn die Flüchtlinge in Saalfeld ankommen. Das wollte ich unter allen Umständen vermeiden.«

Saalfeld im Osten Thüringens gilt als eine Hochburg der Neonazi-Szene. 2015, das sind nur vier Jahre, nachdem die NSU aufflog. Allerorten laufen noch die Untersuchungsausschüsse dazu. Mit Pegida entwickelt sich zudem eine Bewegung, in der Teile der ostdeutschen Gesellschaft sich von Rechtsextremisten einfangen lassen und umgekehrt Rechtsextremisten über die islamophobe Bewegung und die AfD versuchen, aus der verbotenen Zone der Gesellschaft in die offenen Räume zu dringen. Ramelow und seine Familie sind persönlich betroffen: Sie erhalten Morddrohungen – mehr als ein Mal. Mit einem Satz: Die Atmosphäre ist aufgewühlt, die Gesellschaft gespalten. Gleichzeitig entwickeln sich eine Willkommenskultur und ein rassistisches Grundgefühl. Davon werden Menschen erfasst, die bis dahin gar nicht wussten, welche Ressentiments sie mit sich tragen. Oder es zu verbergen wussten. Jetzt aber brechen Dämme.

An diesem Tag ist es ein Rennen gegen die Zeit und gegen den Rechtsextremismus, das Ramelow gewinnen will. Was ihm dabei hilft, sind nicht die PS im Dienstfahrzeug, sondern ein Schachzug: »Durch meine Ankündigung, zum Bahnhof zu fahren, war natürlich die Polizeiabsicherung gleich um hundert Prozent gestiegen. Damit hatten die Nazis keine Chance.«

Als er mit dem Megafon auf dem Bahnsteig steht, weiß er, dass er zumindest an diesem Tag Sieger ist: »Hier in Saalfeld wollten die Nazis mal das Konzept der national befreiten Zonen durchsetzen. Hier in Saalfeld sind mal die meisten Waffen nach 1945 gefunden worden. Hier in Saalfeld gab es mehrere Versuche, eine große Nazi-Kultur als Alltagskultur zu etablieren. Und dass hier in Saalfeld heute der erste Zug ankommt, ehrlich gesagt, das ist der schönste Tag meines Lebens.«

Der 5. September insgesamt, die Entscheidung, die Grenze zu öffnen, die Zugtransporte, die an die Ankunft der Botschaftsflüchtlinge aus Prag und Warschau 1989 erinnern, dazu die spezifische Thüringer Note, wo es bereits um die Abwehr neonazistischer Reaktionen geht – all das ist hochemotional. Es kommt aber noch eine weitere Spitze hinzu, die die Rührung Ramelows erst auslöst.

Als Ramelow am Bahnhof eintrifft, ist noch kein Zug da. Es sollte sich noch mehrere Stunden hinziehen, bis er endlich eintrifft. In dieser Wartezeit lernt Ramelow einen Mann kennen, der zufällig neben ihm steht. Fabian Groh, zu dieser Zeit Pfarrer in Ziegenrück, einem Ort nahe Saalfeld, kommt gerade aus Budapest zurück, wo er am Bahnhof Flüchtlingen geholfen hatte. Groh erzählt von einer Familie, die sich aus einer völlig zerbombten Stadt gerettet hätte und seit Wochen auf der Flucht sei. Mit dabei der alte über 70-jährige Vater, an den Rollstuhl gefesselt, auf einen Katheter angewiesen. Die Familie habe ihn, Groh, bekniet, den alten Mann im Auto mitzunehmen, weil sie befürchteten, dass für ihn die Reise zu Ende sein könnte, sie ihn aber unter keinen Umständen unter den extremen Bedingungen auf dem Budapester Bahnhof zurücklassen wollten. Worauf Groh sich nicht einlassen konnte. »Das zerreißt mich«, gesteht Groh, als er neben Ramelow auf dem Bahnsteig wartet.

Irgendwann am Abend läuft dann der Zug ein. Ramelow erinnert sich an die ersten Minuten: »Große Aufregung am Bahngleis. Die ersten Türen gehen auf. An der Stelle, wo wir stehen, steigt aber keiner aus. Aber man sieht, im Abteil ist Bewegung. Man hört, da ist Bewegung. Und dann merkt man, wie viele Hände auf einmal etwas greifen und weitergeben. Da war das der Rollstuhl mit dem alten Mann.«

Ramelow erkennt darin eine Botschaft. »Erzählen Sie das mal jemandem. Das ist doch ... das glaubt doch kein Mensch. Als Groh mir die Geschichte von dem alten Mann erzählte, konnte er nicht wissen, dass der im Zug ist. Er konnte nicht mal wissen, ob überhaupt irgendjemand in dem Zug ist, den er in Budapest gesehen hat. So, und da sage ich, das muss doch der liebe Gott gewesen sein. Wie soll's denn sonst gewesen sein? Das ist 'ne Botschaft vom lieben Gott. Anders kann ich mir das nicht erklären.«

Also alles Schicksal? So weit will Ramelow nicht gehen, aber er denkt schon, »es gibt eine Fügung, die größer ist als das, was wir zwischen Schwarz und Weiß erkennen oder auf Google News lesen.«

Schicksalsschläge

#Krankheit
#Tod

Der Einzug in den Thüringer Landtag 1999 kann als offizieller Start der politischen Karriere Ramelows bezeichnet werden. Beruflich eilt er in den Jahren danach von Erfolg zu Erfolg, aber in seinem Privatleben ziehen dunkle Wolken auf. Die Jahre um die Jahrtausendwende gehören zu den tragischsten in Bodo Ramelows Leben. Es ist, als habe ihm das Leben zwischen dem Tod seines Vaters und seines Onkels zwei bis drei stabilisierende Jahrzehnte geschenkt, in denen er sich persönlich, politisch und beruflich entwickeln konnte. Dann aber schlägt das Schicksal zu. Gleich mehrfach.

Allein die Hintergründe sind unterschiedlicher Art. Der Zweite Weltkrieg, der sich aus dem Leben und Sterben des Vaters und des Onkels nicht ausblenden lässt, ist lange vorbei. Wenn die Gesellschaft in dieser Zeit vom Tod spricht, dann fällt das Wort nicht mehr im Zusammenhang mit dem Krieg, sondern mit der Volkskrankheit Krebs.

Anni

Bereits Ende der 1980er Jahre beklagt Ramelow den Tod seiner Mutter. Er begleitet sie beim Sterben.

Als ihn die Nachricht über den Krebsbefund seiner Mutter ereilt, nimmt er sich ein paar Tage frei und fährt zu ihr.

Der behandelnde Arzt empfiehlt Mutter und Sohn, seinen Doktorvater aufzusuchen – eine Koryphäe auf dem Gebiet der Krebsbehandlung. Sie machen das, aber es wartet keine schöne Erfahrung auf die beiden.

Mit seinen zwei Schwestern besucht Bodo Ramelow im August 2020 das Grab der Mutter in Nieder-Wiesen. In seinem Tagebuch schreibt Ramelow: »Marius Müller-Westernhagen hat vor Jahrzehnten die Textzeile erdacht, ›auch auf Gräbern tanzen zu sollen‹. In den vergangenen Tagen musste ich häufig an die Liedzeile aus einem der ganzen großen Songs der Wendezeit – ›Freiheit‹ – denken«

Ramelow erinnert sich noch gut an das Gespräch mit der Koryphäe. Es verläuft so, dass »dieser Professor über den Kopf meiner Mutter hinweg mit mir reden wollte. Da habe ich gesagt: Verzeihen Sie bitte, Herr Professor, meine Mutter lebt und sitzt vor Ihnen.« Statt also mit niedergeschlagenem Blick den Worten des Experten zu lauschen, beschwert sich Ramelow über die Gesprächsführung. Er selbst nennt das Realismus: »Das waren solche Sachen, die mich immer wieder gezwungen haben, sehr realistisch mit der Situation umzugehen.« Im Verlauf des Gesprächs macht der Arzt den beiden noch einmal deutlich, der Befund sei endgültig. Er fragt, ob sich Mutter und Sohn schon überlegt hätten, was sie jetzt tun wollten. Ramelow erzählte kurz, sie wollten sich eine anthroposophische Klinik ansehen. Der Arzt, so die Erinnerung Ramelows, meint daraufhin lapidar, »na, dann ist gut. Und damit war es für ihn erledigt.« Zurück bleibt ein enttäuschtes Mutter-Sohn-Paar. »Medizinisch verstand ich ihn, menschlich war das eine Katastrophe. Ich habe meine Mutter wieder eingesammelt und musste mit dem Häufchen Elend neben mir zurückfahren.«

Aus der Sicht des Arztes ist es vermutlich irgendein Tag in seinem Leben gewesen. Sein Berufsleben lang hat er rein fachlich mit dem Tod zu tun – es gehört zu seinem Handwerk. Mutter und Sohn hingegen befinden sich in einem Zustand zwischen Hoffen und Bangen. In ihren Köpfen schwirren Gedanken über den nahen Tod. Durchschnitten wird diese Atmosphäre von einem Ton der Sachlichkeit, mit der Ramelow den Arzt zurechtweist. Zum Ende ein Achselzucken, die Heimfahrt. Traurigkeit, Aufbegehren, kühle Analyse und Pragmatismus, alles wechselt sich ständig ab, konzentriert auf einen kurzen Moment.

Ramelow ist auch dabei, als seine Mutter für die Sterbezeit in der gewählten Klinik aufgenommen wird. »Ich habe mir im Dorf ein Zimmer genommen. Jeden Morgen musste ich auf dem Weg zur Klinik Treppen hochlaufen. Das war für mich das Schlimmste. Diese Vorstellung, auf jeder Treppenstufe: Wie wird sie heute sein? Was wird mir jetzt begegnen? Dann noch mal, in der letzten Sekunde, bevor ich die Tür öffnete. Der Aufstieg nach oben war immer mit der größten Angst verbunden. Und wenn ich oben, wenn ich bei ihr war, war es weg.«

In den letzten Tage sind auch die anderen Kinder der sterbenden Mutter am Ort. An Weihnachten 1988 begleitet Ramelow seine geistig hellwache Mutter noch zum Gottesdienst, wenige Tage später stirbt sie. Er ist in dieser Minute nicht bei ihr, kommt aber zur Nachtwache. Am nächsten Tag versammeln sich noch einmal die Angehörigen, um Abschied zu nehmen. In Erinnerung bleibt, wie er am Bett seiner Mutter sitzt. »In ihren wachen Momenten hat sie mir diktiert, wie wir die Beerdigung zu machen haben. Wen wir nicht kennen, wen wir einladen müssen, und, als alles fertig war, hat sie sich auch noch mit ihrem Lebensgefährten versöhnt, der die ganze Zeit nicht kommen durfte, weil er es nicht ertragen hatte, dass seine Lebensgefährtin jetzt geht.«

Helmuth

Etwa ein Jahrzehnt später bekommt sein bester Freund Helmuth Schomber eine Krebsdiagnose. Zwischen Diagnose und Tod liegen anderthalb Jahre – in dieser Zeit sehen sich die beiden Männer oft. »Ich bin jedes Wochenende von Erfurt zu ihm nach Marburg gefahren. Und dann musste ich unter der Woche nach Frankfurt am Main zu einem Termin. Als ich auf der Höhe von Marburg war, rief seine Frau an und sagte: Helmuth stirbt.« Ramelow kehrt um, lenkt seinen Wagen zurück nach Marburg und kommt nicht zu spät: Als sein Freund im Jahr 2000 geht, sitzt er neben ihm.

In diesen Stunden macht er eine spirituelle Erfahrung, aus der er Konsequenzen ziehen wird. Seine Schicksalsgläubigkeit dringt durch. In einem Beitrag für das Magazin *chrismon* schreibt er: »Da habe ich gespürt: Mein Gott ist bei mir. Ich hatte nur wenige Kilometer, dann konnte ich bei ihm sein. Da kann mir keiner erzählen, dass das Zufall ist. Gott wollte, dass ich bei ihm bin.«[100] Sein Sohn Victor bestätigt, dass in dieser Zeit etwas mit seinem Vater passierte. »Damals ist er religiös geworden. Ich kann mich nicht

100 Dirk von Nayhauß, »Ich kann mich nicht erinnern, wann ich einmal aufgegeben hätte«, chrismon, 30. Dezember 2014.

erinnern, dass er davor so war.« Die Haltung ist vergleichbar mit der seiner Schwester, die auf ihrer DDR-Reise einen Wink Gottes sah, der dazu führte, dass ihr Bruder sich auf die Suche nach den Halbgeschwistern machte.

Wenn während des Sterbens seines Freundes in Ramelow eine neue Religiosität erwachte, dann sollten Folgeereignisse sie festigten.

Victor

Damit hatte der Tod erst einmal abgegrast, was im Alter Bodo Ramelows oder älter war, doch die schlimmen Jahre sind noch nicht vorbei. Als sein Freund Helmuth stirbt, ist der Gewerkschafter gerade auf dem Sprung in die Politik. Als sein Sohn Victor an Leukämie erkrankt, wirkt er bereits als Landtagsabgeordneter in Thüringen. Viktor ist zu diesem Zeitpunkt 15 Jahre alt.

Etwa ein Jahr lang wird Victor chemotherapeutisch behandelt, dann findet sich eine Spenderin aus Wales. Die Hoffnung in der Familie steigt zunächst, dass der Sohn überleben könnte, doch die Therapie schlägt nicht an, und die Überlebenschancen von Victor verringern sich »rapide«. Als sein Vater davon erfährt, sitzt er in einer Landtagssitzung. Christine Lieberknecht ist zu dieser Zeit Landtagspräsidentin. »Ich bekam den Anruf aus dem Krankenhaus. Da bin ich zu Frau Lieberknecht und sagte ihr, dass der behandelnde Arzt aus dem Krankenhaus angerufen hat. Mit folgendem Satz: Das Leben Ihres Sohnes hängt nicht mehr am seidenen Faden, es ist kein Faden mehr da.« Was folgt, sind »Tage der Verzweiflung und Aussichtslosigkeit«. Ramelow verlässt die politische Welt, die plötzlich ganz klein wird, und verschwindet in den schrecklichen Geschehnissen, von denen seine Familie heimgesucht wird.

Familienmitglieder wurden zuvor als passende Spender ausgeschlossen, aber nun will man es doch mit einem wenigstens teilweise passenden Spender probieren: Der Vater, Bodo Ramelow. Er begibt sich mehrere Tage ins Krankenhaus, wo mit Medikamenten seine Stammzellenproduktion angekurbelt wird. »Ehrlicherweise muss ich sagen: Ich bin so ein Feigling. Wenn ich eine Spritze sehe, bin ich schon fast ohnmächtig. Dieses Gefühl, dass ich für meinen eigenen Sohn die Spende vorbereite und ich mich mit meinem Körper auseinandersetzen musste, hat einen Veränderungsprozess im Kopf ausgelöst. Ich war damals bereit, für meinen Sohn alles zu tun«, berichtet er in einem Interview mit der Deutschen Knochenmarkspenderdatei DKMS.

Mit Erfolg: Auch wenn zu diesem Zeitpunkt in der medizinischen Forschung die Chancen über einen teilweise passenden Spender als gering angesehen wurden – Victor überlebt. Wem sollte Ramelow dafür danken? Die Auflösung dieses langen emotionalen Ausnahmezustandes war dann auch der letzte Auslöser auf Ramelows Weg zurück in die Kirche. »Das war der Punkt, wo ich tatsächlich in die Erfurter Martini-Gemeinde gegangen bin und zum Pfarrer gesagt habe: Guten Tag. Ich würde gerne wieder in die Kirche eintreten.«

In dem DKMS-Interview kommt er auf eine weitere Einstellung zu sprechen, die sich aus dem traumatisierenden Ereignis entwickelte: die Wertschätzung des Einfachen. »Wir sind froh, dass seine Mutter, sein Bruder, wir alle regelmäßig zusammensitzen und uns einfach freuen, wenn wir Kaffee und Kuchen genießen, ein Stück wandern oder die geringe Zeit, die zur Verfügung steht, ganz bewusst wahrnehmen. Es gibt Momente, in denen wir Luft holen und sagen: Schön, dass wir da sind.«

Hans

Die Erleichterung ist groß, doch es folgen weitere Ereignisse, die Ramelow mit dem Tod konfrontieren. Er ist inzwischen Fraktionschef der Linken im Landtag, als 2002 ein Schüler des Erfurter Gutenberg-Gymnasiums Amok läuft und sechzehn Menschen erschießt und anschließend sich selbst tötet. Ramelow ist selbst indirekt betroffen. Einer der Erschossenen sowie eine Witwe gehören zu seinem engen Bekanntenkreis.

An diesem Tag öffnen die Kirchen spontan ihre Türen. Und viele Erfurter kommen, ohne verabredet zu sein. Sie suchen Gemeinschaft und Trost. In der überwiegenden Zahl sind sie nicht gläubig. »Als am Abend alle Kirchen in Erfurt auf waren und alle Kirchen voll waren, war das ein Zeichen dafür, dass Menschen mit ihrer geschundenen Seele auch einen Ort suchen, an dem sie sich Heilung erwarten. Kirche und auch der Ort der Kirche kann ein Raum der Stille, der Andacht und des Wieder-Gesundens werden.«[101]

Eines der Opfer, Hans Lippe, ist der Ehemann einer früheren Gewerkschaftskollegin. Die Mutter des Opfers bittet ihn, die Trauerfeier zu organisieren. Unter einer Bedingung: Die Verabschiedung sollte keinen religiösen Touch bekommen. »Nichts Kirchliches – ich sollte sozusagen derjenige sein, der an der Stelle des Pfarrers agiert.« Ramelow tut sich zunächst schwer damit. Der Tod seines Freundes Helmuth geht ihm noch immer nah, er hatte sich »geschworen, keine weitere Trauerrede mehr halten zu müssen«. Am Ende willigt er dennoch ein, und heute noch, fast zwei Jahrzehnte später, lässt sich die Qual heraushören, wenn Ramelow von seiner Antwort erzählt. »Da hab' ich gesagt …« Pause, dann ein lang anhaltender Seufzer: »Oahhh. Jaa.«

101 Bodo Ramelow: »Der Glaube ist prägend für mein Leben«, Gespräch mit Jörg Münchenberg, Deutschlandfunk, 9. Oktober 2017.

Er setzt sich ins Trauerhaus, in den Raum, in der auch der Leichnam liegt. Er kennt die Frau des Opfers, aber nicht ihn selbst. »Ich musste mich irgendwie diesem Menschen nähern.« Später schaut er sich die Schallplattensammlung des Getöteten an, seine Bücher. »Und da habe ich gemerkt, wie viele Parallelen wir haben.« So findet er einen Zugang, aber ein Problem bleibt offen: »Was machst du, wenn du weißt, seine Mutter will nichts über Gott hören. Und du selber bist Christ. Und willst es auch nicht verheimlichen.« Eine Situation, wie geschaffen für einen, der eine Routine entwickelt hat, das Unüberbrückbare zu überbrücken. Mit einem Kunstgriff rettet er sich und zitiert den Filmhit der Puhdys aus »Die Legende von Paul und Paula«.

Wenn ein Mensch kurze Zeit lebt
Sagt die Welt, dass er zu früh geht.
Wenn ein Mensch lange Zeit lebt
Sagt die Welt, es ist Zeit.

Jegliches hat seine Zeit,
Steine sammeln, Steine zerstreu'n,
Bäume pflanzen, Bäume abhau'n,
Leben und sterben und Streit.

In dem Lied wimmelt es nur so von Bibelzitaten aus dem Alten Testament. Gleichzeitig gehören Song und Film zu einem der wichtigsten identitätsstiftenden Kulturgüter der DDR-Gesellschaft. »Die Puhdys kannten alle, sie sind völlig unverdächtig. Und so bekamen sie doch ihren christlichen Anteil, ohne es bemerkt zu haben.«

Während Ramelow sich erinnert und diesen letzten Satz sagt, lacht er leise in sich hinein, wie über einen gelungenen Streich, der Gutes bewirkte.

Philip

Wenige Jahre später erreicht Ramelow erneut eine Horrormeldung. Er ist jetzt Bundestagsabgeordneter in Berlin. Sein Sohn Philip wohnt zu dieser Zeit bei ihm. Bodo Ramelow befindet sich gerade im Zug, er ist auf dem Weg zu einer Konferenz in Bremen, als er den Anruf von Philip bekommt. Sein Sohn wirkt erschüttert. Soeben habe er eine Diagnose bekommen: Krebs. Seine erste Reaktion: »Jetzt bin ich also dran.«

Ramelow steigt bei der nächsten Gelegenheit aus dem Zug und fährt zurück nach Berlin. Philips Mutter rufen beide erst später an. »Sie wollten mich schonen«, erinnert sich Leonie Ramelow an den Moment, als sie die schlechte Nachricht erreicht. Geholfen hat es wenig: »Allein der Schock hat mich aus der Bahn geworfen und meinen Vater auch, und meine Mutter sowieso«, erinnert sich Philip.

Die Krebsart erweist sich als weniger gefährlich als die Leukämie seines Bruders. Die Ärzte sind guter Hoffnung und verordnen eine Strahlentherapie. Sie schlägt an. Gott sei Dank, wird sich sein Vater gedacht haben. Aber wie genau stellt sich Ramelow eigentlich Gott vor?

Der Prediger

#Gott
#Trost

Ramelows Gottesbild ist abstrakt. Es sei kein »Glaube an einen Gott als eine fassbare Persönlichkeit, die man sich irgendwie menschlich vorstellt. Das alles nicht. Aber ich glaube an einen höhere Institution, eine höhere Dimension, die sich uns nicht vollständig erschließt.« Es sei »etwas Höheres, und dieses Höhere will ich nicht genau beschrieben haben.« Es passierten immer wieder Dinge, »die mir wie ein Zeichen dafür sind, dass da was ist. Und dieses das, was da ist, ist für mich etwas Höheres.« In einem langen Gespräch mit dem Autor Hans-Dieter Schütt erklärt er, es gebe eine größere Logik »um uns herum, deren Gesetz wir nicht durchschauen. Und es ist äußerst hilfreich, dass wir diese Logik nicht durchschauen. Trotz aller Aufklärung.«[102] Dass dieses Höhere weitgehend undefiniert in einem undurchsichtigen Bereich verharrt, ist für Ramelow, der im politischen Alltag immer wieder durch sein Detailwissen glänzt, keineswegs beunruhigend. Im Gegenteil. »Wir wissen es nicht und wir müssen es auch nicht wissen. Deswegen hat das eine heitere Gelassenheit bei mir.«[103] Die sich im Gebet bemerkbar mache: »Das Gebet stellt die Heiterkeit, die Ge-

102 Schütt, 2006.
103 Ebd.

lassenheit her angesichts dieser Ungewissheit«[104], sagt der, der so sehr auf Wissen angewiesen ist, um seine Arbeit erfolgreich zu meistern. Es ist eine Variante von »Ich weiß, dass ich nichts weiß, aber ich fühle was«: »Ich weiß nur, dass ich an eine Rückbindung ans Universum glaube, die mir Kraft für meine Erdentage gibt.«[105]

Für Ramelow ist die Religion ein Bereich, in dem er – im Gegensatz zur politischen Arbeitswelt – nicht für jede Frage eine überzeugende Antwort haben muss. Religion wird zur Auszeit, zum Ruhe- und Rückzugsraum, der Verzicht auf soziale Zwänge und einen durch und durch durchgetakteten Arbeitstag, denen ein Ministerpräsident ansonsten Schritt auf Tritt ausgesetzt ist.

Bemerkbar macht sich »dieses das, was da ist« als Gefühl. »Dieser Gott ist in meinem Herzen ein Fundament. Ich spüre, dass er da ist. Ich habe ein tiefes Gottvertrauen, und das besonders in Situationen, in denen es mir wichtig ist, dass ich mich nicht allein fühle. Diese Nähe Gottes habe ich gespürt, als mein bester Freund gestorben ist.«[106] Sein Glaube ist für Ramelow auch eine Energiequelle. Häufig benutzt er den in der Lebensphilosophie so gerne verwendeten Begriff »Kraft«, wenn es um die Schilderung seiner Gottgläubigkeit geht. In existenziellen Situationen, etwa bei der Konfrontation mit dem Tod; es ist aber auch eine sinnliche Kindheitserinnerung. »Die Kindergottesdienste waren schon was ganz Besonderes. Und das Zusammenleben in der Kindheit in der Gemeinde. Das war schon etwas, was uns Kraft gegeben hat.«[107] Oder, noch deutlicher: »Gott ist einfach die Kraft, die mich umgibt.«[108]

104 Schütt, 2006.
105 Ebd.
106 Ebd.
107 »Ich hatte mit Gottes Bodenpersonal großen Krach«, Video, chrismon.evangelisch.de, 5. Mai 2017.
108 Riverboat, MDR, 25. Januar 2019.

In der *MDR*-Talkrunde *Riverboat* erzählt Ramelow im Januar 2019 freimütig, dass er seit einiger Zeit einen Talisman in der Hosentasche trägt, und gibt damit indirekt zu, etwas abergläubisch zu sein. Vor allem unterstreicht es die Schutzfunktion, die der Glaube für ihn hat – und wozu die Kraft da ist, von der er spürt, dass sie ihn umgibt. Es handelt sich um ein Bronzestück einer Glocke, die in der Kirche in Cospeda hängt und die zum Thüringentag 2017 gegossen wurde. Der Glockenmeister hätte es ihm am Tag nach der Fertigstellung in die Hand gedrückt. »Da hab' ich gesagt, das isses. Das begleitet mich. So hab' ich immer ein Stück der Glocke aus Cospeda bei mir, die die Menschen zum Gottesdienst ruft.«[109] Als ob er auf der Suche nach einem Artefakt gewesen wäre, der ihn an etwas erinnert oder ihm gar Kraft gibt. Als er dann das Metallstück geschenkt bekommt, greift er zu und gibt ihm die spezifische Bedeutung.

Es geht immer auch um das Gefühl von Sicherheit. »Wer sagt, es gebe Gott, der drückt doch immerhin ein Bedürfnis aus«, erklärt er in einem Interview. »Er ist so ehrlich, auf eine Not zu antworten. Durch diese Antwort wird Gott geschaffen.«[110] Wobei Ramelow mit »wird geschaffen« nicht ausdrücken will, dass Gott ein Fantasieprodukt ist, sondern dass sich dessen Existenz in der Not erkennen lässt.

Ramelows Vorstellung, dass Gott in der Not nah ist oder doch zumindest nah sein kann, wird an den Beispielen aus dem persönlichen Leben deutlich, lässt sich aber auch an der Bewertung gesellschaftlicher Tragödien festmachen. Der Arbeitskampf in Bischofferode und der Amoklauf im Gutenberg-Gymnasium sind solche Situationen, bei denen, so die Wahrnehmung Ramelows, das Angebot der Kirche und des Glaubens wichtig wurde. Dennoch bietet ihm der

109 Riverboat, MDR, 25. Januar 2019.
110 Schütt, 2006.

Gottesglaube nicht nur Schutz, sondern geht darüber hinaus. Der Anlass, sich an Gott zu erinnern, folgt nicht notgedrungen einem schwerwiegenden Erlebnis. Transzendentale Erfahrungen der positiven Art sind bei Ramelow oft mit Naturerlebnissen verbunden. Auf einer Wanderung im Thüringer Teil der Röhn beschreibt er, was er meint: »Wo wir zusammen durch den Wald hinaufgestiegen sind und auf einmal ein strahlender Sonnenkranz durch die Bäume scheint, und man merkt, wie alle Gesichter auf einmal fröhlich werden – das ist für mich so was. Und dann da oben zu stehen und runter zu gucken, und das ganze Tal liegt in einem weißen Nebel und darüber strahlt die Sonne. Das sind natürlich alles Wettererscheinungen, das weiß ich, und trotzdem ist das was, das die Seelen der Menschen erreicht.« Noch weiter zugespitzt klingt der Bericht aus einer Wüstenwanderung, die Ramelow 2004 überwältigt hatte: »Da braucht man keinen Alkohol, da braucht man keine Drogen, gar nichts. Der Rauschzustand: auf einer Sanddüne zu sitzen und die Sonne hinterm Horizont verschwinden zu sehen, die Weite auf sich wirken zu lassen.«[111]

Die Beziehung zwischen Mensch und Gott ist für Ramelow nicht bedingungslos an eine Konfession, eine Lehre oder ein Buch gebunden. In einer Predigt zum Reformationstag am 31. Oktober 2008 in der Auenkirche Berlin-Wilmersdorf fordert er auf, über die Konfessionsgrenzen hinaus zu denken: »Protestanten, Katholiken, Orthodoxe, Freikirchler, keiner hat die absolute Wahrheit für sich gepachtet. Wir alle stehen unter den Worten der Heiligen Schrift, die wir auch im Brief des Paulus finden. Und diese Worte gelten für uns alle, bis heute, selbst wenn sie noch so unmodern und beschwerlich in unseren Ohren klingen.« Und mehr als das. »Ohne Furcht und Zittern« könnte gefordert

111 Schütt, 2006.

werden, »dass jeder Mensch auf dieser Erde das Recht haben muss, seinen Glauben leben zu können!«

Ramelow überträgt seine Toleranz gegenüber den anderen Konfessionen auch auf andere Religionen. »Mein Gottesbild hat genügend Platz für die anderen Religionen«,

Ausflug nach Rom. Beim Papst im Februar 2016

sagt er. Er würde nie auf den Gedanken kommen, eine Religion als »falsch« oder »richtig« einzustufen. »Das ist Unsinn, wenn eine Religion von sich behauptet, dass sie die einzig wahre Religion ist und keine andere neben ihr geduldet werden kann.« Auf die Frage, ob er sich vorstellen könne, einer anderen Religion anzugehören, wenn er wo anders geboren worden sei, überlegt er nicht lange. »Das ist wohl so. Wenn die Sozialisation so war, wird es so sein. Ja.«

Es ist ihm offenkundig eine Ehre, im Februar 2016 als Protestant vom Papst empfangen zu werden. Eines ihrer Themen ist das Reformationsjahr in Thüringen 2017. Papst Franziskus habe interessiert nachgefragt. »Wir verstehen das gesamte Thema der Reformation als gemeinsames Thema, um Menschen zu ermutigen, mal über Glauben nachzudenken. Das ist nicht die Trennung in evangelisch-katholisch, sondern die Einladung, über das, was eigentlich dahintersteht, ins Gespräch zu kommen. Franziskus hat uns dazu ermuntert, diesen Weg weiterzugehen«, erklärt Ramelow in einem Interview mit Radio Vatikan.[112]

Wo das Recht auf freie Religionsausübung nicht gegeben sei, müsse »unser Protest hörbar sein«, meint er in seiner Predigt zum Reformationstag. Deshalb habe er während einer Pilgerreise im Gespräch mit türkischen Parlamentariern auch erwähnt, »dass jede Diskussion über Moscheen in Deutschland eine Bereicherung unserer religiösen Bekenntnisse sind und wir als Christen deshalb umgekehrt erwarten müssen, dass auch im türkischen Staat darüber debattiert wird, dass die unterschiedlichen Glaubensbekenntnisse gelebt werden können und dürfen.« Zehn Jahre später wird Ramelow bei der Grundsteinlegung zum Bau einer Moschee in Erfurt dabei sein und eine Rede halten – ein Projekt, dass in der Bevölkerung etliche Gegner hat. Er selbst wird für seine Toleranz teilweise heftig und zuweilen auch beleidigend attackiert.

In seiner Predigt spricht Ramelow seine Hoffnung aus, »dass wir die Anstöße von Martin Luther nicht als trennend zu anderen christlichen und zu den anderen abrahamitischen Religionen begreifen«. Der Verweis auf Martin Luther liegt am Reformationstag auf der Hand. Ramelow spielt in diesem Zusammenhang auf die Ressentiments an, die Luther gegenüber Juden und Muslimen hegte. Doch neben dem Toleranzgedanken spielt eine andere Idee ebenfalls eine große Rolle, die für Ramelows Werdegang insge-

112 Ramelow beim Papst: »Menschen Mut machen, nicht Angst«, Radio Vatikan, 26. Februar 2016.

samt entscheidend ist. »Was ist Gott für Sie«, fragt Schütt in seinem langen Gespräch mit Ramelow über den Zusammenhang von Religion und Sozialismus. »Ein Tätigkeitswort«, antwortet dieser. »Eine Aufgabe für die Menschen.«[113]

Ob nun der Sinn für die Aktion tatsächlich aus dem christlichen Glauben erwachsen ist oder Ramelow eine seiner herausstechenden Eigenschaften im Nachhinein mit seinem Glaubensbild verbunden hat, lässt sich wohl kaum beantworten. Vielleicht ist beides der Fall. Er selbst bringt jedenfalls das eine mit dem anderen in Verbindung und flechtet noch einen weiteren Aspekt ein: Seine Sozialisation. Den Toleranzgedanken habe er von seiner Mutter, sagt er in seiner Reformationspredigt. »Glauben leben, aber niemandem aufzwingen!« Er spricht im gleichen Atemzug von seiner »uralten protestantischen Familie« und seiner Zeit als Klassensprecher, Schulsprecher und Gewerkschafter. »Ich habe mich immer engagiert und dieses Miteinander-Tun und Miteinander-Verantwortung-Tragen war etwas, das mir meine Mutter sehr vermittelt hat.«[114] An anderer Stelle sagt er explizit, seine linken Positionen bezöge er »wesentlich aus der christlichen Ethik«.[115]

Ramelow wäre ein schlechter Prediger, wenn er für diese Aussage kein Bibelzitat an der Hand hätte. Er hat. »Was ihr den geringsten meiner Brüder getan habt, das habt ihr mir getan.« Dann führt er aus: »Es geht um die Bedürfnisse der gesellschaftlich Geringen, der Menschen ohne Lobby. Die Hungrigen und Durstigen, die Fremden und Obdachlosen.« Aber auch »Wissensdurst und Hunger nach Kultur« gehörten zu den Bedürfnissen, die gestillt sein wollten.[116]

113 Schütt, 2006.
114 Bodo Ramelow: »Der Glaube ist prägend für mein Leben«, Gespräch mit Jörg Münchenberg, Deutschlandfunk, 9. Oktober 2017.
115 Schütt, 2006.
116 Ebd.

Von hier ist der Weg nicht weit zurück in die Politik. Gott mache ihm Mut, weil er seine Existenz legitimiert: »Ich bin in der Schöpfung ein Gewollter.« So wie alle anderen Menschen auch – was seinen Übermut dämpfe. Und zu der klassischen Frage von Friedenspolitik führt: »Das ist der Konfliktstoff, aus dem Leben besteht: Wie kommt dieses vielgestaltige, vielstimmige Gewolltsein unter einen gemeinsamen Frieden?«[117]

117 Schütt, 2006.

Das Haus am See

#Kleingarten
#Sahara

Ramelows zweiter Rückzugsraum liegt auf einer Anhöhe, in einem Wald im Osten Thüringens. Es ist ein kleines Haus, in dem viel Holz verbaut wurde. Mit Blick auf einen See im Tal. Ein Ort, wo sich Fuchs und Hase Gute Nacht sagen. Es ist Ramelows Natur-Refugium.

Das Haus liegt in der Nähe des Rundwegs um die Bleilochtalsperre - ein ideales Gebiet für Tageswanderungen. Wälder, Wiesen, Täler, die Saale, die Talsperre - die Landschaft ist abwechslungsreich. Ich mache eine kleine Tour mit Ramelow und dem Familienhund, dabei kommen wir durch einen Nadelwald oberhalb der Talsperre. Es ist die Stelle, an der 2016 die Entscheidung des Ehepaares fiel, sich in dieser Gegend ein Refugium zu suchen - ein besonderer Ort also für das Ehepaar, auch insofern, da er im Gegensatz zu den tausend anderen besonderen, aber öffentlichen Orten, die Ramelow als Ministerpräsident aufsucht, nur für ihn und seine Frau Germana Alberti vom Hofe Bedeutung hat. An besagter Stelle bekommen Wanderer einen freien Blick auf das Wasser, der zuvor auf diesem Weg von Bäumen bedeckt wird. Da also stand das Paar und wusste: Hier soll es sein. Diese Entscheidung ist weitreichender als es auf den ersten Blick den Anschein hat. Denn das Refugium im Wald ist eine Säule im Privatleben der beiden.

Wir blicken eine Weile schweigend ins Tal. »Das ist doch einfach schön«, sagt Ramelow. Es klingt keineswegs schwärmerisch oder romantisierend, wenn Ramelow diesen Ausflugssatz sagt, den jeder Spaziergänger schon einmal irgendwann gesagt oder gehört hat. Es klingt eher wie eine nüchterne Feststellung. Vom Tonfall könnte der Satz

Bodo Ramelow ist ein begeisterter Wanderer, hier nahe seinem Ferienhaus, Februar 2019

auch in einem Ausschuss gefallen sein, nachdem die Mitglieder sich zu einer wichtigen Entscheidung durchgerungen haben. Ramelows Gesichtszüge sind entspannt, es ist klar erkennbar, dass er sich wohl fühlt.

Es ist eine abwechslungsreiche Wanderung mit vielen verschiedenen Perspektiven auf die Landschaft, ab und zu nehmen wir eine Abkürzung mitten durch den Wald. Ramelow wirkt hier fast wie ein Pfadfinder, auf jeden Fall kennt er sich aus. Wir gelangen auf einen wildromantischen Pfad, der nicht sonderlich gut gepflegt ist. »Hier begegne ich kaum jemandem, wenn ich hier lang laufe«, sagt er. Mehrere

Bäume liegen quer auf dem Weg, wir müssen ein wenig klettern. Später wird er seiner Frau davon berichten. »Da sind wieder drei Bäume abgeknickt.« So unterhalten sich Menschen vom Lande über die vertraute Umgebung rund ums Dorf, weil es gefühlt ihr Dorf, ihre Bäume, ihre Wälder sind.

Holz ist das dominierende Material des Refugiums. Innen wie außen. Im Schlafzimmer stehen alte Möbel aus Großmutters Zeiten. In der Kommode war der Holzwurm. Die Spuren sind noch zu sehen. Ein Zimmer im oberen Stockwerk führt zu einem Balkon, der einen sehr schönen und weiten Blick auf das Wasser der Bleilochtalsperre zulässt. Küche und Bad sind zweckdienlich. In der unteren Etage gibt es einen Raum mit einem Holzofen und einer Sitzecke, also eine Art Wohnzimmer, sowie ein weiterer, winziger Raum, ein Arbeitszimmer oder besser gesagt, eine Arbeitszelle.

Das alte, knarrende Sofa im Wohnzimmer hat eine lange Geschichte, wird nun aber demnächst ausgetauscht, weil es kurz vor dem Zusammenfall steht. Wie Germana Alberti vom Hofe und er das neue Sofa ausgesucht haben – natürlich bei einem Unternehmer der Region –, darüber berichtet Ramelow ebenso ernsthaft und detailgetreu, als wenn er über das Pro und Contra von Windrädern oder den Ausbau des Schienennetzes spricht.

Vor dem kleinen Sofa steht ein Tisch – natürlich aus Holz – und auf dem kleinen Tisch liegt ein Buch, das er von der Thüringer Umweltministerin Anja Siegesmund geschenkt bekommen hat: »Der Mann, der Verlorenes wiederfindet« von Michael Köhlmeier. In seinem Fluchtraum gibt es also Lesestoff, der nicht aus Arbeitsunterlagen besteht. Ramelow liest gerne Schwedenkrimis und ist gerade auf der Suche nach Neuem; weit oben auf seiner Liste liegen aber zurzeit andere Bücher. Es ist der »Gegenlauschangriff« seines Lieblingsautors Christoph Hein sowie das Buch seiner Grünen-Kollegin aus der Landesregierung.

Gleich neben dem Hauseingang steht ein kleiner, offener Schuppen, in dem ein paar Gartenutensilien – Stühle, ein Gartentisch, ein Grill – untergebracht sind sowie der Stapel Holzscheite für den Ofen. Davor eine Art Terrasse, nur wenige Quadratmeter groß. In den wärmeren Monaten frühstückt Bodo Ramelow auf diesem Platz mit seiner Frau. Dabei hat er wie schon auf dem Balkon einen freien Blick auf Deutschlands größten Stausee. Hier, versichert er, kann er auch abschalten und nichts tun, gedankenverloren in die Ferne blicken.

Es gibt auch noch eine Nachmittagsterrasse: Das Dach einer Garage, die in den Hang gebaut ist. Das ist eher ein sozialer Ort. Hier ist auch ausreichend Platz für eine kleine Familienfeier oder Ähnliches.

Wenn Ramelow einen geselligen Nachmittag beschreibt, wie er sie vor der Coronapandemie erlebte, fühlt man sich unwillkürlich in eine Kleingartenidylle versetzt. In der Antwort auf die Frage, was ihm an der Natur guttut, fällt tatsächlich der Begriff »Kleingarten«. Er holt weit aus und erinnert an die Entstehung der Kleingartenkultur im Industriezeitalter, als die Menschen, die ihre harte Tätigkeit auf dem Acker gegen eine harte Tätigkeit in der Fabrikhalle eintauschten, »raus wollten, ihre Parzelle haben wollten, etwas mit ihren Händen machen wollten«. Ramelow spricht im Allgemeinen, aber natürlich spricht er auch über sich selbst. Unweit des Schuppens mit der kleinen Terrasse liegt eine große Wurzel, die seltsam glänzt und etwas von einem Kunstwerk hat. Es ist der Rest des Baumes, der einst dort stand, wo jetzt der Schuppen steht. Ramelow hat sie eigenhändig und stundenlang mit einem Sandstrahler bearbeitet. Die Erinnerung an einen Besucher, der ihn nicht erkannte, weil er aufgrund seiner Holzbearbeitung komplett verdreckt war, treibt ihm ein Lächeln auf die Lippen. »Und manchmal denke ich, wenn ich nicht zur Ruhe komme, wie schön wäre es, du würdest als Blumenzüchter oder Tischler arbeiten.«[118]

Ramelows Kleingärtner-Gene sind im engeren Familienkreis legendär. In einem ganz anderen Zusammenhang und an einem ganz anderen Ort erzählt sein Sohn Philip mit fast dem gleichen Lächeln davon, wie sich sein Vater in dem Grundstück an der Natur abarbeitet. Es gehört zu jenen vertrauten Belanglosigkeiten, die sich in Familien- und Freundeskreisen zu einer festen Erzählung entwickeln und oftmals über Jahre und sogar Jahrzehnte kursieren und mitunter an nachfolgende Generationen weitergegeben werden.

Allerdings ist das Absprühen einer Wurzel eine andere Tätigkeit als die akribische und unkrautvernichtende Arbeit des Kleingärtners. Dem Gelände rund um das Haus geht die Akkuratesse eines Kleingartens vollkommen ab. Es gleicht eher einem durchgeforsteten Wäldchen mit einem kleinen Kräutergarten. Es hat zwar den Hauch einer Kleingartenidylle, weil es in einer Wochenendsiedlung außerhalb des eigentlichen Ortes liegt. Von einer extremen Ordnung, die Kontrollzwang über jeden Grashalm verlangt, ist indes nichts erkennbar. Es gibt auch keine immergrünen Nadelhecken, die den Einblick in das Grundstück wehrhaft verweigern, sondern nur Sträucher.

Das Grundstück erinnert an dieses »Dazwischen«, das Ramelows Leben immer irgendwo zwischen Sein und Werden hält. Die von Ramelow gewählte Lebensform ist ambivalent, sucht Haftung und scheint zugleich immer irgendwie auch unterwegs zu sein. Daraus ergibt sich eine eigentümliche Spannung. »Ich bin ständig auf Entdeckungsreise«, sagt Ramelow 2006 im Interview mit Schütt. Auch wenn es in dem Gespräch um sein Zwischenspiel in Berlin ging, passt diese Selbsteinschätzung auf die gesamte Bio-

118 Schütt, 2006.

grafie dieses Wanderers. Im selben Gespräch, wenige Sätze später, sagt er nämlich: »In Erfurt habe ich damals sofort Bodenhaftung gewonnen.«[119] Statt Erfurt hätte er auch Thüringen sagen können. Er bezeichnet das Land oft als seine »Heimat«. Bodenhaftung und Pioniergeist? Bleibend und ziehend? Der Wunsch nach Ruhe und der Drang nach Bewegung in einer Person? Der Widerspruch ist geradezu greifbar.

Ramelow ist eine Art bodenständiger Entdecker, auch ein Pfadfinder. Dazu passt die Naturverliebtheit, die Lust am Wandern und Entdecken, auch eine gewisse Ortsverbundenheit, die Ramelow sogar zu einer anthropologischen Gesetzmäßigkeit erhebt: »Der Mensch an sich ist erst mal sesshaft.«[120] Ein Stehsatz, der ebenso falsch wie richtig ist. Genauso gut könnte er gesagt haben: »Der Mensch an sich ist immer in Bewegung.«

Das kleine Haus am See vereint vieles von dem, was den Menschen Ramelow ausmacht, wenn er nicht im Dienst ist: Es verspricht Regelmäßigkeit und Verlässlichkeit und liegt dennoch außerhalb der sonstigen Tagesabläufe. Es ist schlicht und bietet dennoch allen Komfort, die die Kürze eines Wochenendausflugs verlangt. Es garantiert die Ruhe und die gute Luft des Landlebens, erinnert ihn vielleicht sogar an die schönen Stunden seines Dorflebens in der Kindheit. Aber es reißt ihn nicht gänzlich aus dem Fluss des politischen Stroms, denn er ist erreichbar und nimmt auch Arbeit mit. Es liegt außerhalb des politischen Betriebs und relativ weit weg von der Staatskanzlei. Doch wenn Ramelow schnell reagieren muss und seine Anwesenheit gefordert ist, kann er innerhalb weniger Stunden an jedem Ort in Thüringen sein. Er ist anderswo, dennoch in vertrauter Umgebung

119 Schütt, 2006.
120 Ebd.

und stets in der Lage, im Falle eines Falles in das politische Leben kontrollierend einzugreifen.

Auch wenn das schlichte Haus am See ein klares Statement für den Schutz der Privatsphäre ist, eine radikale Trennung zwischen Arbeit und Privatleben gelingt dem Ministerpräsidenten Ramelow nicht vollständig. Das Titelbild auf seiner Facebook-Seite steht sinnbildlich dafür. Es zeigt über einen langen Zeitraum eine Luftaufnahme der Bleilochtalsperre. Unter der Naturaufnahme finden sich Fotos und Nachrichten aus dem Leben des Ministerpräsidenten. Ein Statement zur Gleichberechtigung, der Besuch einer Karnevalssitzung, Nachrichten über die Lehrerausbildung in Thüringen, die Kritik an einer Stromtrasse, Bilder vom Besuch der ITB in Berlin und seit dem Ausbruch der Pandemie natürlich Coronathemen rauf und runter. Auch den Brief eines Hassers veröffentlicht er an dieser Stelle, gerichtet »an Ramelow, die linkeste Drecksau, Mörder und Verbrecher«.

Dabei gäbe es für Ministerpräsidenten vermutlich sehr viele andere Motive, die ihn gut aussehen lassen könnten. Sein sächsischer Kollege Michael Kretschmer aus dem Nachbarland Sachsen lässt beispielsweise eine Slideshow laufen, die ihn in verschiedenen sozialen Situationen zeigt. Wirtschaftsbetrieb, Konferenzraum, Kinderfest, Radtour, und so weiter. Volker Bouffier, sein Amtskollege aus Hessen, den Ramelow aus Jugendtagen kennt – beide arbeiteten zur selben Zeit bei Karstadt in Gießen –, lässt auch noch im Jahr 2021 einen Werbefilm zur Landtagswahl 2018 laufen. [121] Fast alle anderen Ministerpräsidenten zeigen sich ebenfalls selbst im politischen Arbeitsumfeld. Aber bei Ramelow ist es die Bleilochtalsperre, die ja eigentlich ein Symbol für seine Privatsphäre ist. Hier nutzt er sie aber für einen öffent-

121 Stand April 2021.

lichen Auftritt, der die Nähe zur Heimat symbolisiert. Privatleben und Arbeit schließen sich für Ramelow offenkundig nicht aus, jedenfalls nicht unbedingt.

Doch nicht nur von seiner Seite aus funktioniert eine glatte Trennung zwischen privat und öffentlich nicht. In seiner Position hat er nicht nur Macht und Einfluss, sondern auch Feinde. Er ist eine Zielscheibe. Er und Mitglieder seiner Familie erhalten immer mal wieder Morddrohungen. Auch wenn es kaum ins Auge fällt: Das idyllische private Plätzchen außerhalb des politischen Regelbetriebs ist gut gesichert. »Ich versuche das zu vergessen, wenn ich hier bin«, sagt er. Wortkarg räumt er ein, dass die starke Überwachung zu den besonders unangenehmen Dingen gehört, die sein Job mit sich bringt.

Dabei ist die Sicherheitsfrage nur ein Seitenaspekt. Was er noch sehr viel intensiver mit sich herumträgt, ist seine politische Agenda. Das Tagesgeschäft verschwindet offenbar nicht einfach aus dem Kopf, wenn er in seinem Refugium weilt. Unser Spaziergang mit Attila, dem Familienhund, entwickelt sich thematisch zum einem wilden Potpourri aus privaten, halböffentlichen und politischen Themen. Das Thema Urlaub in Venedig hatten wir soeben abgeschlossen, als ein Windkraftrad in unser Blickfeld gerät. Und schon rattert es. Es dauert nicht einmal Sekunden, und Ramelow erläutert detailliert die Problematik, die unterschiedliche Planungsräume an den Ländergrenzen zu Bayern und Sachsen mit sich bringen.

Germana Alberti vom Hofe geht es übrigens ähnlich. Während ihr Mann über Planungsräume nachdenkt, sitzt sie in dem kleinen Arbeitsraum im Erdgeschoss, einem Refugium im Refugium. Er ist so schmal, dass im hinteren Teil seine gesamte Breite von einem Schreibtisch ausgefüllt wird. Im vorderen Teil der Kammer steht ein Regal mit Büchern, auf dem Tisch ein Computer – sehr viel mehr nicht.

Von hier aus bereitet sie unter anderem Kurse vor, die sie an der Hochschule Erfurt gibt.

Sucht man nach einer Kontinuität in Ramelows Leben, dann könnte es die Natur- und Wanderliebe sein. In dieses Muster würde sich auch das dörfliche Leben seiner Kindheit einfügen. Tatsächlich erinnert sich Ramelow an viele gute Momente in der Kindheit und in der Jugend, etwa wie er barfuß durch das Gras läuft. Mehrere Jahre lang war er für 140 Jugendliche Jugendwart beim Oberhessischen Gebirgsverein im hessischen Alsfeld. 1975 gehörte der damals 19-Jährige zum Organisationsteam, das eine Wanderung vorbereitete, an der der damalige Bundespräsident Walter Scheel teilnahm. Der passionierte Wanderer Scheel zeigte sich gerne volksnah. Im Gedächtnis von Zeitgenossen sind nicht seine Reden geblieben, sondern eine Tonaufnahme des Volksliedes »Hoch auf dem gelben Wagen«, das naturromantisierende Zeilen enthält wie diese:

Felder, Wiesen und Auen,
Leuchtendes Ährengold.
Ich möchte so gern noch schauen,
Aber der Wagen, der rollt.

Dass diese Ausflüge in die Welt der Wanderer und Naturseligen für Ramelow keine abgeschlossenen Nebenepisoden sind, zeigt eine Veranstaltung im Jahr 2017 in Eisenach, wo er eine Festrede zum Deutschen Wandertag hält. Dort erinnert er sich fast ein halbes Jahrhundert später an seine Zeit auf dem Dorf. Beide Veranstaltungen, die in Alsfeld und die in Eisenach, so weit sie zeitlich auch auseinanderliegen mögen, zeigen, dass es nicht das »leuchtende Ährengold« alleine ist, das glücklich macht. Es muss etwas dazukommen. Es ist der Spaß am Zusammenbringen und Verbinden, am Organisieren von Gesellschaften. Das kann im familiären

Raum sein, das kann dort sein, wo er ganz und gar öffentlicher Mensch ist, der Öffentlichkeit geradezu gehört.

So wie sich das Refugium offenbar nicht komplett vor dem Einsickern der Arbeitswelt schützen lässt, diffundieren die Welten auch in umgekehrter Richtung: Dienstliche Termine sind bei Ramelow nicht frei von persönlichen Freuden. In den Medien, den sozialen Netzwerken oder seinem öffentlichen Tagebuch finden sich vor dem Ausbruch der Coronapandemie zahlreiche Wandertermine. Meistens sind es typische Wochenendtermine. Politiker oder auch Bürgermeister sind oft an Wochenenden und Feiertagen unterwegs, Ministerpräsidenten so gut wie an jedem Wochenende und jedem Feiertag. Wandervereine in Thüringen haben dabei nicht die schlechtesten Karten, »ihren Ministerpräsidenten« zu bekommen.

Wetter und Jahreszeit spielen dabei eine untergeordnete Rolle. »Wandern geht immer, auch bei zwei Grad und Nieselregen«, schreibt Ramelow in einem Facebook-Post zu einer Wanderung Ende Oktober 2018 in der Rhön, einem in den oberen Lagen klimatisch rauen Mittelgebirge im Grenzgebiet der Länder Bayern, Hessen und Thüringen. Etwa drei Dutzend Frauen und Männer von unterschiedlichstem Alter haben sich aufgemacht, den fast 700 Meter hohen Gläserberg zu erklimmen. Ausgangspunkt ist die 3000-Einwohner-Gemeinde Dermbach, die in einem sehr ländlichen Gebiet zwischen Eisenach und Fulda liegt. Als sie losmarschieren, wissen sie noch nicht, dass an diesem Tag in den höheren Lagen der erste Schnee des Jahres fallen und auf dem Berg der Nebel so dicht sein wird, dass man außer seinen Vorderleuten nichts mehr sieht und die Welt in ein tiefes Grau versinkt.

Dort hat der Wanderverein seine Hütte. Eine Soljanka mit Brötchen kostet 3,50 Euro. Heute ist Ramelow aber Gast. Nach einigen kurzen, sympathischen Reden gibt es ein kräftiges Büfett. Wurst, Käse, Brot, Bier. Dann muss sich Rame-

Nebelwanderung Ende Oktober 2018 in der Rhön

low noch in ein Gästebuch eintragen. Was für ihn Routine ist, bedeutet dem Verein sehr viel und hat historische Bedeutung: »Eine wunderschöne Wanderung ...«, steht nun dort für die Ewigkeit, »... führte uns auf die wunderbare Gläserhütte. Danke für die Gastfreundschaft! Herzlichst, Bodo Ramelow.«

Das ist die idyllische Seite. Aber die Idylle wird auch auf diesen Termin politisch gebrochen.

Wie so oft, wenn Ramelow unterwegs ist, warten schon Demonstranten auf ihn, wenn er am Ziel einläuft. Dabei geht es fast immer um lokale Ereignisse. Dass sie sich aber bei eisigem Wetter auf die windige Spitze des Gläserbergs verirrt haben, der zudem mit dem Auto nur über eine schwer befahrbare und gefährliche Piste zu erreichen ist, das überrascht dann schon. Die kleine Demonstration gegen die Gebietsreform mitten im Nirgendwo wirkt skurril, aber gleichzeitig macht die kleine Gruppe aus Kaltennordheim – passender könnte ein Ortsname kaum lauten an diesem Tag – einen sehr tapferen Eindruck.

Hintergründig geht es darum, dass nach einer gescheiterten Gebietsreform die Landesregierung mit Geldanreizen Kommunen dazu drängt, sich verwaltungstechnisch zusammenzuschließen. Im Falle von Kaltennordheim führte der Zusammenschluss mit anderen Orten und die Eingliederung in die Verwaltungsgemeinschaft Hohe Röhn zum Wechsel in einen anderen Landkreis. Die Bewohner von Kaltennordheim waren sich nicht einig, ob sie das wirklich so wollen. Es gab eine Unterschriftenliste mit über 1000 Unterschriften und Aktionen. Die Bürgerinitiative malte Plakate und zogen damit vor den Landtag oder eben auch auf die Spitze des Gläserberges. Besonders aufschlussreich im Hinblick auf das Wahlverhalten von Protestwählern ist die plakatierte Drohung, AfD zu wählen: »Wenn ihr zu Kaltennordheim sagt Tschüss, Ade – dann wählen wir die AfD.«

Ramelow lässt sich, etwas müde von der Wanderung, auf eine Diskussion ein. Er erklärt, in dieser Frage machtlos zu sein. Der Entschluss sei von der Kommune freiwillig gefasst worden, es folge noch ein Landtagsbeschluss, der die Änderungswünsche von 250 Gemeinden – darunter Kaltennordheim – zum Gesetz erhebt. »Als Ministerpräsident bin ich raus.« Es gräme ihn, dass die Bewohner nicht mehr miteinander klarkämen. Das Einzige, was helfen könne, sei »miteinander reden, miteinander reden, miteinander reden«. Dabei unterstütze er gerne, wenn man ihn riefe, aber es könne nicht erwartet werden, dass er sich auf eine Seite schlagen würde. Dann wird es kurz pampig, als ein Kommunalpolitiker, der sich als Journalist getarnt hatte, mit einem Mikrofon in der Hand rhetorische Fragen stellt. Zwei, drei Mal geht Ramelow auf die Fragen ein, dann ist es ihm genug. »Sie unterstellen mir was«, ruft er, dreht sich um, und lässt den Partei-Journalisten stehen.

Ramelow, auf dem Gipfel eines Berges an einem eiskalten Oktobernachmittag in den Niederungen der Kommunalpolitik. Vielleicht sitzt er schon am nächsten Tag mit Armin Laschet, Winfried Kretschmann oder Manuela Schwesig und Angela Merkel zusammen oder empfängt als oberster Repräsentant Thüringens hoch dekorierte Gäste und Wirtschaftskapitäne. Aber jetzt ist er erst mal sauer, weil er für etwas in Haft genommen wird, was nicht in seiner Macht liegt. Erst, als er am Holztisch in der Hütte bei Bier und Wurstbrot sitzt, und die Wanderfreunde lustige Lieder trällern, lockert sich seine Stimmung wieder, und für einige Momente könnte man sogar meinen, er sitze hier nur, weil er es sich aus ganz persönlichen Gründen so ausgesucht hat. Bis jemand ihm ein Zeichen gibt. Es wird Zeit. Für ein paar Minuten verschwindet er in der oberen Etage und kommt umgezogen und mit anderen Schuhen zurück. Der Fahrer sitzt schon im Auto. Der nächste Termin wartet.

Touristiker nennen Thüringen gerne Deutschlands »grüne Mitte«, ein Begriff, dem der deutschtümelnde Wanderbuchautor August Trinius vor mehr als hundert Jahren mit gleichnamigem Buchtitel zur Bekanntheit verhalf. Ramelows Wanderungen in dieser »grünen Mitte« und die Wahl seines Fluchtdomizils in einer attraktiven Naturumgebung werden von einer gewissen Heimeligkeit umweht. Der Stil passt in das ländlich geprägte Thüringen, dessen größte Stadt Erfurt nur etwas mehr als 200 000 Einwohner hat, in der fast jeder jeden zumindest über ein, zwei Ecken kennt. Dennoch ist Erfurt für Thüringer Verhältnisse groß. Etwa drei Viertel der Bevölkerung lebt in Orten, die weniger als 40 000 Einwohner haben. Dem Thüringer Landwirtschaftsministerium zufolge sind rund 87 Prozent der Thüringer Gemeinden »ländlich geprägt«, woraus das Ministerium schließt, dass der ländliche Raum »maßgeblich an der Identität Thüringens beteiligt« sei.

Aufschluss über die Ländlichkeit und Heimattreue der Thüringer gibt auch der Thüringen-Monitor, eine Langzeitstudie zu den politischen Einstellungen der Menschen im Freistaat. Seit 2000 werden dazu Daten von der Universität Jena gesammelt. Vorrangiges Ziel der Wissenschaftler aus verschiedenen Fachgebieten ist die Erforschung rechtsextremer Einstellungen. Abgefragt werden außerdem Vorurteile oder das Vertrauen in die Institutionen. Der Thüringen-Monitor 2018 legte darüber hinaus einen Forschungsschwerpunkt auf das Thema »Thüringen als Heimat«. Untersucht wurden Identifikation und Verbundenheit der Befragten mit ihrem Lebensumfeld.

Die Befragten gehen unbefangen mit dem Begriff Heimat um. Es ist ein »selbstverständlich gebrauchter Begriff«, schreiben die Autoren des Berichts. Die Antworten auf die offenen Fragen, was für die Befragten »persönlich ihre Heimat« sei und woran sie »als Erstes (denken), wenn sie das Wort ›Heimat‹ hören«, seien durchweg positiv konnotiert gewesen. »Es ist offenkundig in der Bevölkerung Thüringens kein Anliegen, den Heimatbegriff zu problematisieren.«[122]

Zum Thüringen-Monitor 2018 veröffentlicht der Youtube-Kanal des »Freistaats Thüringen« eine Ansprache von Bodo Ramelow, der sich dort gleichfalls zum Heimatbegriff bekennt. Ein schmaler Grat, über den Ramelow hier geht: Noch immer ist die teilweise fremdenfeindliche Diskussion über Flüchtlinge vornehmlich aus Syrien und Irak in vollem Gange. Einige Stereotype über Menschen aus islamischen Ländern haben sich bereits so weit festgesetzt, dass sie in der öffentlichen Diskussion von bekannten Persönlichkeiten aus Politik, Wirtschaft und Kultur wie selbstverständlich verwendet werden. Die Gefahr ist groß, dass mit

122 Thüringen-Monitor 2018, Friedrich-Schiller-Universität Jena, Prof. Dr. Marion Reiser (wissenschaftliche Leitung) Prof. Dr. Heinrich Best (wissenschaftliche Leitung) Dr. Axel Salheiser Dr. Lars Vogel.

dem Heimatbegriff auch etwas Gegenteiliges, nämlich das Fremdseins mitschwingt, und zwar als etwas Bedrohliches und Auszugrenzendes. Umso mehr, als da der Thüringen-Monitor offenbart, dass »die Zustimmung zu ethnozentrischen, das heißt fremdenfeindlichen und nationalistischen Aussagen« weiter ansteigt. Sie werden, so die Studie, »mittlerweile von 47 Prozent, also rund der Hälfte der Thüringer_innen geteilt.«

Vor diesem Hintergrund referiert Ramelow kurz die Ergebnisse der Studie und nimmt dann Bezug auf die Bedeutung, die der Integration von Flüchtlingen zukommt. Gleichzeitig bemüht er sich, den Heimatbegriff von seiner negativen Konnotation abzukoppeln und ihm in einem anderen Kontext eine andere Bedeutung zu geben. Ramelow trägt einen dunklen Anzug und Krawatte. Im Hintergrund sind drei Fahnen zu sehen: die Deutschlands, Thüringens und Europas. »Ich übersetze es mir immer als den Sehnsuchtsort meiner Seele«, spricht er frontal in die Kamera. »Ein Raum, in dem ich Ruhe genießen kann. Auch Schutz habe und mich darin wohlfühle.«

In einem Interview, das ich mit ihm geführt hatte und das mich auf die Idee brachte, mehr über ihn zu erfahren, bringt er den Heimat-Begriff ebenfalls mit dem des Wohlbefindens in einen Zusammenhang – und mit dem Gefühl der Zugehörigkeit. »Ich finde nicht, dass man den Begriff umgehen sollte, weil man denkt, da steckt was Schlechtes drin. Heimat ist eine Empfindung. Heimat empfindest du dort, wo du dich wohlfühlst. Ich bin jetzt seit 28 Jahren in Thüringen. Wenn Sie mich fragen, was meine Heimat ist, sage ich, ich bin aus tiefer innerer Überzeugung Thüringer. Es ist das starke Gefühl, ich gehöre hierhin.«[123]

123 Johannes M. Fischer, Auch die Kartoffel ist eine zugewanderte Fremde, in: Thüringer Allgemeine, 10. Juni 2018.

Trotz dieser Heimattreue wirkt er nicht provinziell. In einem städtischen Milieu fiele er auch nicht aus dem Rahmen. Würde er in Berlin als Regierungsangestellter arbeiten, käme er vielleicht mit dem Rad zur Arbeit und würde mit einem Verein Stadtgärten pflegen. Seine Einstellung ist eher kosmopolitisch; den Heimat-Begriff versucht er, in dieses Denken zu integrieren. »Wenn wir in den Wald gehen und ›Ausländer raus‹ rufen, meinen wir den eingewanderten Waschbären. Der hat hier nix zu suchen. Genetisch ist es aber so, dass der Waschbär genauso sein Fressen haben will wie jedes andere Tier im Wald. Und wenn jetzt auch der letzte Nazi der Meinung ist, dass am deutschen Kartoffelwesen die Welt genesen soll, muss man ihm sagen: Auch die Kartoffel ist eine zugewanderte Fremde. Was ich meine: Wir leben in einem ständigen Veränderungsprozess und das ist das, was in mir das Kosmopolitische ist. Im Übrigen: Meine Frau ist Italienerin. Mein Bruder lebt seit 40 Jahren in London. Meine Schwägerin ist Japanerin. Meine Schwester lebt in Gambia.«[124]

In einem Interview mit der *taz*, gleichfalls im Sommer 2018, grenzt er sich, von Heimat sprechend, von der eigenen Partei ab: »Linke können mit dem Begriff ›Heimat‹ nichts anfangen. Das habe ich selbst nie verstanden und halte das für einen schweren Fehler im linken Spektrum«, so Ramelow. »Man darf ihn nicht mit Rückwärtsgewandtheit verbinden, mit blond, deutsch, Schäferhund.«

Dass Ramelow im ländlich geprägten Thüringen so gut zurechtkommt, ist keineswegs eine Attitüde oder die Anpassungsleistung eines »Fremden«, um »besser anzukommen«. Er ist, wie bereits beschrieben, selbst auf dem Land groß geworden, was er weder verwünscht noch romantisiert. Ramelow, der im Wahlkampf 2014 von der Opposition

124 Johannes M. Fischer, Auch die Kartoffel ist eine zugewanderte Fremde, in: Thüringer Allgemeine, 10. Juni 2018

als »falscher Thüringer« bezeichnet wurde, fühlt sich tatsächlich in diesem Bundesland zu Hause und kennt, wie er ab und zu sagt, jeden Grashalm. In der Stammtisch- und der Kultur der Vereine kommt er an und vermittelt den Eindruck, »einer von ihnen« zu sein. Das gelingt ihm – nicht, weil er diesen »nah am Volk«-Politikertypus spielen muss, um Wählerstimmen einzufangen, sondern weil er seit seiner Jugend in all seinen organisierenden Aktionen stets mit Menschen und Problemen der Gemeinschaft zu tun hatte. Seine Arena war nie das Arbeitszimmer, aus dem heraus großartige Pläne geschmiedet oder theoretische oder ideologische Schriften entwickelt wurden. Es war immer die Arbeit draußen im Feld, die ihn bestätigt und die ihn selbst und andere bewegt.

Wenn es darum geht, »Heimat« positiv zu beschreiben, kommt Ramelow dennoch nicht an einem Ortsbezug vorbei (Thüringen). Wichtig ist ihm ferner, etwas wiederzuerkennen (jeden Grashalm). Schließlich spielt Zugehörigkeit zu einer Gruppe eine große Rolle. Fremdenhass und Fremdenfeindlichkeit schließt er jedoch explizit aus. Indem er schließlich den äußerlichen Heimatbegriff verinnerlicht und durch den Begriff des »Sehnsuchtsortes« ersetzt, bekommt er auch die scheinbare Widersprüchlichkeit gelöst, die sich zwischen der Sehnsucht nach Vertrautheit auf der einen und dem Fernweh auf der anderen Seite, zwischen Heimattreue und Kosmopolitentum auftut.

Die abenteuerliche Reise in die Ferne – also die Befriedigung des Fernwehs oder der Sehnsucht nach dem ganz Anderen – wiederum gehört zu seiner Strategie, Fluchträume zu finden, die ihn für eine festgelegte Frist aus dem Querelen des politischen Alltags befreien. Insofern erfüllt die Reise unter anderem ein vergleichbare Funktion wie das Gebet in der Kirche oder der Rückzug in das Wochenendhaus im Wald.

Symptomatisch für eine solche Flucht ist ein Trip in die Sahara, die Ramelow als eine Reise zu sich selbst beschreibt.

Der stressige, für die PDS aber sehr erfolgreiche Wahlkampf 2004 liegt hinter ihm und er verordnet sich selbst diese Auszeit: Ein Gewaltmarsch durch die Wüste, zu Fuß, 300 Kilometer in zehn Tagen. Ihm passiert genau das, von dem Sahara-Reisende häufig berichten, wenn sie von ozeanischen Gefühlsmomenten eingenommen werden. »Es ist ja nicht so, dass die Wüste das Nichts ist. Wüste ist Fülle, Wüste ist Vielfalt, das ist geradezu überwältigend, kosmisch«, schwärmt er im Interview mit Schütt. Sie – die Wüste – sei ein idealer Ort für »Selbstbetrachtungen«. Scheinbare Banalitäten gewönnen plötzlich an Bedeutung – etwa »abends das Ausziehen der Schuhe, wenn man die eingeklemmten Füße quasi frei lässt« oder »der Genuss eines einfachen Glases Wassers – da braucht man keinen Alkohol, da braucht man keine Drogen, gar nichts. Der Rauschzustand: auf einer Sanddüne zu sitzen und die Sonne hinterm Horizont verschwinden zu sehen, die Weite auf sich wirken zu lassen.«[125]

Interessant, dass auch in dieser fernen Abgeschiedenheit identitätsstiftende Mechanismen greifen, die auch für das Heimatgefühl »zu Hause« von Bedeutung sind: Das »Wir« und das »Die da«. Die von Berbern geführte Reisegruppe ist mit Kamelen unterwegs. »Klar, mit waschen ist da nicht viel«, erinnert sich Ramelow, »nach zwei Tagen riecht man wie die Kamele.« Was der exotischen Wandertruppe dann auch eine vorübergehende Gruppenidentität verleiht, eine Zugehörigkeit, die sie von anderen unterscheidet. Die Reisegruppe schläft unter freiem Himmel. »Andere überlegen, ob sie ins Drei- oder Viersternehotel gehen, ich war im Millionen-Sterne Hotel.« Eine Begegnung mit Menschen, die nicht nach Kamel riechen, verstärkt das Gefühl, in einer außergewöhnlichen Gemeinschaft unterwegs zu sein. »Wir saßen ein bisschen zerlumpt auf einer Düne, da tauchte vor uns eine Grup-

125 Schütt, 2006.

pe Touristen auf, in feinstem Zwirn, sozusagen das Komforthotel im Blick. Bei denen stand wohl im Pauschalprogramm, dass sie einen Abend in der Sahara verbringen würden. Und das taten sie nun – natürlich mit Bierdosen und Chips im Gepäck. Wir haben es auf unserer Düne vorgezogen, keinen Ton zu sagen. Das war eine schweigende Übereinkunft, die Unterscheidung zu markieren, die Differenz. Wir wollten mit denen nichts zu tun haben. Wir sind dann wieder hinunter ins Lager, haben gegessen und weiter geschwiegen. Geschwiegen aus tiefer Übereinstimmung mit uns selber.«

Diese Atmosphäre schweigsamer Helden, die ein wenig an die Stimmung in Filmklassikern aus dem Westerngenre erinnert, bleibt allerdings nicht unreflektiert von Ramelow, verbunden mit zivilisationskritischen Tönen: »Da traf uns der Schock aus einer anderen Welt, die doch unsere Welt ist. Da trafen wir aufs Spiegelbild der Event-Gesellschaft, die das Abenteuer zu einem käuflichen Spaß degradiert.«[126]

Auch wenn Ramelow mehrere Fernreisen in abenteuerliche Gebiete unternimmt, etwa einen Roadtrip mit seinen beiden Söhnen durch das Death Valley in den USA, so ist diese Reise doch die einzige, wo er unter extremen Bedingungen auf die Annehmlichkeiten des Touristenlebens weitgehend verzichtet. Es ist eine Wegmarke in seinem Leben, die sich tief in sein Gedächtnis eingräbt. Häufig spricht er darüber, immer mit Begeisterung.

Es ist eine Erfahrung, die er vermisst und wiederholen möchte. »So einen langen Weg würde ich gern mal wieder gehen. Das ist durchaus kein Traum, der nur von A nach B führt, und schon gar nicht die Überwindung einer Distanz, sondern tatsächlich der Genuss, den Körper zu spüren und sich zu motivieren, mit sich selber klarzukommen«, sagt er 2014 im Interview mit dem Magazin »chrismon«.

126 Schütt, 2006.

Im Sturm der Medien

Die widerspenstige Selbstzähmung

#Drecksack
#CandyCrush

Fischer: »Sie raufen sich auch mal ganz gerne?«

Ramelow: »Als Teil des Konzeptes immer gerne, ja. Aber nicht als Selbstzweck. Also nur weil ich raufen will, raufe ich nicht, sondern entweder weil ich mich verletzt fühle oder etwas völlig falsch finde.«

Fischer: »Auch wenn Sie sich bedroht fühlen? Also in dem Sinne, dass Ihre Ziele bedroht sind?«

Ramelow: »Nur dann, wenn was systematisch vor die Wand gefahren wird. Da kann es sein, dass ich auch sehr unangenehm werde, um das gemeinsame Ganze zu retten. Aber nicht, um mich zu beweisen. Da wäge ich ab. Das habe ich gelernt. Bei jedem Streik zum Beispiel müssen Sie vorher abwägen: Geht es um die eigene Eitelkeit oder geht es um das gemeinsame Ganze? Weil Sie viel aufs Spiel setzen von denen, die Sie in den Streik führen.«

Tatsächlich hat sich im Verlauf der Jahre etwas geändert in den öffentlichen Auftritten Ramelows, der von Journalisten auch schon mal als »Choleriker« bezeichnet wird.[127] Als Ministerpräsident wirkt er wesentlich gemäßigter als in der Zeit, da er als Oppositionsführer, Bundestagsabgeord-

127 Beispielsweise in: Martin Debes, Bodo I. von Thüringen, Zeit Online, 25. Januar 2020.

neter, Parteistratege oder Gewerkschafter agierte. Dennoch geht es noch immer manchmal mit ihm durch. Als er dem AfD-Landtagsabgeordneten Stefan Möller im Sommer 2020 den Mittelfinger zeigt und ihn einen »widerlichen Drecksack« nennt, läuft sein Name durch die Redaktionskonferenzen deutscher Medienhäuser. Die Frage in den Themenkonferenzen der Journalisten ist aber nicht, ob das Ereignis stark genug ist, um veröffentlicht zu werden. Die Überlegungen kreisen nur noch darum: Wie groß wird die Geschichte aufgezogen und wie lautet die Headline?

Immerhin befindet sich Möller in hochgestellter Gesellschaft: Jahre zuvor soll Ramelow Silvio Berlusconi in einem Tweet als »Dreckarsch« tituliert haben. Berlusconi war damals Ministerpräsident in Italien. Das alles klingt aus der Zeit gefallen, passt aber letztlich in die asymmetrische Biografie Ramelows: Politiker, die spontane Gefühlsregungen und derbe Sprüche auf der Zunge tragen, gehören eigentlich einer vergangenen Politik-Ära an, die mit Namen wie Herbert Wehner oder Franz Josef Strauß verbunden ist.

Gleichfalls für große Medienaufmerksamkeit sorgte das erste Statement Ramelows nach der Wahl Kemmerichs als Ministerpräsident im Februar 2020, das von der *Eßlinger Zeitung*, der *Stuttgarter Zeitung* und den *Stuttgarter Nachrichten* verbreitet wurde. Es bringt die Kemmerich-Wahl durch Höckes Fraktion in einen Zusammenhang mit dem Aufstieg Hitlers: »Genau 90 Jahre nach dem es in Thüringen schon mal passiert ist: Sich von Herrn Höcke und dem Flügel wählen zu lassen. Das war offenbar gut vorbereitet. Eine widerliche Scharade. Höckes Flügel wurde gerade umfassend gestärkt.«[128] Tausende Likes, Retweets und Kommentare erhielt im selben Zusammenhang Ramelows Twitter-Nach-

128 Johannes M. Fischer, Ramelow: Die AfD bietet nichts als Empörung, Eßlinger Zeitung, 6. September 2019.

richt zur Wahl: »›Den größten Erfolg erzielten wir in Thüringen. Dort sind wir heute wirklich die ausschlaggebende Partei. Die Parteien in Thüringen, die bisher die Regierung bildeten, vermögen ohne unsere Mitwirkung keine Majorität aufzubringen.‹ A. Hitler, 02. 02. 1930.« Dazu postet Ramelow zwei Fotos, die in ihrer Gestik Ähnlichkeiten aufweisen: Hitlers Verbeugung, als Paul von Hindenburg ihn zum Reichskanzler macht. Höckes Verbeugung, als Kemmerich von ihm die Glückwünsche zur Wahl des Ministerpräsidenten entgegennimmt. Er ist nicht der Einzige, der diese Bildkombination postet. Auch der liberale Europaabgeordnete Guy Verhofstadt stellt diesen Vergleich an, der historisch gesehen mehr als schief ist. Das dürfte Ramelow bewusst gewesen sein. Im Gegensatz zu der Mittelfingeraktion im Parlament dürfte er hier die Übertreibung absichtlich eingesetzt und das große Medienecho einkalkuliert haben.

Stichwort Nazi: »Das gehört sich nicht! Das sind Nazi-Methoden. Warum begeben sich diese Leute auf das Niveau von Rassisten?« twittert er im April 2016. Es geht um eine Demonstration gegen den AfD-Fraktionschef Björn Höcke. Der Tweet ist insofern interessant, als da Ramelow sich mit der Antifa anlegt und gleichzeitig seinen ärgsten Gegner in Schutz nimmt, weil er das Eindringen in die familiäre Privatsphäre für unsauber hält. Wieder glühen die sozialen Medien heiß, und wieder berichten die Journalisten in Print- und Onlinemedien landauf landab. Die Geschichte bekommt noch einen zweiten Teil. Bei einer Veranstaltung versuchen Antifa-Aktivisten Ramelow zur Rede zu stellen. Wie so oft, wird die Debatte mit Smartphones aufgenommen. Die Chance – oder das Risiko, je nach Sichtweise –, dass eine Eskalation viral geht, ist groß. Augenzeugen zufolge greift Ramelow nach einem der Smartphones. Was aus dem Griff geworden ist, bleibt im Dunkeln, weil der Filmclip an dieser Stelle endet und damit, der erwartbaren Dramaturgie folgend, nahelegt, dass Ramelow das Handy widerrechtlich in Besitz genommen hat. Eigentlich keine große Geschichte, aber die Episode gräbt sich in das Internet-Gedächtnis ein und kann jederzeit ausgegraben und verwendet werden, um Ramelows Verhältnis zu den Medien zu beschreiben. »Thüringens Ministerpräsident Ramelow rastet aus«, lautet einer der Titel über der Nachricht zum Ereignis.

Ramelow versteht es aber in der Regel gut, mit den Medien und erst recht den sozialen Medien zu spielen – aber zuweilen ver-spielt er sich eben auch. Zwischen ihm und Journalisten wird zuweilen mit harten Bandagen gekämpft. In einem scharfen Kommentar schreibt der Kolumnist Jan Fleischhauer im Focus: »Unter Stress verliert Ramelow schnell die Nerven.« Der Kommentar liest sich wie eine Abrechnung. Zitate wie »so was, was ich seit Mittwoch erlebe, was meine Familie erlebt, das haben wir noch nicht erlebt« schält Fleischhauer aus dem Zusammenhang. Ramelow spricht von Morddrohungen, auch solchen, denen Kemmerich und dessen Familie ausgesetzt waren. Fleischhauer führt dagegen die Äußerung als Enttäuschung über die Nicht-Wahl an und bringt sie in Zusammenhang mit dem Massaker am Gutenberg-Gymnasium. »Ich glaube gern, dass eine Wahlniederlage für einen Politiker eine traumatische Erfahrung sein kann«, schreibt der Journalist in seiner Polemik. »Aber so tragisch wie ein Amoklauf? Hoffen wir, dass die Überlebenden des Schulmassakers am Gutenberg-Gymnasium um 22.45 Uhr nicht mehr vor dem Fernseher sitzen.«[129]

Fleischhauer wird von einer persönlichen Enttäuschung getrieben, die ihn offenbar nicht loslässt: Er führte ein missglücktes Interview mit Ramelow. »Ich spreche hier aus Er-

129 Jan Fleischhauer, Die Seite, die kaum einer kennt, Focus, 24. Februar 2020.

fahrung«, schreibt er in seiner Kolumne im Focus. »Ramelow ist der einzige Politiker, den ich getroffen habe, der ein Interview abbrach, weil ihm die Zielrichtung nicht passte.« Auch hier sprang Ramelow auf das Thema Verfassungsschutz an, an dem er sich über viele Jahre abkämpfte – letztlich erfolgreich. Ramelow habe sich darüber beklagt, jahrelang vom Verfassungsschutz beobachtet worden zu sein, worauf er, Fleischhauer, erwiderte, dass er »vollstes Vertrauen in die deutschen Sicherheitsbehörden hätte und deshalb selbstverständlich davon ausginge, dass der Verfassungsschutz seine Gründe gehabt habe. Das reichte, um mich des Zimmers zu verweisen. Ein Kollege hat dann das Interview ohne mich zu Ende geführt.«

Ramelow wirkt manchmal beleidigt. Als er sich 2017 mit dem früheren thüringischen CDU-Chef Mike Mohring ein Duell auf Twitter liefert – #mikeohneanstand gegen #BODOamBoden – bescheinigt ihm Martin Debes in der Thüringer Allgemeinen, er sei »dünnhäutig« und könne »besser austeilen als einstecken«. Er wirke »schnell beleidigt oder wird selbst beleidigend«. Übertroffen wird derlei Dünnhäutigkeit zuweilen noch von einer anderen Berufsgruppe, zu der ich auch gehöre. Journalisten wird von medienkritischen Stimmen gerne nachgesagt, besser austeilen als einstecken zu können. Jedenfalls bringt Bodo Ramelow Journalisten mitunter in eine missliche Lage. Das Interviews mit Fleischhauer ist nicht das einzige, das plötzlich unterbrochen wird. Dokumentiert ist ein Video mit Tilo Jungs Onlinesendung »Jung & naiv«. Es ist eine Suggestivfrage, die Ramelow aus dem Ruder bringt – das knisternde Unwohlsein auf beiden Seiten ist deutlich spürbar. Ramelow ruft auf, wählen zu gehen, egal welche Partei. Er warnt davor, AfD-Wähler zu brandmarken. Jung legt diesen Satz so aus, »dass das auch ok ist«, eine Partei zu wählen, »die die Demokratie abschaffen will«. Ramelow beklagt daraufhin mangelnde Fairness. Es folgt ein Wortwechsel. Jung versucht einen Neuanfang, aber der Faden ist gerissen. »Tilo, das ist nicht in Ordnung. Hör bitte auf«, sagt Ramelow und greift dem Journalisten ins Mikrofon. Der blickt entsetzt. »Es ist nicht in Ordnung«, wiederholt Ramelow und macht Anstalten, aufzustehen. Er überlegt es sich aber offensichtlich noch mal und rückt nur mit dem Stuhl ein Stück nach hinten, um Distanz zu schaffen. Es folgt ein weiterer Versuch, das Gespräch in Gang zu halten. Aber es gelingt wieder nicht. »Lass es bitte«, leitet Ramelow das Ende des Interviews ein. »Das Interview muss ich schon selbst beenden«, entgegnet Jung. Es gibt einen dritten Versuch. »Willst du die Frage noch mal beantworten?« fragt Jung. Ramelow kommt zurück auf die Frage beziehungsweise die Behauptung Jungs. »Das finde ich eine Unverschämtheit«, wertet er. Jung lenkt ein. »Das habe ich dann falsch formuliert.« Ramelow: »Das hast du aber gesagt! Und jetzt würde ich dich einfach bitten, das zu lassen.« Jung setzt erneut an: »Ich meinte, die AfD vertritt …« Ramelow fällt ihm ins Wort. Jung bläst, inzwischen sichtlich genervt, die Backen auf. »Ich will nicht wissen, was du meintest«, sagt Ramelow in einem angriffslustigen Tonfall. »Du hast mich gefragt, und ich würde …« In dem Moment setzt Jung mit einer Antwort an: »Gut …« Er kommt aber nicht weiter, weil an diesem Punkt Ramelow tatsächlich aufsteht und geht. Jung spricht den Schlusssatz: »Das war – jung und naiv.«

Ramelow durchbricht eine Konvention, die zwischen Politikern und Journalisten herrscht, und geht damit das Risiko ein, sich »unmöglich« zu machen. Um zu verstehen, was da gerade passierte, hilft ein Gedanke von Leonie Ramelow weiter. Sie hat sich ihren Reim gemacht auf die Schwierigkeiten, die Ramelow zwar selten, aber immer mal wieder im Umgang mit den Medien hat: »Er diskutiert gerne, der Schlagabtausch macht ihm Spaß. Er reagiert aber sehr emotional, wenn er meint, dass er ungerecht behandelt wird, dass ihm etwas unterstellt wird.«

Mitunter tritt Ramelow aber auch einfach nur ins Fettnäpfchen. Mitten in der Coronakrise, als die Ministerpräsidenten der Länder und Bundeskanzlerin Angela Merkel in langen Sitzungen regelmäßig über den Fortgang des Lockdowns beraten, gesteht er im Januar 2021 in einer nächtlichen Talkrunde, dass er während der Ministerpräsidentenkonferenzen »Candy Crush« spielt. Merkel nennt er flapsig »das Merkelchen«, berichtet jemand, der dabei war. Das lockere Beisammensein findet auf der Audio-App Clubhouse statt, es ist nicht für die breite Öffentlichkeit bestimmt. Doch unter den Teilnehmern, auch unter den schweigenden Zuhörern, befinden sich viele, die in und mit der Öffentlichkeit arbeiten, auch Journalisten. Einer davon, Johannes Boie, Chefredakteur der »Welt am Sonntag«, schreibt die Geschichte auf – die tags darauf in aller Munde ist. Ramelow entschuldigt sich daraufhin öffentlich, unter anderem auf Twitter: »Eine kluge Frau hat mir auf @clubhouse.de gerade schlüssig den eigentlichen Fauxpas meiner Clubhouse-Plauderei dargelegt und es hat mich überzeugt. Den Namen der Bundeskanzlerin zu verniedlichen war ein Akt männlicher Ignoranz. Dafür meine ehrliche Bitte um Entschuldigung.« Die Candy Crush-Bemerkung dagegen lässt Ramelow so stehen. Während der Coronapandemie dauere eine Ministerpräsidentenkonferenz um die zehn Stunden – mit viel Zeit des Leerlaufs. Da gebe er gerne zu, »dass der eine Sudoku spielt, der andere strickt oder häkelt oder sonst was macht – und ich eben Candy Crush spiele«.[130]

Diese Wut, auch das Verletzende in dieser Wut, macht ihn angreifbar, insbesondere als Ministerpräsidenten.

130 Bodo Ramelow richtet Entschuldigung direkt an Angela Merkel, Zeit-Online, 25. Januar 2021.

Ebenso die Flapsigkeit, wie sie die Clubhouse-Geschichte offenlegte. Auf der anderen Seite wirkt es für manche auf diese Weise menschlich, eben so, wie er sich auf Twitter auch vorstellt: als »Mensch«. Er isst Bratwurst an der Ecke, er flippt auch mal aus und er versteht es, den Smalltalk des »kleinen Mannes« zu führen. Das Verhältnis zu Journalisten ist ambivalent, aber einmal abgesehen von den wilden Ausnahmen, gilt er als zuverlässige Quelle mit viel Detailwissen und einem glänzenden Gedächtnis. Er ist immer gut für einen Spruch, aus dem sich eine Schlagzeile formulieren lässt. So wird er von Journalisten, auf deren Aufmerksamkeit jeder Politiker angewiesen ist, nicht geliebt, aber es entsteht auch für sie ein gewisser Nutzen. Ulrike Nimz von der *Süddeutschen Zeitung* hat es in einem Candy-Crush-Kommentar gut auf den Punkt gebracht: Interviews mit Bodo Ramelow seien zweifellos besonders, »ein bisschen wie Achterbahnfahrten. Je nach Tagesform des Ministerpräsidenten können sie ein großer Spaß sein, sehr fordernd oder manchmal auch abrupt vorbei. Langweilig sind sie nie.«

Twitterkönig

#Tweet
#Follower

So einen Namen muss man sich erarbeiten: »Twitterkönig Ramelow« nannte ihn die *taz* bereits 2016. Damals zählte die Tageszeitung aus Berlin in Ramelows Profil über 38 400 Tweets und 17 600 Follower. Sieben Jahre Twitter-Erfahrung lagen hinter ihm. Im Frühjahr 2021 liegt er bei mehr als 68 000 Kurznachrichten und hat über 76 000 Follower. In einem Wirtschaftsreport würde es heißen: Der Anstieg verläuft dynamisch.

Ramelow twittert nicht offiziell, sondern als »Mensch« – so jedenfalls steht es in seinem Profil. Das ist nicht unbedingt Usus unter Ministerpräsidenten in Deutschland. Auf dem Profil des sächsischen Kollegen Michael Kretschmer twittert zum Beispiel der »MP & die Pressestelle Staatskanzlei (SK)«. Es gibt ein Impressum, dass auf die Seite www.sachsen.de verlinkt, die gleichfalls von der Staatskanzlei betrieben wird. Kretschmer ist seit 2011 bei Twitter. Dem Vergleich zu Ramelow hält er nicht stand: Er darf sich zum Ende des Jahres 2020 zwar über fast 24 000 Follower freuen, dennoch hat er damit nur ein Drittel der Twitter-Gefolgschaft Ramelows. Knapp 4000 Tweets gibt das Twitter-Zählwerk an, Ramelow hat zu diesem Zeitpunkt mehr als das Fünfzehnfache gesammelt.

Übertrumpft wird Ramelow indes von einer Amtskollegin aus dem Osten: Manuela Schwesig, die als Bundesministerin bereits einen relativ großen Stamm an Followern hatte und nun als »Ministerpräsidentin von Mecklenburg-Vorpommern und SPD-Landesvorsitzende Mecklenburg-Vorpommern« twittert. Sie stützt sich auf 153 000 Menschen, die ihr in diesem sozialen Netzwerk folgen. Sie ist allerdings bei Weitem nicht so fleißig wie Ramelow: Knapp 10 000 Tweets stehen bei ihr auf der Uhr, die seit 2013 zählt. Also weniger als ein Sechstel des Ramelow-Wertes.

Ramelow twittert ständig munter mit und das seit vielen Jahren. Er ist da, wenn es in der Twitterblase rumort, schiebt aber auch selbst immer wieder Diskussionen an. Twitter ist ein Eintagsfliegen-Medium. Die Aktualität ist hoch, der Kontext wird durch Verlinkung auf externe Seiten oder Hashtags hergestellt. In der Regel geht dieser Kontext dann verloren, sobald der Link nicht mehr aktiv oder das Thema durch ist. Dabei geht es, dem Stil des Mediums entsprechend, mitunter giftig zu. Wenn die CDU einen AfD-Tweet teilt, in dem die SPD herabgewürdigt wird, reagiert Ramelow prompt und ist in der Wortwahl nicht zimperlich: »Seltsam wenn @MikeMohring mit zukünftigen Partnern immer so umgeht. Mit Hilfe der AfD gegen SPD? Der Mann hat sich einfach nicht im Griff! #Leichtgewicht.«

Mohring wurde nach dem Wahlchaos Anfang 2020 in der Landes-CDU weitgehend kaltgestellt. Doch bis dahin gehörte er zu den Lieblingsfeinden Ramelows beim Sprücheklopfen in dem Netzwerk. »Der CDU Fraktionsvorsitzende Mohring demnächst mit braunem Binder? Fischen im braunen Teich!« Dass Ramelow Mohring verbal mit der Farbe der Nazi-Uniform in Verbindung bringt, zeigt, mit welchen Geschützen die Auseinandersetzung geführt wird. Der entsprechende Link existiert allerdings nicht mehr – ein Beispiel, wo der Kontext verlustig gegangen ist, weil sich der

Link verändert hat, beziehungsweise der Inhalt, auf den verwiesen wurde, ganz aus dem Netz verschwunden ist. Im diesem Zusammenhang kommt es aber auf die Wortwahl an. Häufig lässt sich im Twitter-Fight das Muster erkennen, einen (oftmals nur virtuellen) Gegner herabzuwürdigen oder zumindest kleinzureden. So hier: »Mike Mohring – Rubrik Möchtegern« twittert Ramelow 2010. Und: »Gewogen und für viel zu leicht befunden«, schreibt er auch sieben Jahre später noch. Auch das Duell #mikeohneanstand gegen #BODOamBoden passt in diese Kategorie. Obwohl Mohring das Spiel mit der Schmährede auf Twitter gleichfalls beherrscht, bekommt er von seinem Gegner Ramelow nach vielen Jahren des gegenseitigen Betwitterns kein gutes Zeugnis ausgestellt: »Twittern haben Sie einfach immer noch nicht verstanden!« Dass Ramelow sich einen Tweet-Experten nennen darf, bekommt er von dem Politikberater und Blogger Martin Fuchs im *Neuen Deutschland* attestiert. Der Politiker sei »einer der wenigen Spitzenpolitiker, der verstanden hat, wie das Instrument Twitter funktioniert«.

Wer das Netzwerk noch mehr verstanden und über viele Jahre sogar dominierte und prägte, ist der Ex-Präsident der USA, Donald Trump. Seine aggressiv-schmollenden Tweets werteten das Netzwerk enorm auf. Der harte Kern seiner fast 90 Millionen Follower saugten sie süchtig auf wie eine Soap, die gleich mehrmals am Tag neue Folgen ausspuckte. Da viele seiner Tweets nicht glaubhaft waren, begann Twitter nach seiner Abwahl damit, sie mit einem Warnhinweis zu versehen. Die vielfach variierte Behauptung, dass die US-Wahl 2020 gefälscht und er der eigentliche Gewinner sei, unterlegte Twitter mit Hinweisen wie »this claim about election fraud is disputed« and »multiple sources called this election differently«. Nach der Stürmung des Capitols durch Trump-Anhänger im Januar 2021 wurde der Ex-Präsident dann komplett gesperrt.

Das schnell mal Hingesagte, an sich Unglaubwürdige, aber im Brustton der Überzeugung Vorgetragene ist über die Jahre zu einem herausragenden Stilmittel bei den Netzwerken Twitter und Facebook geworden. Ramelow ist für deutsche Politiker-Verhältnisse recht gut im Austeilen (und steckt auch entsprechend viel ein), allerdings sind seine Beiträge nicht zu vergleichen mit denen Trumps. Er ist meinungsstark, aber er ist weit entfernt von der aggressiven Fake-News-Strategie eines Donald Trump. Vor allem stecken in den kurzen Satzschnipseln nicht selten spannende Politstorys. Ein harsches Wort, dass auch juristische Folgen nach sich zieht und später auf Twitter Karriere macht, fällt in jener Parlamentsdebatte im Juli 2020, als Ramelow den AfD-Abgeordneten Möller als »widerlichen Drecksack« beschimpft und ihm den Mittelfinger zeigt.

Was war passiert am 17. Juli 2020 im Thüringer Landtag? Die Landtagsabgeordneten sitzen im Plenarsaal zusammen, aufgerufen ist der Punkt »Aufbewahrung von Akten im Zusammenhang mit der Arbeit der Untersuchungsausschüsse«. Zu diesem Zeitpunkt lagern die Akten im Keller. Mit ihrem Antrag wollen Linke, Grüne und SPD verhindern, dass die Akten zurückgehen, bevor ein Archiv eingerichtet worden ist. Auch die CDU schließt sich dem Ziel an, ein solches Archiv einzurichten, das Einsicht gewährt für journalistische und wissenschaftliche Recherchen. Die Untersuchungsausschüsse, denen die Akten zur Verfügung gestanden hatten, waren seinerzeit installiert worden, um die parlamentarische Aufklärung der NSU-Morde zwischen 2000 und 2007 voranzutreiben.

In der Debatte holen die Redner, wie es in solchen Streitgesprächen üblich ist, weit aus und verteilten fleißig Seitenhiebe in die Richtung der politischen Konkurrenz. Die SPD-Abgeordnete Dorothea Marx weist darauf hin, dass der sogenannte »Flügel« der AfD vom Bundesamt für Verfassungsschutz beobachtet werde. Im Anschluss daran bohrt die Linken-Abgeordnete Katharina König-Preuss das Thema noch ein Stück weiter auf und stellt einen Bezug her zwischen der Ermordung Walter Lübckes, einem Kommunalpolitiker, der die Flüchtlingspolitik der Bundesregierung offensiv unterstützte, und der AfD: »Der mutmaßliche Mörder von Walter Lübcke hat mehrfach an Demonstrationen und Aufmärschen der AfD Thüringen teilgenommen.«

Als dann Möller ans Rednerpult kommt, fährt er die Retourkutsche. Er thematisiert unter anderem die Beschäftigung des ehemaligen RAF-Terroristen Christian Klar durch einen niedersächsischen Bundestagsabgeordneten der Linke. »Den haben sie eingestellt«, so Möller, wobei sich das »sie« auf die rot-rot-grüne Koalition bezieht, von der wenige Sätze zuvor die Rede ist. »Das haben ihre Leute gemacht. Ihre Gesinnungsgenossen waren das.« König-Preuss wird von Möller direkt angegangen: »Da brauchen Sie gar nicht anzufangen, mit den Fingern auf andere Leute zu zeigen. Sie haben so viel Dreck am Stecken, was Verstrickung mit linksextremem Gewaltmilieu angeht.« An diesem Punkt kommt Möller dann zum Verfassungsschutz. Das Landtagsprotokoll gibt die Szene wieder: »Wenn Sie jetzt auf den Verfassungsschutz verweisen, mein Gott, das ist nun gerade die Instanz, eine skandalgeneigtere Behörde gibt es nicht. Was da schon alles Tolles drinstand. Wer da schon alles Tolles beobachtet wurde. (Unruhe Die Linke) Nicht wahr, Herr Ramelow, wenn wir das …«

In diesem Moment muss Ramelow Möller den Mittelfinger entgegengestreckt haben. Das Protokoll gibt das nicht wieder, wohl aber die Reaktion im Plenarsaal: »(Beifall Die Linke, SPD, Bündnis 90/Die Grünen) Möller: Haben Sie das gesehen? Den Stinkefinger hat er mir gezeigt. – Ja, gut, das spricht für sich, was Herr Ramelow da gerade gemacht hat. (Unruhe AfD) Er selbst ist beobachtet worden. Aber wenn die AfD beobachtet wird … (Zwischenruf Ramelow, Ministerpräsident) Entschuldigung, jetzt nennt er mich ›Drecksack‹, das ist ja nun wirklich nicht mehr akzeptabel; ›widerlicher Drecksack‹ sogar.«

Dass es ihn derart aus der Reserve lockte, erklärt Ramelow später auf Twitter in einer Entschuldigung an den Landtag – nicht an Möller – so: »Dem Landtag gebührt mein Respekt als Verfassungsorgan. Den habe ich heute nicht im gebotenen Maße gezeigt. Gleichwohl werde ich meine antifaschistische Grundhaltung niemals von der AfD instrumentalisieren lassen.«

Tatsächlich steckt hinter dem Hinweis, Ramelow sei ja selbst vom Verfassungsschutz beobachtet worden, ein vergiftetes Fraternisierungsangebot (à la »wir sind doch alle Opfer vom Verfassungsschutz …«). Ramelow bekam vom Bundesverfassungsgericht bescheinigt, dass seine Observierung zu Unrecht geschah. Starke Indizien sprechen dafür, dass der Verfassungsschutz seinerzeit auf Geheiß politischer Gegner ermittelte, um Ramelow als Landespolitiker in Thüringen zu diskreditieren. Involviert war seinerzeit ein Verfassungsschutzpräsident, der später selbst ins politische Rechtsaußen-Lager abdriftete. Dies im Hinterkopf, konnte Möllers Anspielung von Ramelow eigentlich nur als reiner Zynismus empfunden werden.

Möller beschwert sich via Twitter: »#Ramelow zeigte mir nicht nur den #Stinkefinger, er beleidigte mich auch noch wiederholt als #Drecksack. Auch wenn ihm meine Argumente nicht passen, ist so ein Verhalten nicht zu rechtfertigen.« Dafür bekam er etwa 500 Mal Beifall in Form des Zustimmungsbuttons »Gefällt mir«. Fast 200 User kommentieren den Tweet – sowohl positiv als auch negativ. Insgesamt läuft das Thema auf Twitter rauf und runter. Einer der bekanntesten Tweets zum Thema stammt von der Parteivorsitzenden der Linken in Thüringen, die inzwischen

Bundesvorsitzende ist. Susanne Hennig-Wellsow schreibt: »Ein #Stinkefinger ist die einzig anständige Reaktion auf einen Unanständigen.« Dafür bekam sie weit über 1000 Zustimmungssignale und 70 Kommentare.

Andere, auch aus der rot-rot-grünen Koalition, sehen das anders. SPD-Landeschef Wolfgang Tiefensee schreibt gleichfalls bei Twitter: »Sehr geehrter Ministerpräsident @bodoramelow, Ihre Impulsivität, Ihre Emotionalität ist bekannt. Viele mögen Sie deshalb. Aber hier haben Sie eine Grenze überschritten: Sie begeben sich auf das Niveau derer, die Sie beleidigt haben. Bei all Ihrer Wut, die ich nachvollziehen kann, wie wollen wir in Zukunft die zunehmende Verrohung in der Politik glaubhaft anprangern? Immerhin haben Sie sich entschuldigt. Aber ich befürchte, Sie haben der politischen Auseinandersetzung mit der AfD einen Bärendienst erwiesen. Ich bedaure das sehr.«

Die Geschichte könnte hier ein Ende haben, hat sie aber nicht. Möller erstattet Anzeige, im November beantragt die Staatsanwaltschaft die Aufhebung der Immunität von Ramelow, die er genießt, weil er auch Abgeordneter des Landtags ist. Im Dezember 2020 wird die Immunität aufgehoben, die Staatsanwaltschaft darf also weiter ermitteln.

Rein juristisch droht Ramelow keine große Gefahr, aber der Fall pflanzt sich auch deshalb weiter fort, weil er geeignet ist, das politisch interessierte Publikum bei Laune zu halten. Ramelow unterstützt den Vorstoß der Staatsanwaltschaft, seine Immunität aufzuheben. In einem öffentlich gemachten Brief an die Präsidentin des Landtags, Birgit Keller, entschuldigt er sich im November 2020 noch mal dafür, dass er »mit einer Geste und einem inakzeptablen Wort auf den Landtagsabgeordneten Herrn Stefan Möller reagiert habe«. Zugleich erklärt er: »Ich meinerseits möchte aber nicht als außerhalb des Gesetzes stehend angesehen werden und bitte deshalb die Kolleginnen und Kolle-

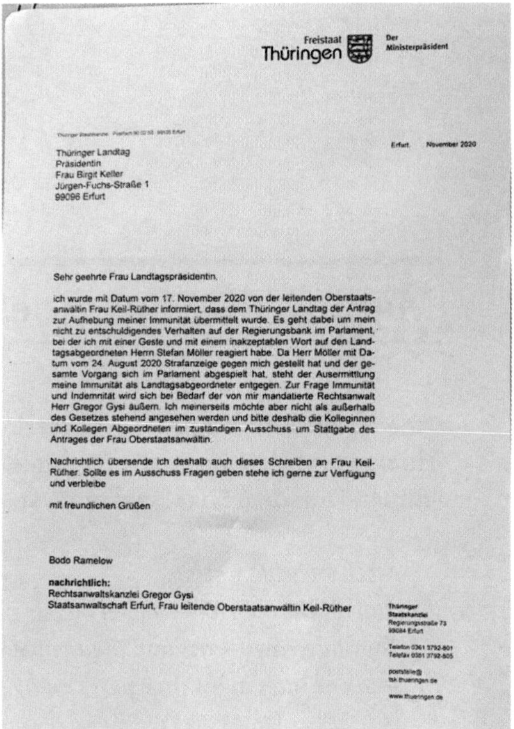

Freistaat Thüringen

Der Ministerpräsident

Thüringer Landtag
Präsidentin
Frau Birgit Keller
Jürgen-Fuchs-Straße 1
99096 Erfurt

Erfurt, November 2020

Sehr geehrte Frau Landtagspräsidentin,

ich wurde mit Datum vom 17. November 2020 von der leitenden Oberstaatsanwältin Frau Keil-Rüther informiert, dass dem Thüringer Landtag der Antrag zur Aufhebung meiner Immunität übermittelt wurde. Es geht dabei um mein nicht zu entschuldigendes Verhalten auf der Regierungsbank im Parlament, bei der ich mit einer Geste und mit einem inakzeptablen Wort auf den Landtagsabgeordneten Herrn Stefan Möller reagiert habe. Da Herr Möller mit Datum vom 24. August 2020 Strafanzeige gegen mich gestellt hat und der gesamte Vorgang sich im Parlament abgespielt hat, steht der Ausermittlung meine Immunität als Landtagsabgeordneter entgegen. Zur Frage Immunität und Indemnität wird sich bei Bedarf der von mir mandatierte Rechtsanwalt Herr Gregor Gysi äußern. Ich meinerseits möchte aber nicht als außerhalb des Gesetzes stehend angesehen werden und bitte deshalb die Kolleginnen und Kollegen Abgeordneten im zuständigen Ausschuss um Stattgabe des Antrages der Frau Oberstaatsanwältin.

Nachrichtlich übersende ich deshalb auch dieses Schreiben an Frau Keil-Rüther. Sollte es im Ausschuss Fragen geben stehe ich gerne zur Verfügung und verbleibe

mit freundlichen Grüßen

Bodo Ramelow

nachrichtlich:
Rechtsanwaltskanzlei Gregor Gysi
Staatsanwaltschaft Erfurt, Frau leitende Oberstaatsanwältin Keil-Rüther

Thüringer Staatskanzlei
Regierungsstraße 73
99084 Erfurt

Telefon 0361 3792-801
Telefax 0361 3792-805

poststelle@tsk.thueringen.de

www.thueringen.de

Den Brief zur Aufhebung der Immunität veröffentlichte Bodo Ramelow im Dezember 2020 auf Twitter

gen Abgeordneten im zuständigen Ausschuss um Stattgabe des Antrages.« Nebenbei erklärt er noch, dass ein Anwalt seine Interessen vertreten werde. Dass es sich dabei um einen der begabtesten Rhetoriker in der deutschen Politik, den Rechtsanwalt und Linken-Grande Gregor Gysi, handelt, unterstreicht noch einmal, dass die Drecksack-Affäre keine juristische, sondern eine politische ist.

Der Brief an Keller mit der Bitte um Aufhebung seiner Immunität macht Ramelow am 5. Dezember öffentlich. Auf Twitter. Dafür sammelt er fast 4500 Zustimmungssignale.

Making-of: Statt eines Nachworts

Khadra und Hanan, zwei Testleserinnen, schauen mich irritiert an, als ich die ersten Sätze des Vorworts vorlese, beginnend mit dem Shakespeare-Zitat:

All the world's a stage,
And all the men and women merely players;
They have their exits and their entrances;
And one man in his time plays many parts.

»Zu viel«, »aufgesetzt«, »passt nicht richtig« sind die Kommentare. Schade drum, denke ich mir. Das Zitat stand am Anfang meiner Überlegungen, wie diese Biografie zu schreiben wäre. Es war die erste Tür, die aufging. Im Verlauf der Recherche und des Schreibens ging ich durch viele weitere Türen, als wäre ich in einem verwinkelten Schloss. Dabei veränderte sich mein Bild auf das Gesamtgebäude. Die Grundidee blieb, aber wie ein Bild, das immer und immer wieder übermalt wird, entstanden Varianten, die ab einem bestimmten Punkt nicht mehr zu dem Eingangszitat passten. Oder anders ausgedrückt: Es stellte sich heraus, dass die vermeintliche Eingangstür nur die Eingangstür zum Arbeitsprozess war, aber nicht zum »Produkt«, also dem Buch. Dennoch: Shakespeare sei Dank, auch wenn das eigentliche Eingangszitat nun nur den Beginn eines Kapitels ziert.

Das ist die Grundidee oder besser gesagt meine Ausgangsfrage: Was, wenn sich Geschichte nicht als eine lineare Folge von Ereignissen erkennen lässt, die einem übergeordneten Zweck dienen, der sich erst im Nachhinein in feinster Logik erkenntlich zeigt? Will man Immanuel Kant und seiner kopernikanischen Wende glauben, ist es allein der Verstand, der im Nachhinein diese Einheit formt. Also nahm ich mir vor, den Einheitsschalter auszuknipsen und mich an ein anderes Geschichtsbild zu halten, wahrgenommen als ein Sammelsurium von Zufällen, Brüchen und Absurditäten. Ein Mosaik, in dem die Teile oft nicht zusammenpassen wollen.

Einmal angenommen, dass sich eine derart wahrgenommene Historie als ein multiperspektivisches Bild darstellen ließe, dass subjektives Erleben mit politischen und sozialen Mustern in all seiner Widersprüchlichkeit und Zufälligkeit verbindet – wie würde dieses Bild aussehen? Ich machte mich also auf, ein halbes Jahrhundert deutsch-deutsche Geschichte nachzuzeichnen. In deren Mittelpunkt steht die Biografie eines Menschen, der von den Umständen der Zeit getrieben wurde, aber auch selbst ein Treiber war und noch immer ist. Dieser reale, nicht fiktive Mensch Bodo Ramelow hat eine Biografie, die die Jahrzehnte vor und nach der Jahrtausendwende in einer Art dokumentiert, die alles andere als eindeutig ist.

Vermutlich war mir von Beginn an klar, dass das Projekt in dieser Monstrosität scheitern musste. Aber wer nicht weit zielt, dachte ich mir unbescheiden, sprengt keine Grenzen. Also holte ich weit aus und warf. Der Stein landete tatsächlich nicht auf der anderen Seite des Ozeans, aber die Richtung stimmte.

Im Detail musste ich einiges überwerfen. Von dem gestrichenen Eingangszitat war schon die Rede. Was auch nicht funktionierte: Während ich das Kapitel »Präsidentenwerdung« schrieb, kam mir der Gedanke, andere Ministerpräsidenten zu fragen, wie es denn bei ihnen so war. Dabei war ich so frei, die Idee einer befreundeten Feuilletonistin zu kapern und fragte nach Gerüchen und Geräuschen oder sonstigen Sinneseindrücken. In einem qualitativen Interview oder als Thema eines soziologischen Feuilletons könnte diese Frage auch funktionieren. Aber nicht als schriftliche Anfrage per Mail an Berufspolitiker. Das war naiv, im Grunde genommen sogar unprofessionell, zumal ich auf kurze Antworten pochte. Aber was soll's? Ich bin ein Journalist und stolpere gerne mal mit der Tür ins Haus.

Einige Staatskanzleien antworteten überhaupt nicht, von anderen bekam ich eine Abwesenheitsnotiz. Ich könnte mir den Vorwurf machen, nicht nachgehakt zu haben. Aber da ich die Idee, daraus ein eigenes Kapitel zu formen, mangels Masse ziemlich schnell ad acta gelegt hatte, sparte ich mir die Mühe. Wenn ich aber eine Antwort bekam, dann lautete sie formvollendet so: »Leider muss ich Ihnen mitteilen ...«. »Leider können wir Ihnen für Ihr Buchprojekt keine Antworten zur Verfügung stellen.« »Leider sind wir zum Ergebnis gekommen, dass wir Ihrer Anfrage nicht nachkommen können.«

Neben diesen frustrierenden Antworten bekam ich auch eine lustige. Sie kam aus einer westdeutschen Staatskanzlei. Eine Mitarbeiterin machte sich die Mühe, mich anzurufen. Sie wollte wissen, »was für ein Vogel« sich solche Fragen ausdenkt. Ich antwortete brav und versuchte in Kürze zu erläutern, welche Funktion diese Antworten im Rahmen des Buches hätten. Ein unmögliches Unterfangen, wie sich herausstellte. Aber immerhin war es ein lustiges Telefonat, und die Mitarbeiterin hatte sich zuvor, wie sie erzählte, einige Mühen gemacht und in anderen Staatskanzleien Deutschlands angerufen: »Wie geht ihr damit um?« Und: »Kennt jemand den Autor?«

Zwei Ministerpräsidenten, Dietmar Woidke und Bodo Ramelow, beantworteten die Fragen. Für ein eigenes Kapitel reichte das nicht, aber für den Papierkorb war es auch zu schade. Hier die Fragen und Antworten:

Gibt es ein Geräusch oder einen Geruch oder einen sonstigen Sinneseindruck, den Sie mit Ihrem Amt bzw. Ihrer politischen Verantwortung verbinden? Oder umgekehrt: ein Sinneseindruck, der Sie augenblicklich in eine Zeit entführt, in der sie noch keine oder nur wenig politische Verantwortung getragen haben (z. B. in der Kindheit oder Jugend)?
Woidke (Antwort auf die zweite Teilfrage): Das ist vor allem Musik: Pink Floyd, Led Zeppelin, Einstürzende Neubauten.
Ramelow (Antwort auf die erste Teilfrage): Die italienische Kaffeemaschine meiner Frau. Da bin ich sofort hellwach und der Kaffeegeruch kommt sofort hinterher.

Welchen Beruf hätten Sie gerne in Ihrer Kindheit ergriffen?
Woidke: Kosmonaut, Fußballer, Tierarzt
Ramelow: Lokomotivführer

Ponyhof und Haifischbecken: In welchen Gremien und Veranstaltungen fühlen sie sich wohl? Wo weniger, wo sind Sie besonders achtsam?
Woidke: Wohlfühlen: Bürgerdialoge, unterwegs sein bei den Menschen. Weniger: Lange Beratungen mit laschen Konferenzbrötchen und lauem Kaffee.
Ramelow: Haifischbecken, weil man da achtsam sein muss und Haifische tolle Tiere sind.

Register

Bildnachweis
© 2021 Karmen Kozar, Esslingen Umschlag 18–19 48–49 212–213 310–311 · © Johannes Maria Fischer 292 301 · © TSK 37 39 · © Thüringer Allgemeine, Sascha Fromm 143 · Alain MINGAM / Kontributor / Gamma-Rapho 263 · Bodo Ramelow 141 210 275 327 · picture alliance / Arifoto Ug/dpa-Zentralbild/dpa | arifoto UG 179 · picture alliance / dpa | Kay Nietfeld 79 · picture alliance / dpa | Martin Schutt 96 135 157 · picture alliance / dpa | Michael Reichel 155 · picture alliance / dpa | Reinhard Kemmether 43 · picture alliance / dpa 287 · picture alliance / Martin Schutt/dpa-Zentralbild/ZB | Martin Schutt 221 · picture alliance / REUTERS | Hannibal Hanschke 21 · picture alliance / ZB | Hendrik Schmidt 269 · picture alliance/ dpa | Lino Mirgeler 123 · picture alliance/dpa/dpa-Zentralbild | Bodo Schackow 202 206 · picture alliance/dpa/dpa-Zentralbild | Martin Schutt 8 76 185 · picture alliance/ dpa/dpa-Zentralbild | Robert Michael 245 · picture-alliance / ZB | Heinz Hirndorf 90 · picture-alliance / ZB | Ralf Hirschberger 89 · Privatnachlass Herbert Bastian 73 108

Bibliografische Information der Deutschen Nationalbibliothek
Die Deutsche Nationalbibliothek verzeichnet diese Publikation in der Deutschen Nationalbibliografie; detaillierte bibliografische Informationen sind im Internet unter http://dnb.dnb.de abrufbar.

Gerichtsweg 28 · 04103 Leipzig
www.editionüberland.de

Gestaltung, Satz und Herstellung
Phillip Hailperin,
Hofmeister Stauder. Büchermacher, Berlin

Abbildung auf dem Umschlag
Karmen Kozar, Bodo Ramelow,
Gemälde, Öl auf Holz, 2021

Druck und Bindung
Westermann Druck Zwickau GmbH,
Zwickau

ISBN 978-3-948049-14-0

Printed in Germany